光明行 系列丛书

劳动与改造

北京市监狱管理局
北京市戒毒管理局 编著

中国政法大学出版社

2025·北京

图书在版编目（CIP）数据

劳动与改造 / 北京市监狱管理局, 北京市戒毒管理局编著. -- 北京：中国政法大学出版社, 2025. 3. -- ("光明行"系列丛书). -- ISBN 978-7-5764-1989-4

Ⅰ. D926.7

中国国家版本馆 CIP 数据核字第 2025JN7342 号

书　名	劳动与改造 LAODONG YU GAIZAO
出版者	中国政法大学出版社
地　址	北京市海淀区西土城路 25 号
邮　箱	bianjishi07public@163.com
网　址	http://www.cuplpress.com (网络实名：中国政法大学出版社)
电　话	010-58908466(第七编辑部) 010-58908334(邮购部)
承　印	北京中科印刷有限公司
开　本	720mm×960mm　1/16
印　张	20.75
字　数	320 千字
版　次	2025 年 3 月第 1 版
印　次	2025 年 3 月第 1 次印刷
定　价	68.00 元

第一版编委会

修订版编委会

修订版总序

　　教材是传播知识的主要载体，体现着一个国家、一个民族的价值观念体系。习近平总书记指出："紧紧围绕立德树人根本任务，坚持正确政治方向，弘扬优良传统，推进改革创新，用心打造培根铸魂、启智增慧的精品教材。"监狱作为教育人、改造人的特殊学校，更加需要一套科学系统的精品教材，洗涤罪犯灵魂，将其改造成为守法公民。多年来，首都监狱系统在"惩罚与改造相结合、以改造人为宗旨"的监狱工作方针指导下，始终坚持用心用情做好教育改造罪犯工作，秉持以文化人、以文育人理念，于2012年出版了北京市监狱管理局历史上第一套罪犯教育教材——"光明行"系列丛书，旨在用文化的力量，使人觉醒、催人奋进、助人新生。

　　丛书自问世以来，得到了司法部、北京市委政法委、市司法局等上级机关和领导的充分肯定，获得了范方平、舒乙、洪昭光等知名专家的高度评价，受到了全国监狱系统同行的广泛关注，得到了罪犯的普遍欢迎，成为北京市监狱管理局科学改造罪犯的利器。这套丛书获得了多项荣誉，2012年被国家图书馆和首都图书馆典藏，《道德与践行》被中央政法委、北京市委政法委列为精品书目，《健康与养成》获得了"全国中医药标志性文化作品"优秀奖等。"光明行"系列丛书已经成为北京市监狱管理局罪犯改造体系的重要组成部分，成为北京市监狱管理局的一张名片，为全面提升罪犯改造质量发挥了重要作用。

　　党的十八大以来，以习近平同志为核心的党中央高度重视监狱工作，习近平总书记多次作出重要指示，为监狱工作提供了根本遵循，指明了前进方向。特别是随着中国特色社会主义进入新时代，社会主要矛盾发生根本转变，经济生活发生巨大变化，社会形势发生重大变革，全党确立习近平新时代中国特色社会主义思想，提出了一系列治国理政的新理念、新思想、新战略，取得了举世瞩目的成就。近年来，随着刑事司法领域全面深化改革的逐步推进，国家相关法律和监狱规章发生较大调整，监狱押犯构成发生重大变化，监狱机关面临新形势、新任务、新挑战，需要我们与时俱进，守正创新，在罪犯改造的理论体系、内容载体、方式手段，以及精准化水平等方面实现新的突破，以适应新的改造需要。在这样的背景下，北京市监狱管理局以"十个新突破"为指引，正式启动对"光明行"系列丛书的修订改版，进一步丰富完善罪犯教育教材体系，推动教育改造工作走深、走精、走活、走实。

本次修订对原有的《监狱与服刑》《道德与践行》《法律与自律》《劳动与改造》《心理与心态》《回归与融入》6本必修分册，以及《北京与文明》《信息与生活》《理财与规划》《健康与养成》4本选修分册进行更新完善，同时新编了一本《思想与政治》必修分册，以满足强化罪犯思想政治教育、树立"五个认同"的现实需要，使得丛书内容体系更加科学完善。

新修订的"光明行"系列丛书共计160余万字，展现出以下四大特点：一是反映时代特征。丛书以习近平新时代中国特色社会主义思想为指导，反映十几年来社会发展和时代进步的最新成果，将中央和司法部对监狱工作的新思路、新要求融入其中，特别是坚持同中国具体实际相结合，同中华优秀传统文化相结合，对理论及内容进行更新，充分展现"四个自信"。二是彰显首善标准。丛书总结这十几年来北京市监狱管理局改造工作经验，将"十个新突破"及教育改造精准化建设的最新要求融入其中，体现了市局党组和全局上下的使命担当和积极作为，反映了首都监狱改造工作取得的成绩和经验，展现了首都监狱工作的特色和水平。三是贴近服刑生活。丛书立足监狱工作实际，紧扣服刑、改造、生活、回归等环节，贯穿服刑改造全过程，摆事实、讲道理、明规矩、正言行，既供罪犯阅读，也供民警讲授，对罪犯有所启发，使其有所感悟，帮助罪犯解决思想和实际问题。四是适合罪犯学习。丛书更新了大量具有时代性和典型性的故事和事例，以案析理、图文并茂，文字表述通俗易懂、简单明了，每个篇章新增了阅读提示、思考题以及推荐书目和影视作品，使罪犯愿意读、有兴趣、能读懂、易接受，将思想教育做到潜移默化、润物无声。

本次修订改版从策划编写到出版问世，历时一年，经历了内容调研、提纲拟定、样章起草、正文撰写、插图设计、统稿审议、修改完善和出版印刷等大量艰辛繁忙的工作。丛书修订得到了各级领导的大力支持和悉心指导，参与社会专家达到 21 人，参与编写的监狱民警 80 余人，组织召开各类会议 130 余次，问卷调查涉及罪犯 1800 余人次，投入经费 200 万元。我们还荣幸地邀请到秦宣、章恩友、马志毅、金大鹏、林乾、吴建平、元轶、刘津、许燕、杨光、巫云仙等知名专家担任顾问，加强指导、撰写序言、提升规格、打造精品。希望广大罪犯珍惜成果、加强学习、认真领悟、真诚悔过、自觉改造，早日成为有益于社会的守法公民。

在此，谨向付出艰辛劳动的全体编写人员致以崇高敬意，向支持帮助丛书编写出版的同志们及社会各界人士表示衷心的感谢！由于时间和水平有限，难免存在疏漏和不足之处，欢迎批评指正。

"光明行" 系列丛书编委会

2025 年 1 月

分　序

　　《劳动与改造》是光明行系列丛书关于劳动改造方面的重要分册，是"特殊学校"的好教材。我国监狱改造罪犯重视教育有悠久的传统，把监狱办成"特殊学校"也是长期的战略举措。早在抗日根据地和解放区民主政权时期的革命监所，就初步构建了政治教育、文化教育、劳动教育"三大教育"机制，逐步孕育出改造罪犯重视教育的传统，是"特种教育学校"理念的最早萌生。1960年10月，毛泽东接见美国记者斯诺的谈话中，提出了"我们的监狱不是过去的监狱，我们的监狱其实是学校，也是工厂，或者是农场"的战略构思。1981年12月，由中共中央办公厅、国务院办公厅转发的"八劳"会议纪要首次正式提出："要加强对罪犯的教育改造工作，把劳改场所办成改造罪犯的学校。"之后，办"特殊学校"的指导思想、办学标准、具体举措多次在监狱工作规划、通知中进行明确规定，1994年12月29日颁布施行的《监狱法》[1]也有相关规定。几十年来，监狱工作中产生了很多劳动改造方面的教材，积累了丰富的经验，取得了历史性的成就。北京市监狱管理局2012年正式出版了首都监狱历史上第一套罪犯教育读本——"光明行"系列丛书，这次修订的《劳动与改造》更加系统化、科学化、规范化，使劳动改造工作迈上了一个新的台阶，必将为首都监狱工作实现内涵式高质量发展作出新的贡献。

---

　　〔1〕　本书中所引用的中国法律法规，为行文方便，省略"中华人民共和国"字样。

　　把《劳动与改造》写成适合监狱工作需要和符合服刑人员学习要求的特殊教材，是读本编写的重要原则。我国监狱劳动改造工作有深厚的马克思主义思想理论基础，在新时代，习近平新时代中国特色社会主义思想是指导劳动改造工作面临新形势、克服新困难、解决新问题的世界观和方法论。如何把中国化、时代化的马克思主义基本原理运用到劳动改造中去，把劳动改造的指导思想、基本原理、科学方法、优秀传统和经验以浅显易懂的形式编写到读本中去，使之适合监狱人民警察和服刑人员的需要，以达到理想的教学和学习效果，北京市监狱管理局为此进行了科学周密的论证、计划、组织工作。作为前两个版本的主要编写者，我深知北京市监狱管理局在读本编写要求方面的高标准、严要求和良苦用心，深知编写这样一本通俗读物的艰巨性、挑战性和创新性，也深知组编人员为出一本好读物付出的艰辛努力。我们看到，这一期新的读本从谋篇布局、内容编写、深入浅出、案例运用、事理说明、通俗易学等方面有更大改进和创新，通过故事、案例、图文并茂等引人入胜的形式，让读者有兴趣学、容易学、容易懂，真正做到了有理、有力、有料、有趣、有效，把至关重要的教育内容呈现给了特殊教育者和学习者，特殊教材的功能和价值体现得淋漓尽致。

　　作为一名热爱劳动改造理论和实践的教育工作者，我想给大家在学习和运用这本读物时提几点建议：一是要用心学。用心学主要指态度端正和积极投入。学习从根本上需要自觉而不是被强制，而劳动改造虽然有法律强制性，但是好的效果最终要靠自觉自愿，早用心、早主动才是聪明、正确的选择。二是要耐心学。耐心学要认识到劳动是每个人的生存方式，只要有劳动能力，人人都必须劳动，劳动也不是一天、两天的事情，每个人都应该像普通劳动者一样日出而作、日落而息。耐心学习、耐心劳动、耐心体验，日积月累，劳动必会在你身上产生神奇效果。三是要真心学。真心学就是要真心从书中学知识，真心在劳动中学技能，只要你真心学了，真心做了，劳动必将给你带来实实在在的回报。四是要松心学。松心学就是除了监狱布置的集体学习，你还可以不按先后顺序、自由自在地自学，想看哪一章哪一节，就随着你当时的兴趣和想法去学。松心学体现在劳动上不是说让你自由散漫地劳动，而是希望你能放松身心对待劳动，把自己当成一个普通劳动者，普通、平常、主动、自觉的劳动才是好状态。当你真正以平常心、自觉自愿地学习劳动、参加劳动了，你就会在劳动中身心一致，你就会乐在其中。

中央司法警察学院教授

2024 年 12 月

目　录

第一篇 劳动塑造人类与文明

劳动不仅生产出人类赖以生存和发展的物质文明，也生产出新的认识、观念、道德等精神文明。在历史的长河中，劳动是推动人类社会向前发展的不竭动力，它孕育了文明，点燃了进步的火种。在当下的社会现实中，劳动超越了单纯的生存工具，成为每个人健康成长的基石，是塑造品格、磨砺意志的熔炉。劳动，更是一剂温柔而有力的改造之手，引导着我们迈向更加完善的自我旅程，让我们在辛勤与汗水中，体验重生与升华。所以说，劳动创造了我们，也塑造着更好的我们。

【阅读提示】

1. 帮助罪犯理解劳动对个人成长和社会进步的重要作用；

2. 引导罪犯认识到劳动不仅是生存的手段，更是塑造品格、实现自我价值的重要途径。

一、劳动起源：人类与文明的基石

（劳动）是整个人类生活的第一个基本条件，而且达到这样的程度，以致我们在某种意义上不得不说：劳动创造了人本身。

——恩格斯

为什么说没有劳动，就没有我们人类呢？那是因为劳动在人类产生的过程中发挥了至关重要的作用，有目的、有意识地制造和使用工具的劳动，使人类和其他动物从根本上区别开来，劳动使类人猿进化成了人类，劳动使人类从原始走向现代，从愚昧走向文明。劳动不仅创造着高度发达的物质文明，也创造着高度发达的精神文明。对个人来说，劳动是每个人健康成长发展的必由之路，只有劳动，才能使一个人形成符合社会要求的思想、道德和观念；只有劳动，才能使一个人成为合格的社会劳动者。

"劳动创造了人本身"

劳动对人的第一个作用，就是在从猿到人的演变过程中发挥了创造性作用。人是怎么来的？这个古老而神秘的问题，曾有无数神学家试图解释。19世纪中后期，达尔文创立了进化论，提出并论证了人是由猿进化来的，才为正确解答这个问题奠定了基础，但他并没有解答猿是怎么变成人的。恩格斯运用辩证唯物主义的方法论，在1876年写的《劳动在从猿到人转变过程中的作用》一文中对劳动在人类起源中的作用进行了深入的研究和详细地阐述，得出了"劳动创造了人本身"的科学论断和哲学论断。

1. 劳动创造了人类灵巧的双手

我们的祖先在从猿转变到人的几十万年的过程中，逐渐学会了使用自己的手适应一些动作。虽然这些动作开始时是非常简单的，但是，从猿转变到人具有决定意义的一步就是由此完成的。

劳动使猿手变为人手

几十万年以前，在热带的某个地方——大概是现在已经沉入印度洋底的一片大陆，生活着一种类人猿，它们满身是毛，成群地生活在树上，它们就是人类的祖先。

最初，这些猿类的手和下肢相配合，十分适合在茂密的丛林地带作攀援动作。它们用双手抓住树枝，摆动着身体，从一棵树荡到另一棵树，这种行动方式叫臂行。臂行使猿手的四指很长，形成弯曲的钩状，极利于攀住树枝；大拇指很短，可以配合其他四指握住物体，但不能与其他四指对握捏拢。这就使猿手难以像人手那样可以拿住各种形状的东西。猿在行走时采取半直立姿势，这也需要上肢的帮助。

后来，这些猿类从树上下到地面，逐步改变了生活方式，它们的身体结构也开始变化。在平地上行走的它们开始摆脱用手帮助的习惯，猿手渐渐从辅助行走的负担中解放出来，开始有了分工，从事与脚根本不同的许多的事情：摘取和拿住食物，在树林中筑巢或者像黑猩猩一样在树枝间搭棚避雨，擎起木棒抵御敌人或用果实和石块向敌人投掷，等等。慢慢地，猿手变得越来越灵巧了。当制造出第一件工具时，作为运动器官的猿手就被改造成为劳动器官，成为人手了。

劳动使人手和猿手有了很大差别。人的双手十分宽大，手指较短，有很发达的拇指。拇指基部与手腕间的关节十分灵活，使它可以做出外展、内旋和弯曲的动作，与其他四指的动作十分协调，也可以对握，能精准、灵敏地抓住任何细小的东西。手指上的皮纹变得很细腻和紧密，感觉的可靠性更高。指骨变直，末端指节变宽，人手已不再是仅仅用来抓握树枝的运动器官，而是演化成了能够从事创造性劳动的灵巧器官。

△ 劳动提升了手使用工具的灵活性

手变得自由了，手的职能大幅增强了，经过多少万年的演化，终于由只会利用天然的工具，逐渐发展到能制造简单的工具。所以，手不仅是劳动的器官，还是劳动的产物。正是劳动的力量，以及适应不断变化的动作需求，促使人的双手逐步进化，达到了高度的发展和完善。如今，现代人得以运用其灵活的双手，巧妙地完成绘画、雕刻，以及其他各种精细复杂的作业。

2. 劳动创造了人类发达的大脑

人类大脑是动物界中无与伦比的杰作，其复杂性和功能远超其他生物。人脑在每秒钟内会发生约 10 万种不同的化学反应，形成思想、感情和行动。人脑中的 1 亿个神经细胞，每天可记录约 8600 条资料。人类的大脑之所以有这样高度的发展，与猿脑到人脑的发展进化的漫长历史过程不无关系，而劳动是其中主要的原因。古类人猿从树上下到地面以后，取食、防御敌害等行为方式都发生了较大的变化。当他们逐步掌握了制造工具的手段即从事劳动以后，行为方式更为复杂，大脑接受外界事物刺激的信号也越来越多，判断分析综合的能力也越强，这样大脑也发展起来了。具体的脑量发展与劳动的关系如图 1-1：

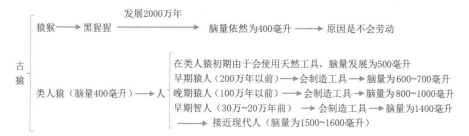

图 1-1　脑量发展与劳动关系

从上述资料中不难看出，猿猴到黑猩猩经历了 2000 万年，脑量依然为 400 毫升，原因是不会劳动；而类人猿的脑量之所以能从 400 毫升发展到早期智人的 1400 毫升，主要原因是从使用天然工具到制造工具并从事着越来越复杂的劳动，说明正是劳动才使猿的脑量不断增大，直到发展成现代人的大脑，是劳动创造了人类发达的大脑。

△ 劳动使人的整个体态发生变化

3. 劳动产生了人类奥妙的语言

语言是人类思维和表达思想的手段，是人类最重要的交际工具，也是人类区别于其他动物的本质特征之一。其他动物只能使用简单的发音和动作进行交流，然而人类的语言正是在这种简单音节的基础上、在共同劳动的过程中产生的。

在从猿到人的进化过程中，在共同的劳动和生活中，人们相互之间沟通的需要日益增强。在这种情况下，简单的音节已不能很好地、很准确地表达思想和进行交流，于是多频率、多音节的语言就逐渐产生了。同时，人的发音器官和接受器官、理解器官的机能也日趋成熟。由于人的这种社会性和机能的进化与人类劳动有紧密的联系，所以劳动是语言产生和发展的动力之一。同时，语言使大脑的抽象思维能力不断发达，这也是猿脑发展为人脑的一个重要因素。

4. 劳动产生了人类特有的意识

通过劳动和语言交流，推动了脑髓的发展，从而使猿的脑髓逐渐地变成人的脑髓。在脑髓发展的同时，感觉器官和知觉器官也越来越灵敏和发达。通过语言和思维器官的活动，意识便产生了。作为思维器官的大脑，是在劳动和语言推动下产生的，所以意识也是劳动的产物。

猿人由于经常使用工具，从而学会了制造工具。猿人在制造和使用工具的过程中，不断地认识到工具的作用及其对自己生活的关系，懂得了什么样的工具用起来效果好，从而开始按照自己的愿望去制造工具。这样，古猿本能的意愿便产生了飞跃，并不断发生质变，产生了人类特有的意识，即把客观事物的性质，以及彼此之间的联系，转化成了主观的东西，并付诸行动，产生了人类特有的自觉能动性。

从以上发展过程可以看出，从猿到人的演变正是劳动的结果，是"劳动创造了人本身"。

劳动把人培养成合格的社会劳动者

通过回顾人类产生的过程，我们该怎样理解"劳动创造了人本身"的意义呢？这对我们今天认识劳动有什么启发呢？也许大家会说，从人类的产生来看，劳动创造了人本身这没错，但是今天我们的身体已经很完美了，身体是父母生的；从小到大，是父母养的；劳动，是长大以后的事情。这种想法既简单，又错误。每个人都是社会的一分子，无论我们将来做什么，都必须成为合格的社会劳动者，没有千千万万个合格的社会劳动者，人类社会就不能称其为人类社会。每个人要成为合格的社会劳动者，就必须从小就接受劳动的锻炼、培养劳动的习惯。劳动锻炼是把一个人打造成合格劳动者的必需途径。在远古时代劳动创造了人类本身，在今天，则是劳动把每个人培养成一个个合格的社会劳动者。只有这样，人类社会才能存续和发展。

以下"卖了一天报纸的孩子变了"的故事则从家庭的角度说明了劳动对人的教育培养作用。如果稍加留意，我们身边这样的例子还有很多。

卖了一天报纸的孩子变了

陈女士是位单亲母亲，下岗后她早出晚归卖报纸，辛苦地抚养上初中的女儿。为了弥补女儿缺少的父爱，陈女士比其他母亲付出了更多的努力，对女儿百依百顺，有求必应。久而久之，陈女士发现一个问题：女儿丝毫不在意她的辛苦，在吃穿用方面与班里的女同学攀比，花钱大手大脚，什么流行吵着买什么。一天晚上8点多，陈女士好不容易卖完报纸，拖着疲惫的身子赶回家时，看到女儿正戴着耳机哼歌曲，看见她回来，连头也没抬，只是随口问了句"在外面吃过饭了吗？"女儿的冷漠让陈女士寒了心。为了让女儿体味到生活的不易，陈女士决心带女儿去卖一天报纸。一个周末的早上5点半，陈女士硬将女儿从床上拉起来，把两个馒头和一瓶水塞进布包，就赶向了附近的一个报纸批发点。拿到报纸后，陈女士急忙去了自己常去的一个十字路口叫卖。女儿极不情愿地跟在后面，一个劲儿埋怨，觉得让她来卖报纸太丢脸了。周末上班的人少，一上午只卖出了一小部分报纸，到中午时还有厚厚的一摞。此时天也热起来了，太阳无遮无拦地照在母女俩身上，陈女士的脸被晒

妈，您挣钱养活我太不容易了，我以后再也不乱花钱了，一定要好好孝顺您！

卖报

得通红，她赶紧让女儿躲到阴凉的地方，并塞给女儿几块钱，让她去买点吃的，自己仍站在烈日下叫卖，饿了就吃几口馒头。报纸好不容易才卖完，回家后，女儿哭着说："妈，您挣钱养活我太不容易了，我以后再也不乱花钱了，一定要好好孝顺您!"陈女士听着落了泪。此后，陈女士发现女儿懂事多了，不仅不像以前那样乱要钱，而且主动做起了家务，每晚都给她做好饭，每逢周末还去给她帮忙。

通过亲身体验卖报纸的艰辛，陈女士的女儿从一位不谙世事的孩子，转变为理解劳动价值、懂得节俭和感恩的青少年。这一转变，正凸显了劳动对于教育培养合格社会劳动者的基础作用，它不仅教会了女儿尊重劳动，而且激发了她对家庭和社会的责任感。

我们国家历来重视劳动对于培养社会新人的重要作用，把教育与生产劳动相结合作为教育工作方针的重要内容，把培养德智体美劳全面发展的社会主义建设者和接班人作为教育工作的目标和重点。2015年7月24日，教育部、共青团中央、全国少工委联合出台了《关于加强中小学劳动教育的意见》，从中可以看出国家对劳动在人成长中的重要作用，以及对从小学生开始加强

文化讲堂

劳动是一切幸福的源泉，是实现人生价值和社会发展的根本途径。

——邓小平

劳动教育的重视。

教育部、共青团中央、全国少工委关于加强中小学劳动教育的意见（节选）

一、劳动教育的主要目标

通过劳动教育，提高广大中小学生的劳动素养，促进他们形成良好的劳动习惯和积极的劳动态度，使他们明白"生活靠劳动创造，人生也靠劳动创造"的道理，培养他们勤奋学习、自觉劳动、勇于创造的精神，为他们终身发展和人生幸福奠定基础。

用3-5年时间，统筹资源，构建模式，推动建立课程完善、资源丰富、模式多样、机制健全的劳动教育体系，形成普遍重视劳动教育的氛围。推动在全国创建一批国家级劳动教育实验区，推动地方创建一批省级劳动教育实践基地和劳动教育特色学校，带动全国中小学劳动教育深入开展。

二、坚持劳动教育的基本原则

充分发挥劳动综合育人功能，以劳树德、以劳增智、以劳强体、以劳育美、以劳创新，促进学生德智体美劳全面发展。

——坚持思想引领。中小学劳动教育既要让学生学习必要的劳动知识和技能，更要通过劳动帮助学生形成健全人格和良好的思想道德品质。

——坚持有机融入。要有效发挥学科教学、社会实践、校园文化、家庭教育、社会教育的劳动教育功能，让学生在日常学习生活中形成劳动光荣、劳动伟大的正确观念。

——坚持实际体验。要让学生直接参与劳动过程，增强劳动感受，体会劳动艰辛，分享劳动喜悦，掌握劳动技能，养成劳动习惯，提高动手能力和发现问题、解决问题的能力。

……

三、抓好劳动教育的关键环节

1. 落实相关课程……

2. 开展校内劳动……

3. 组织校外劳动……

4. 鼓励家务劳动……

其实不只是我们国家，各国都不约而同地重视劳动在一个人成长中的作用。今天，劳动仍是把每个人培养成合格的社会劳动者的必经之路。一个合格的、优秀的社会劳动者的综合素质中，劳动素质是最基本的组成部分。我们可以通过文化教育或各种方式学习文化知识，可以通过体育锻炼增强体魄，可以通过刻苦学习取得更高的学历，但是这些都代替不了劳动的作用。每个人都应重视劳动，积极参加劳动，而且是越早越好。

思考题

1. 劳动在人类进化过程中扮演了怎样的角色？请结合自身经历，思考劳动对个人成长和改造的意义是什么？

2. 文中提到"劳动创造了人本身"，你如何理解这一观点？在你的生活中，有哪些劳动经历让你感觉到自我价值的提升？

3. 恩格斯的"劳动创造了人本身"对你有什么启示？你将如何在未来的改造和生活中实践这一理念？

二、劳动塑造：健全人格与社会角色

> 劳动是人类存在的基础和手段，是一个人在体格、智慧和
> 道德上臻于完善的源泉。
>
> ——乌申斯基

"健全"原本的意思是身体健康而无缺陷，"健"，是指身体健康，"全"，是指全面完善而没有缺陷。我们说一个人是健全的人，是指一个人在德智体上的全面发展。首先，身体健康是基础，其次，是道德观念、智力发育、综合素质上的全面完善。成为一个健全的人，就是成为一个德智体全面发展的人，这是每个人成长发展的基本要求和目标，是一个人成长为社会合格劳动者的基本条件。没有劳动，就没有健全的我们，劳动是每个人成长为一个健全的人的必要条件和手段。

劳动是健康的源泉

文化讲堂

人体欲得劳动，动则谷气易消，血脉流利，病不得生。

——华佗

劳动可以使我们筋骨强健，肌肉发达，关节灵活，反应灵敏，动作迅速，所谓"用则不退，动则不衰"；劳动能让我们百脉通畅，五脏气血供应充足，可使冠状动脉血流量增加，改善心肌的营养和代谢；劳动还能抑制胆固醇的合成，可防止心脑血管疾病的发生；劳动还有延缓衰老的作用，人在持续的劳动过程中，会大幅提高心肺和血管的功能，对氧气和营养物的分配，阻止或减慢肌肉的生理性萎缩，清除体内垃圾产生重要作用，从而有效地延缓机体的衰老速度。劳动虽然让我们付出一定的辛苦，但是劳动创造的成果能使我们精神愉快，心情舒畅，增强对生活的热爱和情趣，这就为我们的健康长寿打下了良好的基础。因而古今养生学家认为，劳动是最重要的养生方法之一。

百岁奶奶：劳动中的长寿歌

在河南省洛阳市宜阳县的一个小镇上，有一位名叫肖玉珍的老人，她已经 107 岁了，却依然精神矍铄，身体硬朗。肖玉珍的故事，是关于劳动与长寿的传奇。

肖玉珍出生于 1916 年，她的一生充满了辛勤的劳动和不懈的努力。年轻时，她从许昌逃荒到洛阳，凭借着勤劳的双手，养育了三个孩子。如今，她与儿子一同生活，享受着儿孙满堂的天伦之乐。

肖玉珍的长寿秘诀，在于她对劳动的热爱。尽管年过百岁，她依然保持着劳动的习惯，每天都会做一些力所能及的家务活。

每天一大早，肖奶奶就会起床，开始一天的活儿。她喜欢在院子里剥花生，那双布满老茧的手，动作熟练，一颗颗花生仁从壳里"蹦"出来。她说："这活儿能让我感觉到自己还年轻，还能干点事儿。"午后，太阳暖洋洋的，肖奶奶会拿起扫帚，扫扫地，清理一下院子。她的动作不快，但每一扫都干净利落。她说："扫地也是锻炼，能让我的身体更灵活。"傍晚，她喜欢坐在院子里的石凳上，边梳头边看着天边的晚霞。她总是笑眯眯的，好像在回忆着什么。她的儿子说："母亲一辈子都在劳动，从没停过。"

肖奶奶的生活简单，但她很满足。她常说："人活着，就得干活，干活才能活得久。"的确如此，劳动既能锻炼身体，还能愉悦心情，身体和心情都好了，还怕不能长寿吗？

肖奶奶的故事，就像一个智慧的启迪，告诉我们：劳动，是生命的源泉，是长寿的秘诀。但随着现代科学技术的迅速发展，人们的体力劳动逐渐减少，劳动强度大幅降低，看似现代人比过去舒适多了。殊不知，疏于劳作无疑会使身体各器官的功能降低，免疫力下降，身体素质越来越差。有的学者将之称为"现代闲逸病"，这种"现代闲逸病"患者多表现为思维迟钝、体态肥胖、四肢软懒、体质虚弱，消化不良、易患各种身心疾病。治疗"现代闲逸病"最好的方法，就是劳动。

"是劳动给了我又一次健康"

董某入狱时年龄已达 60 岁，患有高血压、心脏病等疾病，对入狱后的劳动充满担忧，不敢奢望通过劳动减刑。监区民警了解董某这一特殊情况后，安排其从事打扫车间卫生的工作。董某对监区的安排非常感激，劳动时格外卖力。董某清扫和维护的卫生区为长 50 米左右的过道及窗台，每天清扫 5—6 次。董某说："原来每天只是坐着工作，才患了这么多疾病，现在每天走一走，活动活动，身体感觉舒服多了。"经过 1 年多的劳动，董某的血压恢复到了正常范围，吃的药也少多了，并获得了第一个劳动奖励。董某高兴地说："是劳动给了我又一次健康，也是劳动洗刷了自己心灵上的污垢，我对新生充满希望。"在入狱之初，董某的家人由于董某年龄大、身体多病，犯罪后身心压力大，对董某的身体非常担心，当看到监狱让董某参加适当的劳动，身体状况大为改观，一家人都非常高兴。

很多人在社会上好逸恶劳，进了监狱又不愿意接受改造，也不愿意认真劳动。也许他们还不知道劳动对身体的好处，不知道劳动对恢复健康的作用。监狱里的罪犯由于精神压力大，往往容易患上各种疾病。奥斯特洛夫斯基说过："医治一切病痛最好的、最宝贵的药品，就是劳动。"那么，去劳动吧！劳动会使我们减少和预防疾病，劳动会使我们病后重生，劳动会使我们健康强壮！

劳动是开启智慧大门的金钥匙

我们知道，作为人类智慧器官的大脑是在劳动中产生的。在从猿到人的转变过程中，通过劳动和语言交流，推动了脑髓的发展，从而使猿的脑髓逐渐地变成人的脑髓，在脑髓发展的同时，感觉器官和知觉器官也越来越灵敏和发达，区别于动物的人类智慧就这样产生了。接下来，人类从事的劳动由简单到复杂，人们制造的劳动工具越来越复杂，人们生产的产品也越来越丰富多样，人类的智慧也就越来越发达。

即便在今天，劳动对我们智力的提高也是至关重要的。劳动使我们不断开阔眼界，增长知识，积累经验，深入地认识和掌握自然规律。劳动还可以促进血液循环，使心、脑和整个循环系统功能处于较高的水平，并反馈性地增强了神经系统的调节功能，从而使我们的思维更敏捷、反应更灵活、智力更发达。前苏联著名教育实践家和教育理论家瓦西里·亚历山德罗维奇·苏霍姆林斯基的一个重要教育信条是"孩子的智慧出在他的手指尖上"，他坚信，要使人的个性得到充分的发挥，就要让自己从事他喜爱的劳动，而且，他越深入这种劳动中，他的能力和天资就会得到越好的发展。

我国古代的四大发明都是劳动人民劳动智慧的结晶

众所周知，我国古代的四大发明——指南针、火药、造纸术、印刷术为世界做出了重大贡献。而这四大发明无一不是我国古代劳动人民在劳动中创造的智慧。

指南针的发明是我国劳动人民在长期实践中对物体磁性认识的结果。由于生产劳动，人们接触了磁铁矿，开始了对磁性质的了解。人们首先发现了磁石引铁的性质，后来又发现了

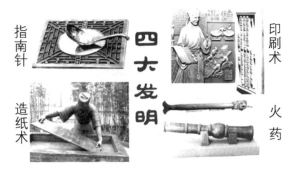

△ 中国四大发明

磁石的指向性。经过多方的实验和研究，终于发明了可以实用的指南针。

火药的发明是秦汉以后炼丹家用硫黄、硝石等物炼丹时，从偶然发生爆炸的现象中得到启示，再经过多次实践，找到了火药的配方。

造纸术的发明一说是东汉人蔡伦在总结前人制造丝织品的经验的基础上，改进了用树皮、破渔网、破布、麻头等做原料，制造成了适合书写的植物纤维纸，使纸成为普遍使用的书写材料，被称为"蔡侯纸"。

印刷术开始于隋朝的雕版印刷，雕版印刷是用刀在一块块木板上雕刻成凸出来的反写字，然后再上墨，印到纸上。每印一种新书，木板就需从头雕起，速度很慢。如果刻版出了差错，又要重新刻起，劳作之辛苦，可想而知。宋代的毕昇通过对雕版印刷术的发展、完善，发明了活字印刷，这种印刷方法虽然原始简单，却与现代铅字排印原理相同，使印刷技术进入了一个新时代，后人称毕昇为"印刷术的始祖"。可以看出，印刷技术的发明和发展是多少代人劳动智慧的结晶。

我国古代的四大发明一直是中华民族的骄傲，而它们的发明都是劳动人民智慧的结晶，四大发明是劳动开启智慧、劳动创造文明的典型代表。

国王寻找智慧

国王听说阿凡提非常有智慧，便把他叫来问道："阿凡提，你的智慧是从哪儿找来的？""通过艰苦的劳动找到的！"阿凡提回答说。

"智慧也能通过劳动找到吗？"国王问。

"对，通过艰苦的劳动定能找到智慧！"阿凡提回答。"我现在就想多找一点智慧。"国王说。

"这个好办，请您拿上坎土曼（我国新疆少数民族的一种铁制农具，有锄地、挖土等用途，由木柄和铁头两部分构成）跟我走，我会帮助您找到智慧的。"阿凡提胸有成竹地说。

文化讲堂

我只相信一条：灵感是在劳动时候产生的……劳动，这是一切钝感最好的医生。

——［苏联］奥斯特洛夫斯基

国王心想：别人都说我缺少智慧，这回我一定得多找一些智慧把脑子装满，有可能的话再装上两箱子智慧带回王宫，留给孩子们用。然后，他拿上一把坎土曼跟着阿凡提就走，他们走了很长时间，来到一片戈壁滩上，阿凡提对国王说："好了国王陛下，请您脱下皇袍开始劳动吧！"

国王只好跟着阿凡提抡起坎土曼来。干了一会儿，国王的手打起了血泡。国王受不了了，他说："阿凡提，你说的智慧在哪儿？我们怎能找到它？"

"请别急，国王陛下。"阿凡提笑了笑说："我们就这样艰苦地把坎土曼抡到秋天，待把这片土地开垦出来，到了春天我们再把智慧种上，等到了秋天我们就可以收获到一麻袋一麻袋的智慧。不然，我们上哪里去寻找智慧呀？"

"你说的这个智慧是粮食吧！"国王问。

阿凡提说："对，陛下，这只是寻找智慧的第一步。"

国王无奈，跟着阿凡提整整苦干了一年。到了秋天收完了丰收的粮食后，国王对阿凡提说："阿凡提，我感觉到粮食吃起来容易，可种起来就难了，你说我说的对吗？"

"非常正确，您现在找到了一条最重要的智慧。"阿凡提回答。

阿凡提是百姓口中拥有超群智慧的传说人物。由于他才智过人，因此在不同地区的传说中往往以智者或者导师的头衔来称呼他。民间流传着许多关于阿凡提的经典故事，通常是以诙谐、幽默的形式反映出劳动人民智慧的。前文阿凡提帮助国王寻找智慧的故事，就是用劳动巧妙地告诉了国王一个朴实的真理，粮食是从劳动中来的，智慧也是从劳动中来的。要想拥有智慧，那就去劳动吧！正如高尔基所说："热爱劳动吧。没有一种力量能像劳动，即集体、友爱、自由的劳动的力量那样使人成为伟大和聪明的人。"

劳动是优良思想和道德的播种机

人的正确思想，只能从社会实践中来，从生产劳动这项最基本的社会实践中来。劳动，使我们树立了不劳者不得食的观念；使我们养成了艰苦奋斗和勤俭节约的作风；使我们懂得了理解和尊重别人；使我们培养了责任感、自尊心、自信心、独立自主和自律意识；使我们学会了团结和协作；使我们懂得了奉献；使我们知道了热爱和尊重自然，关注和关心社会；使我们懂得了父母的养育之恩和孝敬父母的优良传统。劳动，就像一台功能强大的播种机，把这一系列优良的思想、道德观念播种在我们的头脑中。虽然，从小到大每个人从家庭、社会和学校接受了许多思想道德教育，但是，同家庭、社会和学校教育相比，劳动的实践和体验功能更强大。它是一种无以替代的自我教育，把这些优良的思想、道德观念深深地、牢固地植入我们的心田。

娇生惯养出逆子

2010 年 10 月 16 日晚，一辆黑色轿车在某大学校区内撞倒两名女生，导致一死一伤，司机不但没有停车，反而继续去宿舍楼送女友。返回途中被学生和保安拦下，该肇事者不仅未关心伤者，反而态度嚣张，高喊："有本事你们告去，我爸是李刚！"后经证实了解，该男子的父亲是某市某公安分局副局长。此事一出迅速成为网友和媒体热议的焦点，"我爸是李刚！"语句也迅速一度成为网络上最火的流行语。

冷漠的表情，狂妄的叫嚣。面对他人的生命，年轻人为何如此冷漠、如此嚣张？一时间引起全社会的关注和思考，舆论焦点直接指向了"官二代""富二代"的家庭背景，难道这些年轻人的道德缺失仅仅是因为他们富裕的家庭和地位显赫的父母吗？究其根源，出身富贵只是这些年轻人仗势欺人、漠视他人生命、公然挑战社会底线的表面原因，而深层次的原因是这些年轻人成长教育的失败。我们完全不用怀疑，这些年轻人优越的家庭背景肯定会让他们尽可能地接受最好的学校教育。他们周围也都是有文化、有地位的人，他们的父母也有能力，有素质，有更强烈的愿望去教育他们。但是，在一个人的成长过程中，仅有学校教育、家庭教育是不够的。由于这些年轻人从小在父母的爱中长大，缺少了一项重要的教育——劳动教育。因为不劳动就过着上等人的生活，他们才有着与生俱来的优越感；因为不劳动就可以轻而易举地获得平常人难以奢望的优厚待遇，他们才有了根深蒂固的特权思想；因为没有辛勤劳动的体验，他们才会缺乏对身边人起码的尊重和平等意识。所以，无论是轻易挥下的拳头，还是脱口而出的"我爸是李刚！""谁敢打 110！"都不像是一种口不择言，更准确地说，应该是其自身道德残缺的充分暴露。我们从"官二代"问题延展开会发现，由于娇生惯养、不劳而获的原因产生的问题青少年并非只是"官二代""富二代"，从小娇生惯养、不劳而获是许多青少年犯罪的重要原因。所以在加强对青少年的成长教育的过程中，千万不能少了劳动这门课。劳动可是优良品德的播种机。

劳动锻炼育良才

在我国中部地区的一个小镇上，有一所注重劳动教育的学校，学校以其"绿萃教育"品牌而闻名，大力开展劳动教育，为社会培养了不少年轻工匠。小工匠张浩就是其中之一。张浩的爸爸是当地一位小有名气的工匠，擅长木质手工创作。张浩从小就在父亲的作坊里玩耍，看着父亲制作各种木制品，对工艺制作充满着好奇。自 2020 年以来，学校积极响应《关于全面加强新时代大中小学劳动教育的意见》，开发了"非遗传承"课程，张浩得以在学校学习剪纸、土陶、面塑和草编等传统手工艺。他展现出了非凡的剪纸才能。

学校为劳动教育提供了丰富的实践场所，包括校内的"桃李园""菜香园"和与当地企业合作的校外实践基地。张浩在这些"责任田"里不仅学习了农耕知识，还锻炼了劳动技能，体会到了劳动的艰辛与乐趣。

父母非常支持张浩的劳动教育。爸爸在家经常指导他使用工具，进行简单的木工制作，培养了张浩的动手能力和创新思维。妈妈则在日常生活中引导他参与家务，如烹饪、打扫卫生等，使他学会了生活自理和家庭责任感。

在学校和家庭的共同培养下，张浩不仅掌握了扎实的劳动技能，更在多次比赛中崭露头角。他的剪纸作品，以细腻的刀工和独特的创意，赢得了众多的赞誉。在一次全国性的青少年手工艺大赛中，张浩凭借一幅"小镇风光"的剪纸作品荣获金奖，这不仅是对他技艺的认可，也是对他多年努力的肯定。

如今，张浩已经从一个对工艺制作充满好奇的孩子，成长为一名真正的小工匠。他的故事在小镇上广为流传，成了年轻一代的榜样。他在一次获奖感言中说道："我在各种劳动中学到了知识，得到了锻炼，我不仅要感谢父母和学校，还要感谢劳动！"

从案例中，我们看到了家庭和学校在劳动教育中的共同作用。学校提供了系统的劳动教育课程和实践机会，父母则在家庭环境中继续培养孩子的劳动习惯和技能。通过参与家务、学校劳动课程和社会实践，张浩不仅学会了劳动技能，还在劳动中培养了责任感、创新精神和社会责任感。高尔基说："在重视劳动和尊重劳动者的基础上，我们有可能来创造自己的新的道德。"通过上面的例子可以看出，不重视劳动，不参加劳动，我们就可能远离道德，触犯法律。请牢记意大利民族复兴时期的爱国志士、优秀的历史学家、作家和文艺评论家拉·乔万尼奥里的名言："劳动是产生一切力量、一切道德和一切幸福的威力无比的源泉。"

劳动是改造重塑的魔术师

1. 劳动改造的马克思主义原理和依据

马克思主义劳动学说除了论证了劳动创造了人本身，还详细论证了劳动改造人的作用，既论证了劳动对一般人的改造作用，又论证了劳动对犯了罪的人的改造作用。"劳动首先是人和自然之间的过程，是人以自身的活动引起、控制人和自然之间的过程。人自身作为一种自然力与自然物质相对立，为了以对自身有用的形式占有自然物质，人就把他身上的自然力——臂和腿、头和手运动起来。当他通过这种运动作用于自身外的自然并改造自然时，也就同时改变了他自身。他使自身中睡着的潜力发挥出来，并使这种力的活动受他自己控制。"[1]这一段论述表明的是，人类的劳动，既是改造客观世界的过程，也是改造劳动者主观世界的过程，劳动既创造了人类社会的物质文明，也不断创造着人类社会的精神文明。

马克思深信不疑地认为，在建立新的社会经济关系的过程中，在这一新社会的"再生产行为本身中，不但客观条件改变着……而且生产者也改变着，锻炼出新的品质，通过生产而发展改造着自身，造成新的力量和新的观念，造成新的交往方式，新的需要和新的语言。"[2]这种"新的观念""新的交往方式""新的需要和新的语言"就是正确的世

---

〔1〕　中共中央马克思恩格斯列宁斯大林著作编译局译：《马克思恩格斯全集》（第23卷），人民出版社1972年版，第201页。

〔2〕　中共中央马克思恩格斯列宁斯大林著作编译局译：《马克思恩格斯全集》（第46卷），人民出版社1972年版，上册第494页。

界观、人生观和价值观。同时，马克思所说的"新的社会经济关系"就是社会主义经济关系，是在社会主义生产管理体制下所形成的经济关系和生产关系，在这一"新的社会经济关系"下，人的生产劳动才更加有利于形成这种正确的世界观、人生观和价值观，这就是社会主义制度的优越性。对此，毛泽东在《实践论》中也详细论述了生产劳动对人的观念的形成、人的正确思想和伦理的形成和发展的重要作用，他说，马克思主义者认为人类的生产活动是最基本的实践活动，是决定其他一切活动的东西。人的认识，主要地依赖于物质的生产活动……而且经过生产活动，也在各种不同程度上逐渐地认识了人和人的一定的相互关系。一切这些知识，离开生产活动是不能得到的。

一个未成年人在幼儿、学生时代接受劳动教育使他逐步树立起正确的世界观、人生观和价值观，一个成年人为了自己的不断进步和发展也需要加入社会劳动者的行列中，一个世界观、人生观和价值观出现问题的人，如罪犯，更需要通过参加劳动来改造错误的思想。对此，马克思曾断言："体力劳动是防止一切社会病毒的伟大的消毒剂"[1]，他甚至直接指出生产劳动是罪犯"改过自新的唯一手段"[2]。

解放战争时期，毛泽东指出："对于反动阶级和反动派的人们，在他们的政权被推翻以后，只要他们不造反，不破坏，不捣乱，也给土地，给工作，让他们活下去，让他们在劳动中改造自己，成为新人。他们如果不愿意劳动，人民的国家就要强迫他们劳动，也对他们做宣传教育工作，并且做得很用心，很充分。"

中华人民共和国成立后，毛泽东劳动改造罪犯思想首先体现在1949年《中国人民政治协商会议共同纲领》中，第7条规定："……对于一般的反动分子、封建地主、官僚资本家，在解除其武装、消灭其特殊势力后，仍须依法在必要时期内剥夺他们的政治权利，但同时给以生活出路，并强迫他们在劳动中改造自己，成为新人……"之后，毛泽东多次对劳动改造罪犯工作作出指示，并提出了我国的第一个监狱工

---

[1] 中共中央马克思恩格斯列宁斯大林著作编译局译：《马克思恩格斯全集》（第31卷），人民出版社1972年版，第538页。

[2] 中共中央马克思恩格斯列宁斯大林著作编译局译：《马克思恩格斯全集》（第3卷），人民出版社1972年版，第25页。

作方针——"三个为了"方针。1951年，毛泽东亲自修改审定全国第三次公安会议决议时提出："大批应当判刑的犯人，是一个很大的劳动力，为了改造他们，为了解决监狱的困难，为了不让判处徒刑的反革命分子坐吃闲饭，必须立即着手组织劳动改造工作。"

2. 中华人民共和国成立以来劳动改造的成就和宝贵经验

新民主主义革命时期，革命根据地、边区及解放区的监狱以教育改造罪犯成为新人为目的，建立的劳动感化院、劳改队、罪犯习艺所等罪犯劳动改造机关，就已经在组织罪犯劳动改造方面，积累了大量的经验，为新中国的监狱组织罪犯劳动改造奠定了基础，也可以说孕育了新中国罪犯劳动改造的雏形。中华人民共和国成立以来，我国的劳动改造取得了举世瞩目的成就，积累了丰富的经验，总结起来主要体现在以下几个方面：

（1）在一穷二白的基础上建立了中国监狱的劳动改造事业。

（2）建成了中国特色社会主义劳动改造制度。这是一套包括思想理念、方针政策、法规、组织体制、管理制度、工具方法等一系列的工作体系。其在马克思主义劳动学说指导下形成的以转变观念为核心的改造体系，是中国劳动改造的一大特色，其中蕴含了丰富的劳动改造科学和实践经验。

（3）中华人民共和国成立以来成功改造了末代皇帝、日本战犯、国民党战犯等一大批反革命罪犯和其他各类罪犯，积累了改造罪犯的宝贵经验，保证了社会的安全和稳定，为国家输出了一批又一批遵纪守法的社会主义建设者。

（4）形成了一套成熟的、科学的劳动改造方针和政策法规。从"三个为了"方针、"惩罚管制与思想改造相结合、劳动生产与政治教育相结合"的"两个结合"方针、"改造第一、生产第二"的方针到"惩罚与改造相结合，以改造人为宗旨"的监狱工作方针，无不从实际出发，指导着不同历史时期劳动改造工作的发展。

（5）在科学的工作方针指导下，处理了改造与生产的矛盾、社会效益与经济效益的矛盾等各类实际矛盾关系，积累了丰富的经验。

（6）建成了一套罪犯劳动改造理论。揭示了劳动改造工作内在的矛盾和规律，指导着劳动改造工作的科学发展。

（7）建起了一大批中国特色的监狱国有企业，为国家的经济建设、解决监狱经费不足做出了重大贡献。

（8）在国家经济体制转型为社会主义市场经济体制过程中完成了监狱布局的调整，完成了监企分开的改革，完成了监狱产业结构的调整，使生产劳动的场所布局、组织结构、生产项目都更加适合劳动改造的需要。

下面通过一些史料和案例对我国劳动改造的伟大成就进行展示。

中国特色社会主义劳动改造制度的建立

中国特色社会主义的劳动改造制度产生于新民主主义革命时期，建立于监狱的初创时期。

早在新民主主义革命时期，新生的革命政权接收了一些旧监狱等国家机器，为了解决战争中的俘虏和革命队伍内部的犯罪问题，以毛泽东同志为代表的中国共产党人以马克思主义劳动学说为理论依据，以苏联罪犯劳动改造模式为实践依据，提出了用劳动改造解决犯罪问题的根本思想。在新生的人民政权陆续建立起了一批以劳动改造为中心的新型刑事执行机关，例如，在国共合作时期、土地革命时期、抗日战争时期和解放战争时期，各解放区大多设立了监所、劳动感化院、罪犯自新学艺所和监狱等。1939年2月，陕甘宁边区高等法院发布通令指出，克服抗战困难，法院决定利用已判决人犯的劳动力，另外给犯人表现改正错误的机会，全边区各县已判决人犯在严密看管之下，参加生产劳动。主要是开荒种地、从事简单的手工业生产、短途运输、组织包工队等。在这些监所中，劳动是惩罚和改造罪犯的主要手段与基本途径，实行劳动和教育相结合的政策成功地改造了一大批反革命分子和刑事犯罪分子，这可以说是社会主义社会罪犯劳动的初级形式。

中华人民共和国成立前夕，1949年9月29日通过了带有临时宪法性质的《中国人民政治协商会议共同纲领》第7条规定，对于一般的反动分子、封建地主、官僚资本家，在解除其武装、消灭其特殊势力后，仍须依法在必要时期内剥夺他们的政治权利，但同时给予生活出路，并强迫他们在劳动中改造自己成为新人。该共同纲领这一规定成为中华人民共和国社会主义罪犯劳动得以发展的理论基础。1949年10月1日中华人民共和国成立以后，所接收的旧监狱破旧不堪，需要关押和改造的罪犯却人满为患，而且罪犯构成从日本战犯、国民党战犯、末代皇帝到新收押的剿匪反霸、镇压反革命、"三反""五反"逮捕的一大批反革命分子和刑事犯罪分子，除了对极少数罪大恶极的主要犯罪分子处以极刑外，判刑关押的就有100多万人，新政权的监狱工作面临着巨大的困难。在这种情况下，党中央批准在1951年5月召开第3次全国公安工作会议，会议通过了《关于组织全国犯人劳动改造问题的决议》，该决议明确指出，大批应判徒刑的犯人，是一个很大的劳动力，为了改造他们，为了解决监狱的困难，为了不让判处徒刑的反革命分子坐吃闲饭，必须立即着手组织劳动改造的工作。这次会议明确了劳动对改造反革命分子和刑事犯罪分子的作用，确定了劳动改造的组织机构、人员、经费渠道、劳动项目等一系列基本问题，使劳动改造工作在全国得以大范围铺开，也使劳动改造工作真正步入了一个正规发展和快速推进的新时期。

1954年9月，中华人民共和国政务院公布实行了《劳动改造条例》，这是新中国劳动改造工作（监狱工作）包括罪犯劳动改造工作的第一部法规。该条例在第三章中专设"劳动改造和教育改造"内容，使劳动改造和教育改造一道，成为监狱改造罪犯的两大基本手段。该条例在第四章中专设"劳动改造生产"内容，并明确规定了劳动改造生产的目标、管理体制、管理机构、发展方向、安全生产制度等内容，这也使得劳动改造和劳动改造生产区分开来，也就是使罪犯劳动改造这种以改造人为宗旨的活动与劳动改造生产这种以追求经济效益为目标的活动区别开来，从而为罪犯劳动改造的顺利发展扫清了道路，这些规定促进了罪犯劳动改造工作的深化和发展。

应该说，《劳动改造条例》的颁布实施，标志着新中国社会主义特色的劳动改造制度真正地建立起来了。

我国的劳动改造制度从劳动入手，以生产劳动为手段，以改造罪犯成为新人为宗旨。无论是在新民主主义革命时期的监所劳动中，还是在中华人民共和国刚成立后对最难改造的末代皇帝和战争罪犯的改造中，都取得了令人信服的成就，得到了实践的验证。

成功改造末代皇帝[1]

帮助"皇帝"从头学起，过去只听人讲，皇帝向来是衣来伸手、饭来张口，什么都不会做。我初见溥仪时，看他和普通人没什么两样，所以，对于那些传说，还有些不相信。但观察一段时间以后，我就相信了人们的议论。就拿洗脸这样的小事来说，一般人洗脸是正面、侧面，整张脸都能洗到，而溥仪洗脸只洗正面脸，侧面脸却不着水。他的衣服经常缺扣子，衣扣也常扣错，穿的衣服也是歪的。他穿的两只鞋，常有一只缺鞋带或者鞋带长短不一。吃饭也一样，别人都用筷子，可他怎么用也用不好，夹菜经常向下掉。经过长时间的练习，拿筷子才得心应手。

溥仪刚到战犯管理所时，不会洗衣服。他有一个长约80厘米的立式盖的黑皮箱，里面装着衣服等物品。他每次换下脏衣服都揉成一团塞进黑皮箱里。然后，又从箱里挑出干净的衣服换上，等箱里的干净衣服都换完，就把几次换下来的脏衣服拿出来，叫他侄儿去洗。我发现数次后，这样不利于溥仪改造，遂把我的想法向领导作了汇报。后经领导批准，我们先把溥仪的几个侄儿从他房间里调出，打消他的依赖性。其次在每次洗澡时，有意把溥仪排在后面，让他洗完澡，再留他把自己的衣服洗了。这样做的目的是让他自己锻炼着会洗衣服。记得第一次，浴室里就剩下我和溥仪两个人。他洗完澡，穿好了衣服，正要往外走。我叫住了他，对他说："溥仪，浴室里现在没人，还有热水，你把换下来的脏衣服洗了吧。"他听后，先是一愣，朝我看了半晌，才说了声"好"。过了一会儿，他把衣服放进脸盆，用温水泡上。然后，他一只手拿起了肥皂，蹲在盆前，思考了片刻，才一把抓起了湿衣服，用肥皂往整件衣服上搓。我站在一旁见此情景，心里不觉一阵好笑。但仔细一想，也确实是难为他，因溥仪从来没洗过衣服，第一次难免不会，也没什么奇怪的。于是，我让他先停下来，告诉他洗衣服的方法，并动手给他做了示范，然后才让他自己洗。刚开始，他动作很笨拙，等到洗完上衣又洗裤子时，我发现他的动作就不像先前那样笨拙了。等他洗完了衣服，我对

---

[1] 姜禹臣：《在改造溥仪的日子里》，载中国监狱工作学会监狱史学专业委员会编：《我所知道的新中国监狱工作》，辽宁省铁岭监狱出版。

他的进步给予鼓励，还说："人活一世，不能一辈子依赖别人。要想争取做一个自食其力的新人，就必须掌握生活的本领。不会就得从头学。"溥仪回答一声"好"，还谈了自己的感想。他说，过去依靠别人惯了，现在看来是不对的，这是剥削阶级的陈腐观念。最后，他说："看来，学洗衣服并不是一件很难的事，其他事情可能也是如此，只要自己肯于学习，总能学会的。"自此以后，溥仪很虚心好学，不懂就问。每次我指出他做得不对的地方时，他都能谦虚地回答说"行"，或者说"好"。这样时间长了，他常说的"行"或"好"两个字，也就成了他回答我们问题的常用语了。他这样回答，不是敷衍我们随便说说的，他真的学会了不少自理生活的本领。

……

1952 年 9 月的一天，监舍 2 楼 6 号监室内的厕所下水道堵了。当时，所内缺少维修人员，到外面找人修，所方又不允许，因为管理所对外一直是保密单位。出于责任感，我就主动找来维修工具，修了起来，但忙活了半天，也没把下水道捅开。没办法，我只好来到楼下的房间里，把连接楼上的下水管道底部拐弯处打开。只见里面积满了黄糊糊的粪便水，一股臭气从里面散发出来。在旁边围观的战犯，被熏得直往后退，有的还捂着鼻子。他们的目光都注视着我。说实话，我当时也感觉非常恶心。不过，看到他们怀疑的目光后，我想，我绝不能后退。于是，我先用工具捅了几下，没捅开。我就放下工具，脱掉上衣，只穿背心，将一只胳膊伸进了下水道里，在大约一尺远的拐角处，手碰到了堵塞物，就把它拽了出来。原来是两块大麻布堵在下水管中间。

事后，我们利用这两块麻布，对战犯进行了一次教育。我对他们说："这两块麻布，就是你们其中的人，把它扔进下水道的。因为你们的厕所别人没用过，只有你们自己使用。今天和你们讲，并不是非要找出是谁干的，而是让大家明白，这样做是错误的，是不讲公共道德的。"随后，战犯们进行了讨论，不少人发了言。伪满外交大臣阮振铎说："我活了大半辈子，经历了几个朝代，没听说厕所大便用手掏的。过去，我们作威作福、欺压百姓，哪个官府的人员不是骑在人民头上？如今，一位国家干部、政府工作人员，竟为了我们这些罪人，把手伸进

在劳动中改造自己，好好地补上劳动这门人生课。

大便管道里。这事，只有在社会主义的新中国才能出现。如果我们不好好改造，那就太对不起姜先生，对不起共产党和人民政府了。"溥仪也发言说："用手掏大便真是不可想象。谁看着粪都恶心，别说用手掏。姜先生为了我们，却做到了这一点，实在让人感动。我们还有什么理由不努力改造自己，重新做人呢！我们只有好好改造，才能对得起姜先生。"

虽然这件事过去了很长时间，有些战犯仍常常提及，可见给他们留下了深刻的印象。

3. 劳动是我们必须补上的人生课程

一个人的成长过程中，如果没有经过劳动的锻炼和教育是一个重大缺陷，不仅是没有掌握一定的劳动技能，更重要的是没有通过劳动树立正确的思想道德和劳动观念。很多走上犯罪道路的人多是因为从小没有接受过劳动教育，长大后好逸恶劳，不是通过辛勤劳动追求幸福生活，而是不劳而获、投机取巧、坑蒙拐骗，从而走上了错误的人生路。

在监狱里参加劳动，按照我国《监狱法》的规定，是具有强制性的。通过学习，我们要反思自己的人生历程，正确地认识国家的劳动改造政策，积极参加劳动，在劳动中改造自己，好好地补上劳动这门人生课。

下面看看我国及各国法律和监狱工作中是如何强调劳动对服刑者的改造和教育作用的。

世界及各国监狱工作对劳动教育改造作用的重视

我国监狱工作始终非常强调通过劳动教育改造罪犯。我国《监狱法》第3条规定："监狱对罪犯实行惩罚和改造相结合、教育和劳动相结合的原则，将罪犯改造成为守法公民。"《监狱法》第4条规定："监狱对罪犯应当依法监管，根据改造罪犯的需要，组织罪犯从事生产劳动，对罪犯进行思想教育、文化教育、技术教育。"《监狱法》第70条规定："监狱根据罪犯的个人情况，合理组织劳动，使其矫正恶习，养成劳动习惯，学会生产技能，并为释放后就业创造条件。"

世界各国也都非常重视劳动对服刑者的教育和改造作用。波兰规定："被判刑人参加劳动，旨在使其养成劳动习惯，学到专业技能，为获释后开始正当生活做准备，同时为保持和发展其体力和智力。"印度规定："监狱劳动的主要目的是要犯人改过自新，因此要避免无目的和非生产性劳动。应尽一切努力使犯人在先进的劳动领域——尤其是在监狱开办的生产行业方面——获得最有效的训练以便在获释后能自谋生路。"比利时规定"在监狱中组织犯人劳动是为了更积极地改造犯人，使他们更好地重返社会"，等等。

文化讲堂

在人的生活中最主要的是劳动训练。没有劳动就不可能有正常的人的生活。

——[法]卢梭

如果我们没有从小接受过劳动的锻炼，或者因为种种原因还没有成为一个社会合格的劳动者，甚至因为好逸恶劳走上了错误的人生路，那么，请尽快去参加劳动吧！只有劳动才能使我们成为一个正常的人，一个合格的社会劳动者。

思考题

1. 劳动如何帮助你在体格、智慧和道德上得到发展？请分享一个你通过劳动实现自我提升的具体例子。

2. 劳动被视为健康的源泉，你是否有通过劳动改善自己身体状况的经历？请描述这一过程对你个人的影响。

3. 劳动对于开启智慧大门有何作用？思考并分享你通过劳动获得新知识或新技能的经历。

三、劳动导向：定位人生与事业的方向

> 空谈误国，实干兴邦。
> ——顾炎武

　　每个人都要认真思考并找准自己的人生定位。定位，就是确定某一事物在一定环境中的位置，如产品在市场中的定位、人在社会中的定位、员工在组织中的定位。人生定位，就是确定人这一辈子，在社会上从事哪项工作，并把它发展成终生的事业。例如，一个人立志通过开饭馆创业，饭馆经营就是他的人生定位；一个人立志成为一个优秀的机械工人，机械工人就是他的人生定位；一个人想通过养鱼致富，那么，养鱼专业户就是他的人生定位。人生定位就是选准人一辈子的位置和方向，定位不正确是方向性的错误，方向性的错误会让你满盘皆输。所以，人生定位一定要准、一定要慎重。人生定位是一个人人生成功的起点，对普通人来说，人生定位可能在年轻时、在工作之前就确定了。而对许多罪犯来说，由于人生的巨大变故，人生定位首先要和自己错误的过去告别，纠正自己错误的人生航向，然后，再去重新选择正确的人生定位。由于监狱中劳动改造的重要目的之一就是为广大罪犯回归社会后重新就业创造条件，所以，参加狱内劳动也是大家重新进行人生定位的重要条件。对大多数人来说，没有劳动，就不能更好地确定新的人生定位。

劳动，使人生重回正轨

　　可以说，选择了劳动，就选择了新生。在劳动中，许多人会逐步走上正常的人生轨道。对此，赵强（化名）的例子给了我们有力的证明。

以毒攻毒，重获新生

赵强（化名）曾是个"瘾君子"，与毒品纠缠了13年，是劳动使他重获新生。在赵强25岁时，就已凭借勤劳和智慧，成为跨服装、餐饮、机械3个行业的老板，总资产达到数千万元。事业成功后，赵强开始出入酒吧、KTV等娱乐场所，并在那里结交了很多"朋友"。1994年，在"朋友"的怂恿下，赵强第一次碰了毒品。染上毒瘾之后，赵强再也无心打理生意，数千万元资产也被他败光。为了筹到毒资，他到处借钱。之后，妻子跟他离了婚，家里人也和他断绝了关系。终于，赵强被送进了强制隔离戒毒所。接下来的10年时间里，他3次进出戒毒所，

不断地在戒毒和复吸之间挣扎。赵强第三次入所后，戒毒所民警找他谈话："你还真把这里当家啦？难道你的下半生就打算这样过啦……"连珠炮似的反问，击中了赵强的内心。"我不能再沉沦，我要活出精彩。"2007年，走出戒毒所的赵强暗自下了决心。那么，他用什么方法戒掉那可怕又难戒的毒瘾呢？他选择了养殖毒蛇，因为养蛇人需要时刻保持注意力的高度集中，而这正是戒毒的良方。用他自己的话说："养毒蛇是一种高危险的工作，现在我的朋友跟我说，你现在不是在养蛇，你是在与魔鬼共舞，不能有一丝丝的松懈，万一不小心，脑子里有别的杂念，被毒蛇咬一口，那不是闹着玩儿的事情，在精神高度集中的时候，把所有的思想转移到毒蛇上面去。"通过两年的努力，他养的眼镜蛇、金环蛇、银环蛇等品种的剧毒蛇达4万多条，还相继开展了提取毒液、研制和生产胎蛇、蛇鞭、蛇胆、蛇皮、蛇油、蛇酒等业务。当养蛇中出现大量毒蛇死亡的挫折时，他曾经痛苦得几乎再回到吸毒的老路上去，

甚至产生了这样可怕的念头，"与其看着蛇都死光了，倾家荡产了，还不如我先吸死算了"。这次又是劳动挽救了他，他在痛苦中看着一片片死蛇的惨状、冥思苦想毒蛇的死因时，一个突然冒出的念头让他彻底打消了再次吸毒的想法，"如果我吸死了，那我将死得比毒蛇还难看"。于是，他硬着头皮，认真分析蛇的死因，终于找到了蛇死的原因，他和毒蛇同时获得了新生。可以说，赵强是在十分困难的情况下，通过艰苦的工作，使他既克服了再次陷入吸毒的危险，又攻破了毒蛇大量死亡的技术难题。现在，赵强每天用工作来充实自己，对毒品的心瘾也渐渐消除。"吸毒、戒毒、以毒攻毒"，这 8 个字很好地概括了赵强的人生轨迹。赵强说："养了毒蛇，就再也不碰毒品啦！"

赵强选择养殖毒蛇就是他重获新生的人生定位，这次的人生定位太准了，这让他取得了一举多得的人生收获。

劳动，让事业重新起航

社会的变化，必然要求人不断改变自己，不改变自己就不能适应社会的发展变化。在劳动中，我们会了解到社会的需要，会发现自己的优点和长处，并结合自己的实际找到自己愿意为之奋斗终生的事业。适应环境的变化而迅速改变自己的观念，最重要的是需要我们有一个聪慧的大脑和一双灵动的眼睛，做个生活的有心人。

下岗女工屡败屡战，找准定位，自强不息

陈红霞，一位刚过不惑之年的下岗女工，面对 3 次下岗，却不甘命运的摆布，自强不息，走上了一条充满荆棘的创业之路。经过几年的拼搏，创建了几十万元资产，用自己勤奋的双手，塑造了成功的人生。20 世纪 80 年代初，陈红霞下岗了。虽然失去了"铁饭碗"，但她是个要强的女人，她坚信，别人能够做到的事，自己也能做到。只要有一双勤劳的手，自食其力，就肯定能成功。1987 年 9 月，她多方筹资 2000 元，购买了毛线编织机，并报名参加了编织技术培训。1 个月后，她用所学

的技术开了一家毛线编织加工店，很快生产出第一批产品。她织出的毛织品花式多样，价格便宜，邻里朋友口碑相传，小小编织店的名气一下在县城传开了，生意越来越红火。这是她第一次通过创业劳动改变了自己的生活。苦心经营两年多，别人见这营生有利可图，便纷纷效仿，小编织店一下如雨后春笋般地冒了出来，竞争日趋激烈，编织店的利润越来越低，陈红霞的生意也越来越不景气，这时她主动放弃了编织市场，另找门路。她走南闯北，调研市场，又办起了全市第一家涂料厂，高薪聘请技术员，开发出了填补市场空白的产品，一炮打响，取得了巨大的成功。

陈红霞结合社会和自己的实际情况，不断调整自己的人生定位，她的定位是正确的，更重要的是，她用自己辛勤的劳动，把自己的人生定位变成了现实。摆在她面前的是更加美好的未来。赵永义和陈红霞事业成功的事例很好地告诉我们，我们虽然经历了人生的挫折，但是，只要我们积极地投身到劳动中，重新认真思考和确定自己的人生定位，并坚定地靠自己的双手努力工作，每个人都能重获新生，每个人都能成功。

劳动，令追梦无惧岁月

如果还在抱怨自己的身份、自己的身体、自己的年龄，或者不好好劳动，过一天算一天，或者对自己彻底失去信心，对回归不抱什么好的愿望，更谈不上什么梦想。那就请看看71岁被判处无期徒刑，74岁因保外就医回家，二次创业种橙再创辉煌的褚时健的故事吧！

褚时健：古稀之年"触底反弹"，再创辉煌

2019年3月5日，一位商业老人离世的消息传遍了网络，他就是褚时健，云南红塔集团有限公司和玉溪红塔烟草（集团）有限责任公司原董事长，褚橙创始人，先后经历两次成功的创业人生，被誉为"中国烟草大王""中国橙王"。

1979—1994年，褚时健成功将红塔山打造成中国名牌香烟，使玉

溪卷烟厂成为亚洲第一、世界前列的现代化大型烟草企业。1994年，褚时健当选全国"十大改革风云人物"。褚时健成为"中国烟草大王"。1999年1月9日，71岁的褚时健因经济问题被处无期徒刑、剥夺政治权利终身。2001年5月15日，因为严重的糖尿病获批保外就医，回家居住养病，活动限制在老家一带。2002年，保外就医后，74岁的褚时健与妻子在玉溪市新平县哀牢山承包荒山开始种橙，开始第二次创业。2004年获假释；后减刑为有期徒刑17年，2008年，减刑至有期徒刑12年，2011年刑满释放。2012年85岁的褚时健种植的"褚橙"卖遍全国，褚时健成为号称"中国橙王"的亿万富翁。2014年12月18日，荣获由人民网主办的第九届人民企业社会责任奖特别致敬人物奖。

2019年3月5日，褚时健在云南玉溪逝世，享年91岁。

世人对褚时健无比尊崇的是他从"中国烟草大王"，身陷囹圄跌至谷底，74岁携妻上山种橙，至"褚橙"红遍大江南北的"V"字人生。

当被问及"74岁了为何想来承包果园？"褚时健说："我不想晚年过得太穷困。我70多岁出监狱，总得找点事做，让生活充实点。"

褚时健是深圳万科集团董事长王石最尊敬的企业家，王石第一次到哀牢山看到创业之初的褚时健穿着白色汗衫、蹲在地上、青筋暴起地和水管工砍几十块钱的价，震撼不已。他给王石讲哀牢山的土壤怎么样、气候怎么样，大谈挂果之后是什么情况，又说这种橙子怎么怎么好。王石问他挂果要多长时间，他说要6年。6年之后他就80多岁了，一个70多岁的老人创业，大谈80多岁以后的场面，这种精神令人敬佩！

王石说："我觉得这就是企业家精神。"用巴顿将军的名言来形容褚时健再合适不过了："衡量一个人成功的标准，不是看这个人站在顶峰的时候，而是看这个人从顶峰上跌落低谷之后的反弹力。"

褚时健这样说反弹："人生最重要的不是拥有多少财富和知识，而是拥有将一切翻盘的反弹力。""当你处于生命低谷，不知道该干什么的时候，你就去看书吧，这是一项稳赚不赔的投资。"

他靠什么样的方式反弹？靠这样拼命劳动：

"你们干8小时，我给你们8小时的工资。干12小时，我给你们14小时的工资。那时候我们资金不如人，装备不如人，牌子不如人，只能没日没夜地干。"

这样干出来的成绩有：

20世纪60年代，他在糖厂，创下了连续15年利润爆发式增长的记录。

1979年，担任玉溪卷烟厂厂长，用18年将濒临倒闭的烟厂带到世界级企业，每年上缴的利税，占国家利税的六千分之一。

21世纪创办"褚橙"，成了亿万富翁。

做一行成一行，能出这样的成绩，是因为他真的不要命在干。

褚时健这样说干事情："人活着就要干事情，干事情就要干好。"

"就像搞农业，如果你质量搞不好，经过一个周期，10元资产就变8元了。"

"无论做什么事情，人都要有一颗敬畏心，自然规律、市场规律都要遵守。"

"对得起做过的事，对得起处过的人"。

"我这个人，心里放不下事，也算是个急性子。像2014年天气干，总是不下雨，我每天晚上想到我的果树，半夜四五点就睡不着了，起来翻书、翻资料，第二天叫上司机去找专家，一定要找到解决办法。我想着，我这么认真，果子的质量不会不好吧？"

褚时健是这样诚实劳动的：

"人在年轻时，要先学会吃苦，要实实在在挣钱，才能拿得住。"

"我一直和儿孙们强调，一个人工作、过日子都要认认真真，对产品要认真，对周围的人也要认认真真。"

因为褚时健的信守承诺、做事靠谱，他的褚橙种出来以后，朋友几十吨几百吨地帮他消化光了，销路逐渐打开。

曾有记者问褚时健，会在自己的墓志铭上写什么？褚时健回答了五个字："褚时健，属牛。"实际上，他出生于1928年，属龙，但他解释："我和老伴儿两个都属牛，一辈子都要劳动，一辈子都离不开土地。"这其实是中国老一代企业家一辈子的写照：哼哧哼哧、不分昼夜地做事干活，凭的是牛力气、一股牛劲儿。

而他们做成的事，也真的只有一个字形容：牛！

有一次，一个年轻人从福建来找他，说自己大学毕业六七年，还一事无成。褚时健一问，就知道他想"今年一步、明年一步、步步登高"。褚时健对他说："你才整了六七年，30岁都没到。我80岁还在创业，种果树十多年了，你急什么！"

褚时健以70多岁的高龄，从人生的谷底再次创业的故事，有很多值得我们反思和学习的地方。

第一，学习他不甘向命运低头的精神。从"中国烟草大王"的辉煌巅峰到被判无期徒刑的人生低谷，他的人生变故，恐怕没有几人比他更惨了。假如你还在抱怨命运不济，为自己身陷囹圄而自暴自弃。应该想想褚时健，幼年丧父，老年丧女（女儿先于他被判刑入狱，自杀于狱中），夫妻二人70多岁双双入狱，身患严重的糖尿病才获保外就医。70多岁保外就医，别人可能只能惶惶终日度过余生，而他选择了坚强，选择了二次创业。向他学习，我们更应该振作起来，好好改造，改思想，学技能，改恶习，争取早日回归社会。

第二，学习他74岁的高龄还选择了"种橙"的人生定位和"总得找点事做，让生活充实点"的梦想。"种橙"看似根本不适合一位74岁的老人创业，因为橙子6年以后才能挂果，橙子产生效益的时候他已80岁，对于一个身患糖尿病的老人来说能不能看到橙子丰收都是个问题，而他不仅干了而且干成了。看来，他真是把"种橙"当作自己的事业。其中值得我们思考和学习的是，对一个人来说，重新定位什么时候都不算晚，选准一项事业就坚定地干下去，70多岁的褚时健能干成种橙的事业，我们就能干成其他的任何事业。而且事业和梦想的确是一个人的精神支柱，它不仅能让一个人有了方向、有了目标、有了动力和干劲，还能让一个人延年益寿，"总得找点事做，让生活充实点"也是有事实依据和一定科学依据的。

第三，学习他"干事情就要干好"的追梦精神。他是一个优秀的劳动者。从"中国烟草大王"到"中国橙王"，他都是干出来的。"我和老伴儿两个都属牛，一辈子都要劳动，一辈子都离不开土地。""人活着就要干事情，干事情就要干好。"70多岁了还在创业，创业还选择6年以后才能挂果的橙子。"人在年轻时，要先学会吃苦，要实实在在挣钱，才能拿得住。"褚时健是一个勤奋的劳动者和追梦人、是一个倔强的劳动者和追梦人、也是一个诚实的劳动者和追梦人。褚时健以古稀

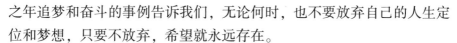

之年追梦和奋斗的事例告诉我们，无论何时，也不要放弃自己的人生定位和梦想，只要不放弃，希望就永远存在。

第四，学习他的永不言败，东山再起，再创辉煌。很多人把入狱获刑看作自己的人生失败、人生谷底，自暴自弃，不好好改造，不好好劳动，对监狱民警有敌意，希望读到褚时健的例子，可以好好想一想自己，自己的失败是不是比褚时健还惨；自己出狱时的年龄是不是比褚时健还长；自己的人生落差是不是比褚时健还大。和褚时健相比，是不是自己更应该早日迷途知返，早日拨转人生航向，重新找回人生的定位和梦想，在狱中好好改造，为回归努力追梦，以褚时健为榜样，也去创造一个自己的人生辉煌。人生没有捷径，凡是想不劳而获的人最终都会一事无成！吃得苦中苦，方为人上人，只有经受得起人生的考验和磨难的人，才有触碰成功的机会！

思考题

1. 你如何理解"劳动带给我们正确的人生定位"？请结合你的改造生活，谈谈劳动如何帮助你找到或重新找到人生的方向？

2. 劳动被描述为"以毒攻毒，重获新生"的方式，你能否从自身经验出发，谈谈劳动如何帮助你克服过去的错误，开启新生活？

3. 赵强和陈红霞的故事展示了劳动在人生定位中的重要性。请思考并分享你如何通过劳动来重塑自我，设定并实现自己的人生目标？

推荐书目

1.《平凡的世界》，路遥，北京十月文艺出版社 2013 年版。

2.《人类简史：从动物到上帝》，尤瓦尔·赫拉利，中信出版社 2014 年版。

3.《苦难辉煌》，金一南，华艺出版社 2009 年版。

4.《追风筝的人》，卡勒德·胡赛尼，上海人民出版社 2006 年版。

推荐电影

1.《阿甘正传》（1994 年），罗伯特·泽米吉斯执导。

2.《我不是药神》（2018 年），徐峥执导。

3.《集结号》（2007 年），冯小刚执导。

第二篇　劳动是治疗社会病毒的良药

一个人身体得了病，我们必须通过医疗手段消灭病毒，才能治好病。当一个人思想上有了"病"，行为出了轨，走上了犯罪的道路，又该怎么办？罪犯进入监狱，监狱会使用各种方法来治"病"，有劳动、管理、教育、心理矫治等，其中，劳动是不可或缺的治疗手段，劳动强健我们的身体，重塑我们的观念，增加我们的智慧，矫正我们的思想和行为。可以说，劳动是一剂疗效全面、康复必备，而且无任何毒副作用的良药。

【阅读提示】

1. 帮助罪犯理解劳动对于个人改造和社会康复的重要性；

2. 引导罪犯认识到劳动不仅是谋生的手段，更是自我提升和社会融入的桥梁。

一、没有劳动就没有"牛奶"和"面包"

人生在勤，不索何获。
——《后汉书·列传·张衡列传》

"牛奶和面包"在这里代表了生活中的一日三餐，代表了我们的基本生活保障。"没有劳动就没有牛奶和面包"是指劳动是人类生活生存下去的基本手段，是指"不劳动者不得食"，是指每个人要自食其力。在社会上，除非你是未成年人或者没有劳动能力的残疾人，否则每一个有劳动能力的人都必须自食其力。相反，如果一个人有劳动能力，却不靠自己的劳动生活，而是靠违法的手段谋生，是社会所不允许的，势必受到法律的惩罚。

劳动，是获取生活来源的基本手段

我们来到这个世界上，先是我们的父母靠自己辛勤的劳动把我们养大成人，我们长大以后要自立于社会，要通过自己的劳动自食其力，要用劳动所得养育子女、赡养老人。劳动是我们生活下去的基本手段。

生活幸福的永世法则："天下没有不劳而获的东西"

从前，有一位爱民如子的国王，在他的英明领导下，人民丰衣足食，安居乐业。深谋远虑的国王却担心当他死后，人民是不是也能过着幸福的日子，于是他召集了国内的有识之士。命令他们找一个能确保人民生活幸福的永世法则。3个月后，这些学者把三本六寸厚的帛书呈给国王说："国王陛下，天下的知识都汇集在这三本书内。只要人民读完它，就能确保他们的生活无忧了。"国王不以为然，因为他认为人民都不会花那么多时间来看书。所以他再命令这些学者继续钻研，2个月内，学者们把三本简化成一本。国王还是不满意，再一个月后，学者们把一张纸呈上给国王，国王看后非常满意地说："很好，只要我的人民日后真正奉行这宝贵的智慧，我相信他们一定能过上富裕幸福的生活。"说完后便重重地奖赏了这些学者。原来这张纸上只写了一句话："天下没有不劳而获的东西。"

这个国王不但有智慧，还真心爱民，因为无论他生前还是死后，都是用劳动确保人民过上幸福的生活。他在世的时候，有他的英明领导，人民安居乐业，丰衣足食。他死后，也要把确保人民生活幸福的永世法则教给人民。"乐业"是指什么？就是喜欢、热爱他们的工作。确保人民生活幸福的永世法则是什么？就是"天下没有不劳而获的东西"，只有劳动，才能生活幸福。他为什么要担心？因为他深谋远虑。他远虑什么？他忧虑其死后人们忘记了以前的幸福生活是靠什么来的，他担心人们投机取巧，误入歧途。他的担心不是没有道理，因为人们很容易产生懒惰思想，不愿意老老实实地努力工作，只要有一点取巧、碰运气的心态，就会放弃努力工作，丰衣足食、安居乐业就会离他们而去。这是多么可怕的事情啊！

智慧的父亲

父子两人在山上经营果园。父亲生病后，儿子不喜欢耕作。一天父亲病危了，他告诉儿子说："果园里有金子。"说完就死了。儿子就开

始在果园里挖金子，结果好长时间也没有挖到金子，他非常失望，父亲明明说果园里有金子，怎么找不到呢？到了秋天，由于他挖金子给果树松了土，果园里的苹果、梨等水果都获得了大丰收。儿子突然领悟到父亲那句话的意思，原来"果园里有金子"就是这些水果啊！金子是挖不到的，劳动才能丰收。

这则小故事同样告诉我们一个千古不变的真理，财富是要自己去挣

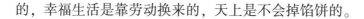

的，幸福生活是靠劳动换来的，天上是不会掉馅饼的。

不劳而获，社会不容

一个人如果不知道或者忘记了确保生活幸福的永世法则——"天下没有不劳而获的东西"，对他意味着什么？意味着他们会远离劳动，有的人觉得家里有的是钱，于是天天游手好闲，吃喝玩乐，像寄生虫一样生活，百无聊赖就会无事生非。可是父母都希望自己的儿女有独立生存的本领，这也是为人在社会上生存的必备条件；有的人梦想着天上掉馅饼，天天买彩票，幻想大奖会落到自己的头上，大奖是有的，但是，踏实生活不可心存幻想，因为"天上掉馅饼"说的便是天上不可能掉馅饼；有的人偶尔尝到了点儿甜头，于是就"守株待兔"，结果兔子没等到，自己的田地也荒了；有的人觉得自己"最聪明"，不会做白日做梦、"守株待兔"的傻事，只要凭借自己所谓的"智慧和力量"，骗、偷、抢，举手投足间，钱就到手了，结果是聪明反被聪明误，落得个铤而走险，银铛入狱。

> **文化讲堂**
>
> 懒惰——它是一种对待劳动态度的特殊作风。它以难以卷入工作而易于离开工作为特点。
>
> ——［苏联］杰普莉茨卡娅

"守株待兔"是多么可笑！

战国时代宋国有个农夫正在田里翻土。突然，一只野兔从旁边的草丛里窜出来，一头撞在田边的树墩子上，倒在那儿一动不动了。农民走过去一看：兔子死了。因为它奔跑的速度太快，把脖子都撞折了。农民高兴极了，他一点力气没花，就白捡了一只又肥又大的野兔。他心想：要是天天都能捡到野兔，日子就好过了。

从此，他再也不肯出力气种地了。每天，他把锄头放在身边，就躺在树墩子跟前，等待着第二只、第三只野兔自己撞到这树墩子上。世上哪有那么多便宜事啊！农民当然没有再捡到撞死的野兔，而他的田地却荒芜了。

守株待兔的寓言讽刺的是那些不靠踏实劳动，只凭侥幸获取劳动成果的人。寓言故事中，守株待兔的农夫可笑，现实生活里，一位银行支行行长诈骗、挪用公款网络赌博的故事就可悲了。

梦想天上掉馅饼，挪用巨款去赌博

2019 年 4 月，霍某被聘任为山西阳城农村商业银行一支行行长。在霍某上任一个月后，其任职银行推出"薪易贷"贷款服务，其中，审批环节由各支行行长负责审批。2019 年 6—11 月，霍某利用其职务便利，以仅帮忙完成贷款任务、不承担任何还款责任等理由，让其 10 名亲友提供相关资料后在其任职的支行办理"薪易贷"贷款业务，霍某将贷款所得共计 185 万元用于网络赌博。而后在 2020 年 4—5 月，霍某以借款周转、帮忙完成储蓄任务为名，先后骗取 6 人现金共计 390 万元。2020 年 6 月，霍某被免去银行行长职务，并在 2 个月后被开除。2021 年 11 月，山西省阳城县人民法院对霍某判处有期徒刑 16 年，并处罚金 30 万元。

霍某诈骗、挪用公款用于网络赌博，挪出了天文数字，也赌出了天文数字，结果又如何呢？霍某明明有不错的工作，光明的前景，却宁可去诈骗、去挪用，也不靠辛勤工作过平安幸福的生活，用巨款去赌虚无缥缈的钱财，上演了一幕不劳而获的丑剧，最终落得个身败名裂的下场。

守株待兔的农夫可笑，霍某诈骗、挪用公款网络赌博可悲，下面权某出狱后 10 天重蹈覆辙的例子更是妄想不劳而获的典型例证。

不劳而获成恶习，偷鸡摸狗又被捉

权某是山东省平度市李郭镇东马村人，他不愿意出力流汗，总是梦想着一夜过上富裕的日子，曾因盗窃罪被判刑 3 年。刑满释放后，他看到乡亲们这几年都富了起来，很多人住进宽敞明亮的大瓦房，羡慕不已，自己怎样才能拆掉草屋住瓦房呢？出外打工他怕受苦，种田挣钱他怕受累，还不如去偷，钱来得既快又省力。于是出狱后 10 天他又干了偷盗的勾当。结果偷来的拖拉机还没有开到家就被抓住了。事后他后悔地说道："俺早就将在监狱里干警们苦口婆心的教诲扔到脑后了，心里盘算着，到离家远的地方晚上去偷，谁也捉不住俺，俺曾因盗窃被劳教 4 年，与刑满释放的街坊蒲某合计后，偷了朱家桥镇这辆九成新的泰山牌拖拉机，俺俩自以为这价值四五千元的东西轻而易举到手了，做梦也没想到会栽得这么快，俺好后悔啊！"

权某的例子再次告诉我们，不劳而获，社会不容，违法必惩，等待他的又是漫长的铁窗生涯。

思考题

1. 劳动对你来说意味着什么？请结合自身经历，谈谈劳动对你个人生活的重要性。

2. 思考一下，在你目前的改造生活中，你如何通过劳动实现自我价值和提升自我？

3. 你如何理解"不劳动者不得食"的道理？在你的生活中有哪些具体体现？

二、诚实劳动光荣,坑蒙拐骗可耻

> 荣誉在于劳动的双手。
>
> ——达·芬奇

诚实是做人的基本准则,劳动是生活的基本手段。诚实劳动就是用自己勤劳的双手,合理、合法、诚实守信地换取劳动的果实。诚实劳动是劳动的基本态度和信念,是我们在劳动时应当坚持的。与此相反,不靠诚实劳动,靠巧取豪夺,是错误的想法和行为,严重的是要触犯法律的。

诚实劳动助力新生

文化讲堂

忠诚是通向荣誉之路。
——[法]左拉

今天我们在劳动改造中,首先就要树立诚实劳动的劳动观,并在劳动中恪守诚实劳动的准则,这不仅有利于我们在劳动中改造思想,而且有利于我们扎扎实实地学习和掌握劳动技能,实实在在地做好产品,常言说:"产品就是人品",今天,你诚实劳动做好产品,为你的劳动改造加分;明天,你诚实劳动展示人品,让你的人生走出一片更广阔的新天地。

"改造标兵"的荣誉来源于罗某的诚实劳动和积极改造

罪犯罗某通过自己的诚实努力考取了计分许可证和劳动上岗证,积极主动地接受劳动和教育改造。无论是参加车间生产劳动,还是加入生态园生产,或者担任监区卫生员,他不怕苦、不怕累,任劳任怨。无论什么样的改造任务,他都实实在在地完成,他的改造表现,监区全体罪犯有目共睹,有口皆碑。罗某毫无争议的被评选为监管局系统"改造标兵"。正如他自己曾经说的那样:"做人要讲诚信,才能面对自己的是非，才会有毅力痛改前非，获得新生。"

罗某能获得监狱局系统的"改造标兵"称号是光荣的，是他诚实劳动和认真改造的充分体现。诚实劳动是光荣的，我们要真正地改造自己就要从诚实劳动做起。

诚实劳动是康庄大道，越走路越宽

诚实劳动，关键在诚信，诚信是做人之本，立业之基。诚信是道路，随着开拓者的脚步延伸；诚信是智慧，随着求学者的求索积累；诚信是成功，随着奋进者的拼搏临近；诚信是财富的种子，只要你诚心种下，就能找到打开金库的钥匙。诚实劳动，小到一个人、一个家庭、一个个体企业，大到一个大型的跨国公司、一个民族，都应该诚实劳动。

诚实劳动会使你誉满天下，有更多的朋友、更忠诚的客户、更广阔的市场。诚实劳动让你走上康庄大道，康庄大道是宽阔平坦、四通八达的大路，是健康、正直、光荣的道路。诚实劳动让你在康庄大道上越走路越宽，前途越美好。

我相信你们的公司

斯汀是一家公司的业务员。一次在接到一个公司定制塑料袋的订单后，他马上仔细查看了关于塑料袋的资料和照片，发现自己的公司不能生产这种塑料袋，于是他如实告诉客户自己公司不能生产，让他另寻别的公司。结果这个客户让他帮忙介绍一家，斯汀说："有是有一家，不过我也没有合作过，要不你去问一下。"于是他把联系方式告诉了客户，客户连连对他表示感谢。一个星期后，客户又来找斯汀，说那个公司给他的感觉不是很好（原因是刚开始说好了价格，到下单时却说出种种理由不能生产，最终说要加价，而且要加50%以上）。客户很生气地说完后，告诉斯汀其实他不是不能接受加价，而是感觉那个公司的诚信不是很好。所以他希望让斯汀的公司来做，最后还加了一句："我相信你和你的公司。"

面对诱惑，不怦然心动，不为其所惑。面对诱惑，也能头脑清醒，淡然拒绝，这是一种闪光的品格——诚实。有的人总说诚实的人很傻，放着赚钱的机会不干。其实诚实的人走的是一条康庄大道，他会放弃所有不正当的机会，却赢来所有人的信任，他的道路会越走越宽，他的机会会越来越多。

坑蒙拐骗是死胡同，到头来无路可走

"坑蒙拐骗"这四个字没有一个是好字，它代表一切不诚实劳动、投机取巧的行为。靠这样的行为处世，坑了亲友，亲友唾弃你；坑了生意伙伴，生意伙伴远离你。一个人落得坑蒙拐骗的名声，好事无人知，坏事传千里。坑得了一时，坑不了一世，坑蒙拐骗是一条死胡同，总有一天会让人无路可走。到了触犯法律、身陷囹圄的那一天，后悔也来不及了。

张强的"劳动创富"为什么走到了尽头?

沈阳公安捣毁了一家日销售千余斤有毒、有害水发制品的黑加工点，发现了工人张强（化名）的一本"制假笔记"，其中记录了他一年两个月制假生涯的技术要领和心得体会，如增重用工业碱，漂白用双氧水等。张强在这本笔记的扉页上写道"劳动创造财富，目标成就人生"。

25岁的张强只有初中文化，16岁开始在这个水发制品加工点当工人。他的工作就是用煮、晾、泡等工艺制作百叶、茄参、毛肚等水发食品。制作过程中会加入起增重作用的工业碱，起漂白、防腐作用的双氧水和起中和酸碱作用的盐酸。张强在"制假笔记"的背面，详细记录了他每天发制各种产品所用原料的数量，如"2011年1月1日，煮茄参60斤，

2 日 200 斤，3 日 90 斤……"张强说，20 斤茄参用了不到 200 克工业碱，经过煮、晾、泡等流程，两天就可以发制出 180 斤茄参，也就是 1 斤茄参原料可以出 9 斤货。根据张强的"制假笔记"，2011 年 1 月，黑加工点销售"假茄参"26 000 斤，销售额 30 余万元，去掉 2900 斤原料的成本价 20 万元，黑心老板仅茄参一种产品的毛利润就达到 10 万元。正是由于"细心"和"努力"，张强越来越得到老板的信任。

在违法漂白食品的过程中，张强年轻的人生被"毒百叶"染黑了。在"制假笔记"中，有"战胜恐惧有胆量"的字样。张强说，那时已经知道所做的工作是违法的，整日生活在恐惧中。但是，贪婪战胜了恐惧。天网恢恢，疏而不漏，张强和他的老板最终受到了法律的严惩。隔着冰冷的铁窗，张强流下了悔恨的泪水："我现在特别怀念以前的工作和生活，无论是做木匠时难闻的油漆味，还是做电焊工刺眼的火花，虽然很辛苦、很累，但是很快乐，不像造假时天天生活在恐惧中，至今落得这样的下场。"

张强年轻的人生被"毒百叶"染黑了。现在社会上的食品安全问题很严重，一些像张强以及他的老板一样的人为了谋财，不惜以危害别人的健康甚至生命为代价，制假贩假，张强竟然在他的"制假笔记"中美其名曰"劳动创造财富，目标成就人生"。对此，我们一定要清醒地认识到，这些人的劳动不是诚实的、为社会创造价值的有益的劳动，是骗人害人的犯罪行为，是道德和法律所不允许的。这些人的劳动不可能成就他们的人生，只能使他们的人生走进死胡同，走上绝路。

文化讲堂

人无忠信，不可立于世。

——（宋）程颐

自把质量关就是自检诚信度

某监狱第三监区生产车间承接了一批纸袋加工业务。此批任务必须在 30 天内完成。但监区劳动力有限，即使全员参与，仍然与厂家要求数量有一定差距。这时，厂家提出能否把质检、记数、粘贴号码等工序省掉，从而省出更多的劳动力。这就要求所有罪犯在劳动中诚实守信、高度自觉、自把质量关。监区经研究，同意了厂家的提议，在提高劳动效率的同时，检验一下罪犯的诚信度。

一切都按照计划进行，大部分人的劳动积极性很高，最终生产任务在预定时间内完成。厂家满意地带走了全部成品。然而，春节过后，厂家却送回来一批残次品。主要问题是没有封底、封底开胶、绳没有穿上、数量严重不足等。监区马上对包装上的识别号码进行查找，确定此批残次品全部为罪犯刘某所为。监区对刘某按照规章制度进行了严肃处理，对其不诚信的行为予以批评教育。

犯罪进了监狱，说明自己以前所走的路是错误的，在劳动中改造自己，就是要彻底改造自己的恶习，就是要帮助自己走上正确的人生路。一次小小的不诚实劳动，不仅意味着刘某在质量上过不了关，而且在做人上还不合格，如果不及时悬崖勒马，刘某所走的仍然是一条死胡同。

诚实劳动光荣，坑蒙拐骗可耻

全社会都在提倡诚信，即使是普通人的诚实劳动，都是光荣的，都是值得提倡的；即使是一次小小的欺骗，都是可耻的。我们要牢固地树立诚实劳动的态度和观念，彻底抛弃任何不诚实的行为，做一名光荣的诚实劳动者。

彩票站老板诚信经营，既光荣又生意兴隆

2008年10月27日，彩票站老板罗斌帮别人代买的彩票中了500万元，虽然委托方还没有付彩票钱，彩票还在罗斌手中，但他果断地将彩票给了委托人张先生。当罗斌将那叠彩票递到张先生手上时，对方竟花了近两分钟，才用颤抖的双手找到了那张中大奖的彩票。"谢谢！谢谢！"张先生不断鞠躬，向罗斌表示感谢。

罗斌帮别人代买的彩票第二次中500万元大奖是2010年1月，这名幸运者中了足球胜平负第10004期一等奖，奖金500万元。然而，让他比中奖更高兴的是，这注彩票是他委托彩票站老板帮他购买的，中了

一等奖后，老板第一时间通知他并将彩票给了他。

"彩民中奖，我比谁都高兴，是幸运女神在眷顾我！"罗斌笑着说，自己经营投注站已经六七年了，一直都是诚信经营，从来没有动过歪念。如果他悄悄领走500万元，他的良心会一辈子不安。"与其折磨一辈子，不如守着清贫坦坦荡荡生活。""虽然投注站经常遇到有人打电话买了彩票不认账，我的月收入才两三千元，但做事就要讲诚信，不是自己的我坚决不能要！而且，这名中奖彩民就是因为2008年看见我的诚信，才到我的店来买的，我们彼此信任。"中奖者说："我是在2008年罗斌的诚信事件后，才开始到他们店里买彩票的，主要是觉得这里让人放心。"这期电话委托买彩票后，由于工作忙，他一直没有时间去拿彩票，彩票就放在了罗斌的投注站。昨天一大早，他就接到罗斌的电话，当时他还有点儿不敢相信。"彩票拿到手里了，才真正感觉自己中奖了。过几天我一定会过来感谢他的！"

罗斌的诚信行为赢得了普遍赞誉，也引起了良好的社会反响，为此，四川省体彩中心专门向国家体育总局体彩管理中心提出申请，授予罗斌"中国体育彩票诚信标兵"的光荣称号。

思考题

1. 你如何看待诚实劳动与个人品德之间的关系？请结合你的改造生活，谈谈诚实劳动对你的影响。

2. 请反思过去的行为，你认为是什么导致你偏离诚实劳动的道路？在今后的改造中，你打算如何纠正？

3. 罗斌的故事对你有何启示？你认为要成为"改造标兵"，需要在劳动中展现出哪些品质？

三、责任缺失，劳动帮我们重塑

> 业精于勤，荒于嬉；行成于思，毁于随。
>
> ——韩愈

责任是一种美德，是一个人为人处世的基本要求。一个人只有尽到对父母的责任，才是好子女；只有尽到对社会的责任，才是好公民；只有尽到了对下属和单位的责任，才是好领导；只有尽到对工作的责任，才是好员工。只有每个人都认真地承担起自己应该承担的责任，家庭才能幸福、集体才能团结，社会才能和谐运转、持续发展。责任的缺失可不是小事情，一个人缺乏对自己、对家庭、对他人、对社会的责任心，就容易做出违背道德、违犯法律的事情。为了重树责任心，就要亲自去劳动，亲自去付出，在辛勤的劳动中体会收获的艰辛，在收获中体味劳动的甘甜，也只有在体会了艰辛和甘甜之后，才能体会到人人都应该担当的那份责任。

责任缺失，祸患无穷

记得有一个银行家说过一句话："如果你眼里只有钱，总有一天你会挣不到一分钱。"假如你一切向钱看，你就会不择手段地挣钱，坑蒙拐骗、投机倒把、巧取豪夺，你就会无所不用其极，责任、法律都会被抛到脑后，最终害人害己，触犯法律，人财两空。

招摇撞骗妻离子散

某监狱罪犯王某，这次入狱前曾经两次被判刑，两次的铁窗生涯都没能改变王某好逸恶劳、贪图享乐的生活观念，没能树立起正确的劳动观与责任感，从而导致他第三次犯罪。王某曾是一名专业的汽车修理技师，有着和谐美满的家庭，妻子是一名教师，两个儿子也将相继大学毕

业，走上工作岗位。按理说，王某的家庭是美满的，生活也是幸福的，夫妻二人有稳定的工作，两个儿子也很有出息，他为什么还要犯罪呢？可以说，是不劳而获的思想和缺乏基本的家庭责任感害了他，这些错误的观念就像魔鬼一样控制了他的头脑，让他再次走上了犯罪的道路。最终，王某因诈骗罪与招摇撞骗罪再次被判处有期徒刑 17 年。得知王某再次被判刑的消息后，王某的妻子一怒之下回了老家，与王某断了联系，他的两个儿子也因伤心一度与王某拒绝相认。再次受到法律的严惩让王某真的后悔了。王某终日以泪洗面，口中不停地说着"对不起老婆、对不起孩子"。可是这一切的后悔与自责都晚了。

俗话说，一个人不能在同一个地方跌倒两次，可是王某在一个地方跌倒了三次，只能说他是极度缺乏责任心，才这样一而再，再而三地触犯法律，结果是妻离子散，王某的犯罪给家人和社会带来多大的危害！正所谓人财两空啊！

责任缺失，见利忘义

人一旦丧失了责任，就会见利忘义，就像脱缰的野马，把所有的道德、法律、亲人的嘱托忘得一干二净，胆大妄为，违法乱纪。很多犯罪都是责任缺失造成的，如偷盗、抢劫、诈骗、谋财害命，甚至包括一些过失犯罪。

见利忘义起贼心，贪图钱财被判刑

女青年陈某有一天到荷花市场李某的店中联系转让门面的事，以付房租为由，称需借用李某的银行卡，让其男友把钱汇到卡上。后二人一起去银行自助柜员机上查询看钱是否汇到李某的银行卡上。查询时陈某发现李某卡上有 1 万多元，就想把李某的钱偷走。于是陈某在第二次查询时记住了李某银行卡的密码。回到店中陈某趁李某不备将银行卡偷走，到银行将李某卡上的 14 500 元取走。法院认为，被告人陈某以非法占有为目的，秘密窃取他人财物，数额巨大，其行为已构成盗窃罪，判处有期徒刑 4 年，并处罚金 5000 元。

责任缺失，见利忘义，违法乱纪，害人害己。这样的犯罪，在社会上时有发生，这样的悲剧还在不断重演。如果是你，当"探囊取物"的机会突然出现在你的面前的时候，当你的生活出现困境时，当个人利益和他人、集体利益发生冲突时，你会为所欲为地伸出罪恶的双手吗？如果真是这样，那只能说明你是金钱的奴隶，而不是自己的主宰。所谓不是自己的主宰，就是你还不能对自己的行为负起责任，就是你不能靠正确的思想控制自己的行为，而是见利忘义，随波逐流。怎么才能成为自己的主宰，从劳动中去体会吧，劳动会告诉你，一分耕耘一分收获，一份责任一份利益。

责任缺失，劳动树人

钱没了，只是钱没了，人还在，还可以靠辛勤的劳动去挣。信义没了，责任丢了，做人的根本就没了，这可不像钱一样，一时半会儿就能挣回来的。做人的根本没了，只能重新做人，怎么重新做人？方法只有一个，只能是低下头去，认真做事，抬起头来，重新做人。认真做事，就是认真地劳动，在劳动中体会到凡事都来之不易，每一分钱、每一份成果都是劳动所得，都凝结着劳动者的付出和责任；体会到劳动中来不得一点儿马虎，一丝一毫的不负责都可能给工作造成难以挽回的损失。这就是劳动帮我们重树责任的道理。当我们认真劳动了，当我们重树了责任心，我们就可以抬起头来，光明磊落地做人。

劳动让他重拾责任、重塑自我

某监狱九监区罪犯陈某因经济犯罪获刑 20 年，责任的缺失让他银铛入狱，劳动让他重新认识了责任，重拾责任让他重塑了自我。

入监之初，监区根据陈某知识水平较高的特点安排其参加生态车间的劳动生产。刚参加劳动的一件事让陈某对"责任"有了深刻地认识。在一次土样检测劳动环节中，陈某并没有认真对待，想当然地虚报了一个 pH 值，这个不负责任的行为导致之后的配方施肥出现错误，使近两周的土壤改良劳动返工。民警查明原因后，针对这件事暴露出他对劳动不负责的态度，结合他的犯罪根源进行了深入的剖析。这次教训让陈某触动很大，他开始认真清醒地反思自己的责任心，找出了自己最大的敌人——责任缺失。这之后，陈某开始用脚踏实地的劳动态度、虚心学习的劳动精神、一丝不苟的责任心和虔诚的改造观念投入劳动中。树立了责任意识，有了责任心，认真地劳动给陈某带来了丰硕的改造成果，他先后获得了两个"改造积极分子"奖励，并被评为监狱"改造标兵"，一个全新的自我正在形成。

一个人的人格、良心、责任，不是钱能买来的，陈某的进步是在劳动中实现的，"男儿在劳动中成长，土地在劳动中变绿"。责任缺失不可怕，犯了罪也不可怕，可怕的是不知道自己犯罪的根源，可怕的是还没有一个真心诚恳的改造态度，可怕的是还没有找到和使用"劳动"这剂"良药"。重拾责任，重新做人，从手头的劳动开始吧！

热爱劳动吧！"劳动使人建立对自己的理智力量的信心"，"没有顽强的、细心的劳动，即使再有才华的人也会变成绣花枕头似的无用的玩物"。劳动，实际工作，才能够使我们从病态、放荡的生活中清醒过来。没有一种力量能像劳动那样，能使人成为伟大和聪明的人。劳动是消除一切社会病毒的伟大的消毒剂。

思考题

1. 思考一下，你认为自己过去在哪些方面表现出责任缺失？在监狱中，你计划如何通过劳动来弥补这一点？

2. 劳动对你来说是一种责任还是负担？请结合你的个人经历，谈谈劳动如何帮助你重新认识责任。

3. 陈某的故事对你有何触动？你认为在劳动中培养责任感和重塑自我需要哪些具体行动？

推荐书目

1. 《围城》，钱钟书，人民文学出版社 1991 年版。

2. 《我们仨》，杨绛，生活·读书·新知三联书店 2003 年版。

3. 《家》，巴金，人民文学出版社 2013 年版。

4. 《边城》，沈从文，北京十月文艺出版社 2008 年版。

推荐电影

1. 《活着》（1994 年），张艺谋执导。

2. 《辩护人》（2013 年），杨宇硕执导。

3. 《辛德勒的名单》（1993 年），史蒂文·斯皮尔伯格执导。

4. 《为奴十二年》（2013 年），史蒂夫·麦奎因执导。

第三篇 探索劳动的深层境界

劳动是了解社会的一个窗口，因为劳动过程就是社会的一个缩影。劳动中发生着人与人之间的各种关系，通过劳动，我们可以学会与人交往，学会理解别人、关心别人，自己同时会得到别人的理解和帮助；通过劳动，我们可以了解社会的发展和进步，如经济、科技、教育、法律等方面的发展和进步，了解这些有利于我们融入社会，在社会上找到自己的目标和定位；劳动还是缓解我们精神压力的最好方式，劳动使人充实、使人进步、使人体会创造的成就感、使人忘掉烦恼，最终因收获的喜悦使人重回快乐家园；劳动也是实现自我价值、获得社会尊重的有效途径，在劳动中我们挥洒汗水，播种希望，收获成果，最终获得认同，赢得尊重，铺就改造之路；劳动是每个人的权利和义务，无论是谁，都应该享有劳动的权利，履行劳动的义务，在劳动的权利和义务面前，人人平等。

【阅读提示】

1. 帮助罪犯认识到劳动在个人改造和社会发展中的价值；

2. 引导罪犯通过劳动实践，提升自我认知，增强社会责任感和团队协作能力。

一、劳动帮我们了解社会，跟上脚步

要生产商品，他不仅要生产使用价值，而且要为别人生产使用价值，即生产社会的使用价值。

——马克思

马克思的这两段话分别说了两个意思，一是现代社会人们的生产劳动是为别人也就是为社会生产商品，满足别人而不只是自己对各种产品的需要；二是现代社会人们的生产劳动既是当下社会人们的共同协作，又在一定程度上以前人的劳动为基础。这两句话充分说明了劳动的社会性。劳动的社会性恰恰说明劳动是了解社会的重要方式，说明只要积极地参加劳动，无论是在社会上的劳动还是在监狱里的劳动，都是我们了解社会的重要途径。特别是在监狱服刑期间积极参加劳动，更是我们了解社会的最好方式，帮助我们跟上脚步，不脱离社会、不落后于社会。

在劳动中了解社会是改造自我、回归社会的前提

每个人都是在了解社会中长大成人的，了解社会对每个人都非常重要。一个人走上了错误的人生道路，说明他并不真正了解社会；有的人根本不学习，不知道社会经济和科学技术发展情况，连一门自食其力的劳动技能都没有，何谈了解社会；有的人对社会的偏见使他只看到了社会的这一面，没有看到另一面，只看到了坏的一面，没看到好的一面，所以他采取了偏激的行为，走上了犯罪的道路；有的人对社会的仇视态度使他采取了报复社会的行为，害人、害己、害社会；有的人看社会戴着有色眼镜，看什么都不顺眼，完全生活在自我的圈子里，生活不幸福不说，一旦有了导火索，就误打误撞，误入歧途。所以，我们要通过劳动不断地了解社会，正确认识自己的错误和罪责，树立正确的世界观、人生观、价值观，学会正确地与人相处，学习至少一门自立于社会的职业技能，更好地改造自己、回归社会。

在劳动中赵某了解了社会，掌握了回归社会的本领

　　某监狱罪犯赵某，因合同诈骗罪被判处有期徒刑 8 年，于 2016 年获释。回归社会后，他利用自家闲置土地自主创业，创办了一家以生态农业为核心的蔬菜种植园，取得了显著的成就。赵某的成功与他在监狱内积极参加劳动、了解社会、学习现代农业技术是密不可分的。

　　赵某入监后被分至一监区服刑，一监区是监狱绿色农业特色改造功能区，主要从事生态农业养殖和有机种植项目。在服刑期间，赵某积极参加农业劳动，吃苦耐劳，展现出极强的学习能力和钻研精神。监狱与地方农业技术研究所合作，定期为罪犯提供种植养殖技术培训。赵某抓住了这个机会，通过学习最新的农业科技，他对生态农业产生了浓厚的兴趣。在技术人

员和狱警的指导下，赵某不仅掌握了土壤改良、有机种植等技术，还学会了如何利用生物防治方法来控制病虫害。他的努力劳动和创新精神使他在监狱中先后 3 次获得表扬奖励和物质奖励，并最终获得减刑，提前两年获释。出狱后，赵某决定将所学的农业技术运用到实际生产中。他筹集资金，利用自家闲置土地，建了 2 个蔬菜种植大棚，之后又租用土地，继续将大棚数量增加至 12 个，最终创办成立了一家以生态农业为核心的蔬菜种植园。利用在监狱中学到的生态农业技术，他的大棚采用了有机肥料、生物防治和节水灌溉等环保措施，生产出了高品质的有机蔬菜。这些蔬菜很快在市场上获得了消费者的青睐，种植园的生意也越做越大。赵某的创业故事在监狱系统中引起了广泛关注，他不仅成为其他罪犯的榜样，还受邀回到监狱，向广大罪犯讲述自己的回归和创业经验，鼓励他们积极劳动，在劳动中了解社会发展，学习能适应社会的一技之长，将来用自己的双手创造回归的美好生活。

　　在劳动中了解社会不是一句空话。它包括了解好的社会风气、劳动

纪律、生产管理、国家政策、社会经济发展和科学技术进步情况、有利于大家了解重新就业的行业状况，以及非常实用的生产技术、劳动技能和市场形势等。对这类情况了解得越多，学习得越多，对回归社会的帮助就越大。

劳动是了解社会的重要方式

在劳动过程中，通过接触人、接触自然、接触原材料和产品、接触生产设备和技术手段、接触市场等，可以帮助我们实实在在地了解社会。劳动使我们正确地了解人与人之间的关系，认识到人人平等、应该互相尊重和互相帮助；劳动使我们很好地了解自然界，掌握自然规律和农业知识；劳动使我们了解生产过程，掌握劳动技术，学会回归社会的生存本领；劳动使我们了解社会需要，发现市场机会和就业机会，为我们回归社会开始新生活、新事业打下基础等。所以，要了解社会，我们必须重新认识劳动，并参与到其中，才能体会到劳动的重要意义。我们可以从下面两个参加 QC 小组（质量管理小组，以下简称 QC 小组）活动的罪犯的体会中看到劳动对了解社会的重要作用。

罪犯参加 QC 小组活动的深刻体会

某女监罪犯刘某说："QC 小组活动使我学会了用科学的方法思考问题、解决问题。"当她的爸爸得知她在监狱参加 QC 小组时，吃惊地说："监狱也有 QC 吗？QC 的理念可是全社会广泛应用的呀。我的好闺女，监狱为你们提供了这么好的学习平台，你可一定要好好珍惜啊，它会让你受益一生的。"

某监狱 QC 小组成员黄某说："谈到体会，我们的感触比较深。我们常把早日回归社会、和谐融入社会作为改造目标，但对如何去实现、怎样在改造过程中提高我们的再社会化程度，如何缩小与社会的差距却很迷茫。正是 QC 小组活动帮我们解决了这个问题，QC 是科学严谨的体系，一环扣一环，讲因果关系，程序化、规范化。它就像一场及时雨，'润物细无声'，对我们的人生具有矫正和导向作用，为我们将来回归社会奠定了坚实的基础。参加 QC 小组，矫治了我们的行为方式，使我们养成了自觉遵规守纪、互助合作的习惯，影响了我们生活的很多方面，加速了回归社会的步伐。"

苏联教育家凯洛夫曾说："劳动使一个人的道德变得高尚，使他习惯于小心地对待劳动的工具、器械和产品，重视书籍及其他精神文化和物质文化的物品，尊重任何一种职业的劳动者，仇视那些寄生虫和剥削者、二流子、怯懦者和懒汉。"刘某和黄某的体会告诉我们，监狱劳动虽然在大墙内，但是它的意义在大墙外。他们能通过 QC 小组活动体会到控制质量如控制人生的每一步，体会到如何与社会接轨。他们不是被动地、简单地劳动，而是用心、用脑、用知识解决质量问题的同时，观察社会、反思自我，这样，不但解决了质量问题，也锻炼了自己适应社会的能力。"劳动"就像一台万能机床一样，能够满足我们了解社会、适应社会、学习进步的多种需求，把改造人的劳动、满足社会需求的劳动和回归社会的需求很好地结合起来，可不要荒废这良好的"学习机会"！

如何在劳动中更好地了解社会

机会永远属于有心人，永远属于爱劳动、会劳动、会学习的人。如何在劳动中更好地了解社会呢？首先要树立正确的劳动观念，消灭思想中的懒惰病毒，摘掉有色眼镜，这是我们真心地投入劳动中的前提。然后在劳动中认真地学习、观察、思考和操作。学习操作技术，掌握生产技能，遵守劳动纪律，更好地为下一道工序服务。久而久之，就会知道得更多，了解得更多。

天天把简单的事情做好就叫不简单

某监狱服刑人员王某，性格倔强，有一种不服输的精神。当这种性格和精神用到了正确的地方，即用在了劳动中，便成了他战胜困难的武器。糊纸袋是一种比较简单的劳动，但是刚开始的时候，王某没有掌握正确的技巧，屡屡失误，导致自己的产品大部分不合格，经常受到批评。但是他并没有放弃，自己不断进行总结和思考，找出自己操作中的问题，同时好学多问，向其他劳动能手请教学艺。经过努力，王某终于以一种不服输的精神，在最短的时间内学会了糊纸袋的操作手法，成了糊纸袋的行家里手。

王某的收获绝不仅是成为糊纸袋的行家里手那么简单，我们在监狱内从事的劳动或者接触的很多事情，看起来都像糊纸袋一样简单，其实，一个人了解社会、进而立足于社会都是从这些简单的事情开始的。著名企业家、海尔集团前总裁兼创始人张瑞敏曾说："什么叫不简单，天天把简单的事情做好就叫不简单。"王某的"不简单"就是从"简单"开始的，但是也有很多人不屑于做简单的事情，一口就想吃个胖子。其实那是他们的头脑太复杂，却不做简单事，想一步登天，不在朴实的劳动中寻找出路。我们一定要想想自己是不是这样的人，如果是，那说明你还不了解社会，不了解人生，还不是一个合格的劳动者。

李某通过 QC 小组活动跨越"鸿沟"

服刑人员李某，参加了监区组织的 QC 小组活动，达到了质量目标 96% 的要求。在成果发布时他总结了自己的体会："本次活动在教会我们如何提高产品质量的同时，也给了我们很多人生的启迪，产品质量要环环控制，做人做事要脚踏实地。我们之所以锒铛入狱就是放纵了自己人生的言行。所以新生要像控制产品质量一样控制好自己人生的每一步。在这个日新月异的年代，监狱的大墙足以成为隔开我们与外面世界的一道鸿沟，通过 QC 小组活动，通过各种劳动生产活动，我们就可以跨越这道鸿沟，了解到我们想知道的一切。"

李某在 QC 小组活动中的收获，为他回归后，尽快地适应社会、适应工作打下了非常好的基础。因为他能通过 QC 小组活动体会到控制质量如控制人生的每一步、体会到如何与社会接轨。他不是被动地、简单地劳动，而是用心、用脑、用知识解决质量问题的同时，观察社会、反思自我。这不但解决了质量问题，也锻炼了自己适应社会的能力。

"书到用时方恨少，事非经历不知难"，知难而进必有所获。劳动是一部知识丰富的百科全书，只要认真劳动就会读懂这本书；劳动是社会的一个载体和缩影，只要认真劳动，就能知天下事，行万里路。劳动为我们提供了非常好的培养技能、增进知识、了解社会的平台，如何在劳动中更好地了解社会、增长知识？关键看我们自己。

思考题

1. 如何在劳动中了解社会，跟上脚步，请结合自身在劳动中的体验，谈谈你的理解？

2. 思考一下你在劳动中学习到的技能和知识，是如何帮助你重返社会的？

3. 赵某通过监狱中的劳动学习掌握了生态农业技术，并成功创业。对你来说，你认为劳动教育为你提供了哪些回归社会的实用技能？

二、劳动帮我们减压治病，愉悦身心

我觉得人生求乐的方法，最好莫过于尊重劳动。一切乐境，都可由劳动得来，一切苦境，都可由劳动解脱。

——李大钊

劳动是我们的精神减压阀！为什么这么说呢？阀，阀门的意思，它是一种开关装置，可以打开或关闭开口或通道，使液体、空气等流出，并可以调节流量的大小。将劳动比喻成我们的精神减压阀，就是说劳动像一个控制开关，能够打开我们的精神阀门，把我们的压力释放出来。一个人有了精神压力往往处于极度的痛苦之中。罪犯失去了人身自由，背负罪责，给家庭、社会造成了危害，刑期漫漫，前途暗淡，哪一个犯人不会背上沉重的精神压力呢！特别是刚进入监狱的一段时间，突发重大的人生变故，万念俱灰，后悔万分，难以适应改造，精神压力肯定会非常大。这种巨大的精神压力不仅不利于改造，而且会对我们的身体造成严重的伤害。非常幸运的是，监狱为大家提供了劳动这个精神减压阀。你了解这个减压阀吗？你会运用这个减压阀吗？这可是解除你的精神压力、有利于你的健康和改造的法宝啊！正如德国近代史上杰出的政治家和外交家俾斯麦所说："劳动可以使身体得到休息，劳动可以使精神得到休息。"

精神压力的严重危害

精神压力的危害主要有以下几个方面：（1）精神压力比较大，人的身体会出现各种不良反应，如吃不下饭、睡不着觉。科学家通过实验发现，人在精神高度紧张时，对信息加工的能力是下降的，人看外面的视野就窄了。比如开汽车的时候，你紧张，有车过来都看不见，结果撞了。所以，压力过大的时候，会表现出身体的不适，更严重的会导致神经系统的错乱。（2）精神压力大，人的身体免疫力会下降。心理压力反映到身体上，人一紧张就全身发抖，这只是外部的应激反应，最主要的是它会导致人体内部的变化，最大的变化是人体的内分泌系统会出现紊乱，疾病就会乘虚而入，甚至威胁我们的生命。健康心理学研究发现，精神压力大，会导致身体易患病，如精神病、失眠、感冒、高血压、脑溢血、糖尿病、癌症、过敏、骨质疏松……

劳动是一剂良药

某监狱九监区罪犯王某，因贪污罪被判处无期徒刑，入狱前曾是某公司的老总。入监伊始，曾经辉煌的事业人生到身陷囹圄身份的巨大落差，使他一度失去了乐观生活的勇气，陷入巨大的精神压力之中，高血压、心脏病接踵而至，以前风光无限的王总变成了一个意志消沉、精神萎靡、疾病缠身的小老头儿。

某监狱罪犯刘某，因犯强奸罪判有期徒刑 14 年，被捕前从事建筑行业，由于家人对他持失望和放弃的态度，他入监后始终背负着沉重的思想包袱，精神萎靡不振，沉默寡言，学习精力不集中，劳动态度不积极，与同监舍人员之间不沟通，呈现自我完全封闭状态。

监狱组织罪犯劳动，可以使罪犯避免单独羁押和单纯监禁的弊端，不仅使罪犯的活动范围和自由度得以大幅增加，而且有利于缓解和释放罪犯由于刑罚加身带来的种种痛苦，同时一定程度上可以满足罪犯交往需要、自尊需要和自我实现的需要等心理需要，通过劳动也有利于促进罪犯生理机能的增强和身体素质的提高。

用劳动这剂良药治疗心灵的疾病

一个人没有正确的理想和信念，人生观、价值观扭曲，人生目标缺失，一身恶习，自卑等，都是心灵的疾病。这些心灵的疾病比身体上的疾病更可怕，如果得不到及时有效的治疗，用老百姓的话说，轻则"这个人就这样了"，重则"这个人一辈子算完了"。更可悲的是有的人别人没这么说他，他自己先说上了，"我这辈子算完了，我就这样了"。这样的人心灵的疾病可不轻啊！大家知道这叫什么吗？

"母球落袋"不等于"游戏结束了"

有一种网络台球小游戏，一个母球，十五个目标球，你有2分钟的基本时间，用母球击打目标球，每打进一个会给你加100分，并奖励你10秒钟，但母球千万不能落袋，母球落袋会被扣掉30秒。如果你能高效率地进球，你的积分会增加，你的时间也会增加，你就可以持续玩这个游戏，并获得更高的积分，时间没有了，游戏就结束了。所以，这个游戏的关键有两点：一是尽量不要让母球落袋，母球落袋是最大的损失，一次扣30秒，时间损失巨大；二是要高效率地进球，进球不仅会加分，还会奖励时间。有时，母球一落袋，玩家的心情就会气急败坏，心想"这场游戏又完了"，不再认真击球，结果目标球不但打不进，母球反倒又进了，而以失败告终。相反，如果被扣了30秒后不气馁，继续打好每一杆球，积分上来了，时间又争取回来了，高分都是这么得来的。

我们用上面的小游戏回答刚才提出的问题：

第一，母球一落袋，就想"这回又完了"，人一遇到挫折，就想"我这辈子算完了"，二者的错误是一样的。玩这个小游戏需要必胜的信念，人生同样需要坚定的理想和信念，缺乏理想和信念，就是人生最大的"母球落袋"。

第二，不要让你的人生"母球落袋"。"母球落袋"相当于重大的人生错误，既然有一次人生的"母球落袋"了，就不要让它再次落袋。人生须谨慎，就像击球一样，只要谨慎，只要努力，道路走对了，人生"母球落袋"的事就不会发生了。

第三，高效率地进球相当于辛勤地劳动，"母球落袋"并不意味着人生这场游戏的结束，不能一遇到挫折，就以为"这一辈子算完了"，只要你辛勤地劳动,你就会从哪儿跌倒从哪儿爬起来。

下面请看我国当代著名作家贾平凹一段优美的文字:

《人迹》序言(节选)

......

试想,人的一生怎不是在行走一个后是苍崖前是黑林上有夹峰下有深渊霜在滑风在扯战战兢兢移移挪挪裹脚难迈的独板之桥呢?

......

板上有霜,但毕竟是桥,是桥就是要从此岸去彼岸。如果在桥上看头顶之上的高天有浮云若鹰若鹤,看冰清的月亮走一步随一步永伴不离,听桥下流水鸣溅,听鸟叫风前,视霜为粉为盐为光洁乳白的地毡,再欣赏远处的树影斜荷桥面款款而动的图案,你一时不知水在下走还是桥在上移是桥面在晃还是树影在浮,一摇一摆,摇摇摆摆,你不禁大笑一句:"嘻,真个神仙!"这便是幽默,有幽默则是人生进入大境界了。

于是,我说,在霜的板桥上走着,走着是美丽的,美丽的走着就是人迹。

1989 年 11 月 15 日识

"走着是美丽的,美丽地走着就是人迹。"多么美丽的语言,多么幽默的人生"大境界"啊!"高效率地进球""美丽地走着"就是我们人生的脚步,"就是人迹",就是我们的辛勤耕耘与劳动。辛勤地劳动,是一剂良药,它能医治我们心灵的创伤和疾病,缓解我们的精神压力,让我们"美丽地走着"。

劳动医治了他的心理疾病

某监狱十二监区罪犯车某,有精神病史。自入监后,敌视警官,破坏监规,先后 6 次自杀自残,一次殴打警官,一次威胁警官,更为甚者在禁闭期间,他还将大便扔到床上和警官的身上,造成极为恶劣的影响。监区决定针对其在感知、思维、情感、行为四方面的障碍,通过特色改造功能区的劳动对其开展矫治活动，逐步改善其精神活动与环境的不协调。

监区安排车某出工参加农疗劳动，还让他参加了监区 QC 小组，让他掌握一定的劳动技能。车某的劳动积极性被调动了起来，热情很高，干活不怕苦累，能较好完成劳动任务，逐渐成为劳动的骨干。最可喜的是，他开

使人愉快的劳动，能医治心灵的创伤。
——[苏联]高尔基

始能够正确对待不同意见和建议，与他人相处得越来越好，责任心也树立了起来。这些表现，是他在特色改造功能区劳动的重要成果，车某逐渐突破了感知、思维、情感、行为的障碍，精神活动与环境逐渐协调、统一。为了达到长期稳定车某病情的目的，监区及时采取了进一步"委以重任"的疗法，让他负责班组事务，担任班组里的护理工作，更进一步提高了车某的自信心。

如今车某已经成为监区的积极力量，并终于获得了第一次减刑。

从车某的身上，我们可以总结出如下几点：

第一，农疗劳动使车某突破了感知、思维、情感、行为的障碍，精神活动与环境逐渐协调、统一，找回了生活的信心。

第二，农疗劳动使车某重塑了人生观、价值观，重塑了自我。

第三，车某的事例证明了劳动是一种缓解心理和精神疾病的有效方法。

劳动使我们重回快乐家园

劳动为什么能为我们的精神解压？据行为医学研究发现，追求"成就感"或"事业的成功"是人类行为极其重要的动机之一。而工作正好是人们满足成就欲望无可替代的途径。人们的人格特质，如思维方式、自我意识、行为风格、人际交往的健全态度和良好形象等，往往在工作的过程和成果中表现无遗。世界卫生组织（WHO）指出了劳动对

缓解压力的积极意义：①工作不仅给人们提供衣食住行等经济、社会上的支持，还对人的心理、人格的稳定和成熟起到积极的作用；②工作作为一种相对稳定的社会行为，对人的身体强健和心理健康起着非常重要的作用；③工作之中还可以帮助人们排解一些不必要的烦恼。

农疗劳动，身体受益，人获新生

某监狱罪犯许某，入狱后因精神压力大患上了高血压等疾病。监区组织罪犯"走出监舍、感受阳光、感受自然"，自己动手开垦荒地，建立习艺性农疗基地。许某积极要求参加，并在劳动中认真学习种植技术和管理方法。经过两年的积极劳动，许某不但掌握了西红柿、黄瓜等蔬菜的种植技术，身体也一天比一天强壮了，血压也逐渐下降，直至恢复正常，并彻底告别吃了几年的降压药，而且由于劳动积极，获得了假释。

假释回家后，为了减轻子女的负担，他与人合伙承包了一块菜地，把在监狱学到的技术用在承包的菜园管理上。不久前，许某给监区警官来信说，监狱的改造使他重新找到了人生的目标，在劳动中学到的技术使他在承包的菜地中如鱼得水，他的菜园取得了很好的经济效益，身体也越来越好，对今后的生活，他充满了信心。

《钢铁是怎样炼成的》一书的作者奥斯特洛夫斯基说："医治一切病痛最好的、最宝贵的药品，就是劳动。"

劳动者，快乐着

高尔基曾说："我知道什么是劳动：劳动是世界上一切欢乐和一切美好事情的源泉。"劳动不仅创造物质财富，还给我们创造着幸福和快乐，劳动者虽然辛苦，但是很充实，在收获劳动成果的同时，也收获健康和快乐。所以有人说"劳动者是最快乐的人"。而对于不劳动的人，有一句谚语可以形容："平日不劳动的人，一生都没有节日过。"对于因各种原因不幸福、不快乐的人也有一句谚语可以形容："幸福的泪由劳动的汗水酿成，失望的泪只有用奋斗才能抹去。"

张老木匠的匠人之心，劳动之乐

在一个宁静的小镇上，有一位张老木匠，他的生活简单而充实，每天的工作就是用双手雕刻出一件件精美的家具。老木匠的手艺远近闻名，但他从不因此自满，总是沉浸在自己的创作中，享受着劳动的每一刻。

一天，镇上的孩子们好奇地围观张老木匠的工作。他们看到老木匠专注的眼神和熟练的动作，不禁问道："张爷爷，您不觉得雕刻这么复杂的花纹很累吗？"老木匠笑着说："孩子们，劳动本身就是一种享乐。每当我完成一件作品，看到它从无到有，从粗糙到精致，我的心中就充满了成就感。"

老木匠继续说道："劳动不仅是为了生计，它还能让我们的心灵得到满足。每一次雕刻，我都能感受到木头的生命力，它们在我的手中焕发新生。这种快乐，是金钱买不到的。"

我们可能就是那群围观的孩子，对劳动理解还有些懵懂，张老木匠的话让我们知道，劳动不仅是一种谋生手段，还是一种生活的艺术，一种精神的享受。当我们开始学着享受劳动，无论是学些技能、做点手工，还是帮他人干些力所能及的工作，慢慢都能从中找到乐趣和满足。正如古罗马军事活动家和政治家马尼里乌斯所说："劳动本身就是一种享乐。"劳动能够让我们的心灵得到滋养，让我们的生活更加多彩。

95 岁的王老汉修车 30 年，快乐又长寿

95 岁的王老汉在马路边修车 30 年了。为什么如此高龄，还干这么累的活儿呢？他说，"我是个闲不住的人，忙忙活活的啥毛病没有，一在家待着，哪儿都不舒服。我修车不为钱，发挥点儿余热，锻炼锻炼筋骨，还可以天天看见老邻居"。支撑老人 30 余年路边修车的动力就是如此单纯。95 岁的高龄让很多人向他寻觅长寿的诀窍，也有很多人想学习他的心态。老汉回答得很简单："我长寿的秘诀就是不停劳动，不停

工作，每天都很开心。一个人吃饱了就睡肯定不会长寿，得不停地运动。"老人的女儿也高兴地说："我爸只要一出门，啥毛病都没有了。"

还有一位修自行车的师傅，有人问他风雨无阻地在路边为人修车苦不苦。那师傅灿然一笑，说："我的人生乐事，莫过于有车修了，乐从修车中来，苦亦在修车中解脱。"这是何等豁达的心境。他在神圣的劳动中收获快乐，在艰辛里体验幸福，他不因为工作的低微，而舍弃自己，而是在劳动中不断地追求和创造，快乐地为他人服务，在劳动中收获着自己的快乐。法国曾有句谚语："无聊是一种疾病，最好的处方是劳动。"

18世纪中叶到19世纪初德国和欧洲最重要的剧作家、诗人、思想家歌德说："一个有真正大才能的人是在工作过程中感到最高度的快乐。"这两个修车师傅的故事告诉我们：劳动是快乐的源泉，劳动者是最快乐的人。乐观的生活态度是面对逆境、以苦为乐的原动力。古罗马著名政治家、演说家、雄辩家、法学家和哲学家西塞罗有个著名的论断："劳动使人忘忧。"我们说，忘忧又使人能更加轻松地投入劳动中。劳动能让我们的压力化大为小，化小为无，转而更好地劳动，拥有更多的快乐，进而带来了更好的改造效果。

劳动使他的精神状态大为改观

罪犯王某，因故意杀人罪被判处无期徒刑。2011年7月的一天，王某接到了家中的来信，其妻子因无法承担家庭沉重的负担，决定与他离婚。王某本来就因刑期漫漫，父母年迈、家有幼子，难解思想压力，如今妻子又要抛下年迈父母和膝下幼子离他而去，真是雪上加霜。接到信后，王某寝食不安、精神恍惚，陷入了巨大的精神压力之中。

只有劳动才能使人变得幸福，使他的心灵变得开朗、和谐、心满意足。
——[俄]别林斯基

监区了解情况后，一方面对其加强思想疏导，另一方面调整了他的

工作岗位，以转移其注意力，减轻精神压力，使其早日走出心中的阴影。通过警官的细心教育和高度集中注意力的劳动，王某的沉重精神压力有了一定程度的缓解。恰逢监区开展 QC 小组活动，监区吸收他进入 QC 小组，这使王某的劳动积极性被充分调动起来，全身心投入劳动中。注意力转移了，精神状态也好起来了，不再终日为家中的事情愁眉苦脸了。当然，监区也一直与王某的妻子联系，做了大量思想工作，经过多次协调努力，王某的妻子终于答应不与其离婚。当警官把这个好消息告诉王某时，他高兴极了，握住警官的手喜极而泣。人放松了，王某的劳动更积极了。

这个案例告诉我们，转变思想、缓解精神压力，劳动手段的作用很大。我们一定要很好地利用劳动机会，全身心地投入劳动去，这样才能放松下来，快乐起来，才能学会很多劳动技能，实现顺利改造自己的目的。

中国革命的先驱者李大钊说："我觉得人生求乐的方法，最好莫过于尊重劳动。一切乐境，都可由劳动得来，一切苦境，都可由劳动解脱。"罪犯由于自己的过错，丧失了自由，离开了家庭，失去了很多东西，其实失去何尝不是一种获得，与其终日闷闷不乐，还不如踏踏实实地劳动。事实证明，只要用心对待劳动，努力肯干，我们就会在劳动中收获快乐和幸福。

思考题

1. 劳动对你个人的精神压力有何影响？请分享一次劳动帮助你缓解压力的具体经历。

2. 思考劳动作为一种"精神减压阀"，在你的服刑生活中发挥了怎样的作用？

3. 劳动被描述为一种治疗心灵疾病的良药，请结合个人经历，谈谈你如何通过劳动改善自己的心理状态。

三、劳动帮我们赢得尊重，铺就改造之路

全社会都要贯彻劳动、尊重知识、尊重人才、尊重创造的重大方针……任何时候任何人都不能看不起劳动者，都不能贪图不劳而获的生活。

——习近平

按语是习近平总书记2015年4月28日在庆祝"五一"国际劳动节暨表彰全国劳动模范和先进工作者大会上的讲话。习近平总书记的讲话代表了全社会对劳动的最高尊崇，我们的社会、我们的国家正是因为给了劳动最高的尊崇，给了劳动者最大的尊重，我们的国家才会建设得越来越好，我们的国家才会越来越强大，人民才会越来越幸福。我们每个人都是普通的劳动者，在用自己的双手和智慧，构筑社会的高楼大厦，铺就发展的康庄大道。在劳动中，我们挥洒了汗水，播种了希望，收获了成果，也获得了认同，赢得了尊重。这不仅能为我们带来物质上的满足，还能在精神上赋予我们自信和力量，帮助我们铺就改造之路。

劳动是人的尊严和价值的实现方式

劳动，从来不需要华丽的辞藻来修饰，它的价值就在于那份实实在在的付出和坚持。劳动是人的尊严和价值的实现方式，确实如此，当一个人通过自己的劳动，为他人带来帮助，为社会做出贡献时，他自然会得到人们的尊重和认可。这份尊重，不是用金钱可以买到的，也不是权力可以赋予的，它是人心最真挚的回馈。

辛勤劳动铺就尊重之路

在一个偏远的山村里，有一个名叫张强（化名）的年轻人。他因为家境贫寒，又没有受过多少教育，所以常常被村里人看不起。张强心

里很不是滋味，但他没有放弃，他知道只有通过自己的努力，才能赢得别人的尊重。

一天，村里决定修建一条通往外界的路，但是工程艰巨，需要大量的劳动力。很多村民因为害怕辛苦，都不愿意参加。张强却毫不犹豫地站了出来，他说："让我来！"从那天起，张强就成为修路工程的一员。

每天，张强总是最早到工地，最晚离开。他不怕脏、不怕累，总是冲在最前面。他的双手磨出了厚厚的茧，身上的衣服也总是沾满泥土。但是，张强从不叫苦，从不喊累，他的眼中只有那条正在一点点向前延伸的路。

几个月过去了，路终于修通了。村里的人可以更方便地走出大山，孩子们也能更安全地去上学了。大家都为张强的付出所感动，他们开始重新认识这个曾经被他们忽视的年轻人。

在路开通的那天，村里的人自发地为张强举行了一个庆祝会，向张强表达了最诚挚的感谢和最崇高的敬意。张强用自己的汗水和努力，证明了自己的价值，赢得了全村人的尊重。

在这个世界上，还有许多的张强，他们可能是正在田间辛勤耕作的农民，可能是正在城市穿梭的外卖小哥，还可能是正在车间生产劳作的工人，当然，也可能是正在捧书阅读的我们……总之，不管起点如何，只要肯付出辛劳，都一定能够收获尊重，也都值得被鼓励。

党的十八大以来，国家不断加大对劳动模范和先进工作者的表彰力度，彰显了国家对劳动和劳动者的尊重，全社会已经形成了尊重劳动的良好风气，劳动渐渐成为我们共同的骄傲。

劳动模范和先进工作者是中华人民共和国历史上的一个特别荣耀的群体，他们的荣誉，是对个人劳动成果的最高肯定，也是对劳动精神的最高赞誉。他们的事迹被广泛传颂，他们的名字被镌刻在荣誉簿上，成为激励人们奋发向前的力量源泉。他们用不懈的努力证明了，劳动不仅是谋生的手段，而且是实现自我价值、获得社会尊重的途径。

学习劳模，向优秀的劳动者看齐

想要赢得尊重，我们也要加入社会的劳动大军中，要向成千上万的普通劳动者学习，向优秀的劳动者学习，向那些劳动奖章的获得者们学习。

从农民工到革新能手的全国五一劳动奖章获得者

在贺州市美仪瓷厂，有这样一名员工：他是车间主任，却每天都在生产车间里忙碌；他只是初中毕业，但车间里有什么技术难题，没有他解决不了的。他就是全国五一劳动奖章获得者叶威。

1996年，年仅16岁刚初中毕业的叶威进入美仪瓷厂，当了一名农民工。"那时候他年纪虽小，却很勤奋好学，碰到问题他都会问个不停。"叶威的师傅黄雄对叶威的印象很好，认为是个可以培养的好苗子，所以也毫不保留地教导他。多年的学习和实践，叶威成长为厂里的生产骨干和技术能手。

2006年，厂里改制并在原有基础上进行技改扩建，需要新上一条年产2000万件中高档日用瓷生产线。新建成的成型二车间新产品品种多、大产品多，工艺要求高且新工人多、熟练工少。面对这些困难，叶威主动请缨，担任新品车间主任。他通过开展劳动技能竞赛、质量教育、技术攻关等措施，加强员工技术技能培训，使新成立的车间能在较短时间内承担起重任。新产品的产量、质量均比原生产线显著提高，成品率由原来的75%—85%提高到96%，每年"变废为宝"的产品达300万件，仅此一项就可为企业额外增加数百万元收入。

平时，叶威经常主动组织技术质量攻关和革新活动。他根据车间生产作业的特点和质量要求，提出合理化建议，对引进的设备进行工序、工艺改良，使劳动强度大的成胚、上釉等工序、工种实现了机械化。这些年来，叶威每年都有十几项技术改造成果，提高了企业效率和产能，减轻了员工的劳动强度，改善了劳动条件和工作环境，成为名副其实的革新能手。

前些年，由于国际经济大环境的影响，美仪瓷厂作为以出口为主的企业，也遭遇困难。叶威一直坚定地与企业共渡难关，有时几个月没领工资，他也带领车间近200名员工坚守生产一线，直到生产经营走出困境。

生产中，他推行每天安全培训20分钟，形成长期制度。多年来他带领的成型二车间从未发生过安全生产事故。

2015 年，叶威因工作出色获得"自治区劳动模范"称号。2016 年，他又获得"全国五一劳动奖章"。

勤奋好学，勤学好问，叶威从一名农民工成长为一名生产骨干和技术能手；不怕困难，不怕失败，质量攻关，技术革新，叶威成了一名名副其实的革新能手。叶威的起点只是个初中生和农民工，但他能通过自己的努力，成为企业的一名技术骨干和管理干部，为企业创造了巨大财富，为企业发展和社会进步不断作出自己的贡献。起点低不是障碍，只要能积极劳动，勤学技能，我们也会进步和发展，我们也能成为劳动能手，我们也可以受到尊敬。

学习身边人，争做劳动改造积极分子

想要真正成为劳动模范，就要先学习劳动模范，要从现在做起，从我做起，从身边人学起。下面是某监狱刘某自述的"在劳动中爱上劳动"的故事，其实，这样的人、这样的事我们的身边也有，他们身上有很多值得我们学习的东西，从身边的人学起，也是我们切实可行的劳动改造之路。

在劳动中爱上劳动
——一名犯人的自述

我在罪犯烹饪大赛中再次获得一等奖称号，警官和狱友们纷纷向我表示祝贺，我的心里美滋滋的。

我是背负着死缓刑罚走进高墙的。在我以往的人生轨迹中，从来没有参加过真正意义上的劳动，没有形成劳动意识和劳动技能。错误的认识导致错误的行动，刚入监时，我自以为懂得点法律，不论改造好坏，两年后总会减刑为无期，因此找各种理由逃避劳动。赵警官察觉了我的错误思想，发给我一本《罪犯教育系列教材——公民道德教育》，让我在认真学习全书的基础上，着重学习第 13 单元"积极劳动是罪犯树立正确劳动观的主要表现"，要求我把本单元内容详细抄写在笔记本上，每学一小节，写一篇心得体会。赵警官还把俄国教育家乌申斯基的名言——"劳动是人类存在的基础和手段，是一个人在体格、智慧和道德上臻于完善的源泉"，写在我的笔记本扉页上。

在认真的学习中，我逐渐认识到劳动的意义和重要性，知道了罪犯只有积极劳动，才能改造思想，矫正恶习。

监狱根据我的年龄和身体状况，安排我在伙房监区改造。"劳动岗位就是培训场所，工种就是培训项目。你要结合劳动生产的特点，脚踏实地地完成好本职任务，在劳动过程中掌握一技之长。"赵警官语重心长的话，牢牢地刻在我的心里，成了我的改造信条。

我把每天出工劳动当作自己增长技能的大课堂，无论是在米面组做馒头、蒸米饭，还是在炒锅组炒菜，我都严格要求自己，用心琢磨，用心钻研；对分配的生产任务，无论有没有警官在场，都老老实实的干，保质保量地完成。每当看到一个个雪白的馒头、包子从自己手上诞生，一盆盆过油肉、蛋炒面从自己手上出炉，心中充满了成就感，体会到劳动后的喜悦和付出后的满足。

为了提高业务技能，我报名参加了监狱组织的职业技能烹饪培训班，购买了《烹饪技术大全》《川味解析》《粤菜品尝》等书籍，利用一切可能的时间刻苦钻研南北菜系，在每天的炒菜中加以实践，最终获得了烹饪专业中级职业技能等级证书。

2016年、2017年我两次获得监狱开展的烹饪技术大赛第一名。在颁奖典礼上，赵警官鼓励我说几句，我回顾了自己从厌恶劳动到在劳动中爱上劳动的过程，回忆自己改造12年来三次获得减刑的经历，发自肺腑地说："我们罪犯只有在劳动改造中，用勤劳的汗水去洗刷自身的污垢，才能与旧我彻底决裂，才能真正重塑新我。回家后，我计划靠一技之长来自食其力，永远做一个守法公民。"

劳动是回归融入的催化剂，罪犯刘某的故事让我们看到了劳动在个人改造和社会融入中的重要性，它不仅帮助刘某重塑了自我价值观，也为他铺就了重返社会的道路。在劳动中，刘某学会了尊重、自律和责任，这些品质对于他重建个人形象和社会关系至关重要。劳动也让刘某

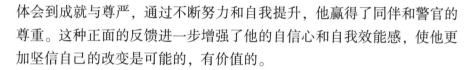

体会到成就与尊严，通过不断努力和自我提升，他赢得了同伴和警官的尊重。这种正面的反馈进一步增强了他的自信心和自我效能感，使他更加坚信自己的改变是可能的，有价值的。

思考题

1. 请反思劳动如何改变你对自己和他人的看法，以及它如何帮助你赢得了别人的尊重。

2. 思考一下，通过劳动，你如何在服刑期间建立自己的尊严和自尊？

3. 张强的故事展示了通过辛勤劳动获得尊重的过程。请结合自身经历，谈谈你是如何通过劳动在监狱中获得尊重的。

四、劳动既是权利，也是义务

中华人民共和国公民有劳动的权利和义务。
——《中华人民共和国宪法》第42条第1款

每一个公民都有劳动的权利和义务，这是法律的规定。《中华人民共和国宪法》（以下简称《宪法》）第42条第1款规定："中华人民共和国公民有劳动的权利和义务。"《中华人民共和国劳动法》（以下简称《劳动法》）第4条规定："用人单位应当依法建立和完善规章制度，保障劳动者享有劳动权利和履行劳动义务。"有劳动能力的人必须享有劳动的权利和履行劳动的义务，即使是犯了罪的人也一样，《监狱法》第69条规定："有劳动能力的罪犯，必须参加劳动。"了解劳动的权利和义务是我们参加劳动的基本前提。

劳动是我们应该享有的权利

劳动者的权利是指劳动者依照法律行使的权利和享受的利益，"权利"两字，一方面是指劳动者依法"行使的权利"，另一方面是指劳动者依法"享受的利益"。劳动者可以依法行使的权利主要有：（1）劳动者享有平等就业、选择职业的权利。为了保证公民享有的劳动权利能够得以实现，《宪法》第42条第2款规定："国家通过各种途径，创造劳动就业条件。"《监狱法》第69条规定"有劳动能力的罪犯，必须参加劳动"。既是对罪犯劳动权利的保护，也是为罪犯回归社会后就业创造条件。（2）劳动者享有取得劳动报酬的权利。《监狱法》第72条规定：监狱对参加劳动的罪犯，应当按照有关规定给予报酬并执行国家有关劳动保护的规定。北京市监狱局2002年1月1日起实施了《关于给予罪犯劳动报酬的暂行规定》，在全国率先将罪犯参加劳动应得报酬以制度形式确定下来。目前，全国监狱系统普遍实行了对罪犯的劳动报酬制度。（3）劳动者享有休息、休假的权利。《监狱法》第71条规定："监狱对罪犯的劳动时间，参照国家有关劳动工时的规定执行；在季节性生产等特殊情况下，可以调整劳动时间。罪犯有在法定节日和休息日休息的权利。"（4）劳动者享有获得劳动安全卫生保护的权利。《监狱法》第72条规定监狱对参加劳动的罪犯，执行国家有关劳动保护的规定。（5）劳动者享有接受职业技能培训的权利。我国监狱始终非常重视对罪犯进行职业技能培训。（6）劳动者享有享受社会保险和福利的权利。我国《监狱法》第73条规定："罪犯在劳动中致伤、致残或者死亡的，由监狱参照国家劳动保险的有关规定处理。"

北京市监狱系统在全国率先实行劳动报酬制度

2002年4月，在北京市监狱管理局所属各监所中服刑的许多罪犯都拿到了第一季度的劳动报酬。获得劳动报酬，在北京市监狱史上还是第一次。北京市监狱系统首次将罪犯参加劳动应得的报酬以制度的形式确定下来，在全国率先实行劳动报酬制度。据悉，北京市监狱系统第一季度发放劳动报酬达18万元。中国政法大学王教授说，北京市监狱局实行的劳动报酬制度，在法治的进程上应该说迈出了一大步。

北京市某监狱一名因盗窃罪被判处11年有期徒刑的罪犯在劳动报酬发放清单上签字时说："我对在监狱里能拿到劳动报酬真的感到非常新鲜。在人们的印象中，罪犯在监狱接受劳动改造，是理所应当的，因为那是他们接受惩

罚的一种形式，不计报酬在情理之中，没想到监狱局会制定这样一项规定。我刚在《北京新生报》上看到了有关的消息，没想到这么快就发下来了。"另一名罪犯则高兴地说："能拿到劳动报酬，心里很高兴。

劳动报酬从数额上说，虽然不算太多，但是它直观地体现了我们在狱中的劳动表现。或许对家庭条件比较好的罪犯来说算不了什么，可对那些家庭经济情况不好，生活有困难的人来说，确实有很大帮助，这非常有利于我们在狱中安心接受改造。"

一名罪犯在看过监狱在楼道里张贴的"一季度罪犯劳动报酬一览表"后，激动地说："我也是劳动者了，在监狱里我也能挣钱了。"

惯偷挣了第一笔"干净钱"

2003年4月，某省监狱参加劳动的1885名罪犯领走了第一笔共计6万元的"工资"。罪犯林某就领到了"高薪"。监狱发"薪"的当天，他迫不及待地把自己挣到的325元请监区警官帮助汇往老家，他郑重地在汇款附言栏上写上一行字："这钱是干净的，放心花吧……"入狱前，林某的"偷盗生涯"长达9年之久，家人对他恨之入骨。入狱后，他没有书信、没人会见、没有接济，监狱发给的零用钱不够花，他就在同监舍偷别人的牙膏、肥皂、方便面、辣椒酱，别人都叫他"娄阿鼠"……

监狱实施劳动报酬制度后，林某有所触动。一天到晚被人瞧不起的他开始暗暗使劲儿。他记住警官说的"自食其力，多劳多得，正当劳动得到的钱才是干净的"这句话。一个月下来，他终于品尝到正当劳动的"甜头"，领到了325元"工资"。

罪犯利用劳动报酬"发红包"

北京市某监狱，春节前夕的一次特殊活动，让冰冷的高墙内涌动着温情。71名罪犯通过自己的辛勤劳动，积攒了劳动报酬，他们决定用这份来之不易的成果，在春节前夕，给家属们送上一个特别的"红包"，表达自己的感恩和悔改之情。

罪犯康某，酒后因琐事将妻子杀害，被判处死缓，当时他的孩子只有5岁，无人照顾，监狱得知情况后，帮助他联系"太阳村"进行抚养。康某在活动中作为代表发言："我永远不会忘记监狱和民警十多年来对我的关心和改造，也不会忘记'太阳村'给予我的帮助，今天我用我的劳动成果为'太阳村'贡献一点力量，等我刑满释放后，我要带着我的孩子回到'太阳村'，贡献更大的力量，继续帮助和我一样需要帮助的人。"

罪犯闫某的奶奶已经84岁，在接到孙子送的"红包"时，忍不住流下了眼泪，她说这是自己第一次收到闫某的"红包"。闫某入狱前无所事事、不务正业，从没有给父母、长辈送过红包，自己做梦也没想到，闫某在监狱里面还能送给自己春节拜年"红包"，是监狱民警对闫某的教育和改造，才使闫某能够迷途知返，我们家属今后一定更加配合监狱的工作，让闫某好好改造，将来能够回报社会。

现在，罪犯所享有的劳动权利都已有了法律保障，劳动报酬也有了新意义和价值。通过劳动，罪犯不仅学会了技能，而且学会了责任和感恩。"红包"虽小，却承载着他们对家人的深情和对未来的承诺。这一活动，不仅提升了罪犯的改造动力，也让家属们看到了希望，感受到了改造的力量。

劳动是我们必须履行的义务

法国伟大的启蒙思想家、哲学家、教育家、文学家卢梭说过："劳动是社会中每个人不可避免的义务"，任何权利的实现总是以义务的履行为条件。劳动者在享有法律规定的权利的同时，必须履行法律规定的义务。劳动者的义务是指劳动者必须履行的责任。这些责任包括：其一，劳动者应当完成劳动任务。其二，劳动者必须提高职业技能。所谓职业技能是指劳动者能够掌握和运用专门技术的能力。这种能力是一个人经过专业学习、职业培训和实践锻炼而获得的。提高职业技能对我们来说，既是履行劳动义务的能力，也是回归社会后就业的资格和生存的本领。其三，劳动者必须执行劳动安全卫生规程。其四，劳动者必须遵守劳动纪律。其五，劳动者必须遵守职业道德。职业道德是指从事一定职业的人们在其特定劳动中的行为规范和准则。特定的职业不但要求人们必须具有特定的知识和技能，而且必须具有特定的品质。同时，全社会所有的行业都应当遵守共性的职业道德，"爱岗敬业、诚实守信、办事公道、服务群众、奉献社会"，是全社会所有行业都应当遵守的共性的职业道德准则。

认识劳动权利和义务的相互关系

劳动者的权利和义务是统一的。劳动者权利和义务的统一表现在：两者相互依存，不可分离。劳动者在享有法律规定的权利的同时，还必须履行法律规定的义务。作为权利，《宪法》第42条第2款规定，国家通过各种途径创造劳动就业条件。让每一个有劳动能力的人都充分享有就业机会和获得报酬的权利。作为义务，《宪法》第42条第3款规定，劳动是一切有劳动能力的公民的光荣职责。要求每一个劳动者都要以主人翁的态度对待劳动。

劳动者的权利和义务是受法律保障的。这里所说的"保障"不能完全理解为保护。应该从两个方面来理解，即劳动者的权利要受法律保护，同时，劳动者的义务也要受到法律的制约。只有从这两层含义上来理解，其包含的意义才是完整的，也就是说，当法律规定的劳动者的权利受到某种损害时，劳动者可以据理力争，将损失补回来，这是受法律保护的；同时当法律规定的劳动者的义务没有履行时，必然会受到法律的制约、制裁。

我们应该如何行使劳动的权利和履行劳动的义务

我国监狱中的罪犯，按照《监狱法》相关规定，罪犯必须参加劳动。我国《监狱法》从第69条至第73条对罪犯劳动的权利和义务进行了规定。对于法律规定的权利，罪犯应依法行使，对于法律规定的义务，罪犯也必须依法履行。

只想享受劳动的权利而不好好履行劳动的义务是不对的

罪犯于某，入监后不愿参加生产劳动。于某原来在菜园参加劳动，但经过一段时间向监区提出回车间参加劳动，目的是想挣分。在车间的劳动基本上能完成任务，但在挣够分数之后，就消极怠工，做出一副"死猪不怕开水烫"的样子，在罪犯中产生了极其恶劣的影响。

后来，经过监狱警官各种方式的教育，特别是让其懂得了劳动权利和义务的关系，并安排于某参加了最适合他的劳动，充分发挥其特长，于某的思想认识逐渐发生了转变，不再仅为了挣分才劳动，参加劳动的自觉性和积极性大大提高了。

这个案例中，于某最初只关注自己的权利而忽视自己的义务，参加劳动只为挣分获利，说明他根本不懂得劳动的权利与义务的统一性。无论是在监狱，还是将来重新步入社会，任何人在享有劳动权利的同时，必须履行劳动的义务，这是法律的规定。现在，北京市各监狱均按照《监狱法》的规定，合理组织罪犯参加劳动，为罪犯提供适宜的劳动岗位，并依法保证罪犯享受劳动报酬、劳动保护、休息休假等劳动的权利，同时《监狱法》第69条规定，"有劳动能力的罪犯，必须参加劳动"，一方面，法律强制我们要履行劳动的义务；另一方面，作为罪犯，也一定要不断提高自身的权利义务意识，自觉地履行劳动的义务，把劳动的权利和义务统一起来。

思考题

1. 思考一下，你如何在服刑期间平衡行使劳动权利和履行劳动义务？请分享你的具体做法和感受。

2. 劳动报酬对你来说意味着什么？它如何影响你对劳动的态度和改造的动力？

3. 卢梭曾说："劳动是社会中每个人不可避免的义务。"请结合自身经历，谈谈你如何理解劳动的义务，并在服刑期间履行这一义务？

推荐书目

1. 《雇佣劳动与资本》，卡尔·马克思著，人民出版社 2019 年版。
2. 《人生海海》，麦家著，北京十月文艺出版社 2019 年版。

推荐电影

1. 《无问西东》（2018 年），李芸芸执导。
2. 《美丽心灵》（2001 年），朗·霍华德执导。
3. 《美丽人生》（1997 年），罗伯托·贝尼尼执导。

第四篇 从劳动到职业技能

　　职业技能是一个人从事一项职业所需要的专业技术和能力，是一个人顺利就业的基本条件和途径。对罪犯来说，职业技能具有更多的意义。首先，职业技能是我们避免重新走上犯罪道路的重要条件；其次，职业技能是我们自食其力的基本保证；再次，职业技能是我们回归之后顺利就业的基本条件和途径；最后，也是其具有的最深远的意义，职业技能是我们实现人生定位和梦想的立足点和出发点。所以，作为一名罪犯，我们一定要高度重视对职业技能的学习，争取学习掌握一项或多项职业技能，为自己的新生做好准备。

【阅读提示】

　　1. 帮助罪犯认识职业技能在个人发展和社会适应中的关键作用；

　　2. 引导罪犯积极学习职业技能，为未来的就业和生活打下坚实的基础。

一、一技之长，回归之本

书痴者文必工，艺痴者技必良。

——蒲松龄

一技之长，是指一个人拥有某种职业技能或特长，一个人有了一技之长就有了立足于社会、自食其力和自我发展的本领。我们常用一技之长来形容罪犯在监狱里应该习得的职业技能。掌握一技之长，既是我们认真改造、学有所成的一个重要标志，又是我们顺利回归、自立于社会的本领。如果我们没有一技之长，回归社会之后还是无法成为一个自食其力的人，很容易回到重新犯罪的老路，所以，一技之长更是我们的回归之本。

政府的初衷，监狱的努力

我国监狱组织罪犯进行劳动改造的一个重要目的就是培养职业技能即常说的一技之长。我国《监狱法》第4条规定："监狱对罪犯应当依法监管，根据改造罪犯的需要，组织罪犯从事生产劳动，对罪犯进行思想教育、文化教育，技术教育。"北京市监狱管理局非常重视罪犯的职业技术教育，在组织罪犯劳动的同时，想尽一切办法让罪犯学习掌握更多的职业技能。针对多数罪犯没有赖以谋生的一技之长，贴近监狱工作实际、贴近改造罪犯需求、贴近社会就业需求，组织开展实用性强、见效快、社会需求量大的技术教育项目，促使罪犯获得社会承认的职业技能等级证书，掌握一定的职业技能，能够赖以谋生并自食其力，从而促进罪犯顺利回归社会。

职业技能的相关知识

开展职业技能鉴定，推行职业资格证书制度，是落实党中央、国务院提出的"科教兴国"战略方针的重要举措，也是我国人力资源开发的一项战略措施。这对于提高劳动者素质，促进劳动力市场的建设，促进经济发展都具有重要意义。

《劳动法》第八章第 69 条规定："国家确定职业分类，对规定的职业制定职业技能标准，实行职业资格证书制度，由经备案的考核鉴定机构负责对劳动者实施职业技能考核鉴定。"

《职业教育法》第一章第 11 条第 1 款明确指出："实施职业教育应当根据经济社会发展需要，结合职业分类、职业标准、职业发展需求，制定教育标准或培训方案，实行学历证书及其他学业证书、培训证书、职业资格证书和职业技能等级证书制度。"这些法规确定了国家推行职业资格证书制度和开展职业技能鉴定的法律依据。

职业资格是对从事某一职业所必备的学识、技术和能力的基本要求，反映了劳动者为适应职业劳动需要而运用特定的知识、技术和技能的能力。职业资格与学历文凭不同，学历文凭主要反映学生学习的经历，是文化理论知识水平的证明。职业资格与职业劳动的具体要求密切结合，更直接、更准确地反映了特定职业的实际工作标准和操作规范，以及劳动者从事该职业所达到的实际工作能力水平。

职业资格证书是劳动就业制度的一项重要内容，也是一种特殊形式的国家考试制度。它是指按照国家制定的职业技能标准或任职资格条件，通过政府认定的考核鉴定机构，对劳动者的技能水平或职业资格进行客观公正、科学规范的评价和鉴定，对合格者授予相应的国家职业资格证书。

职业资格证书是表明劳动者具有从事某一职业所必备的学识和技能的证明。它是劳动者求职、任职、开业的资格凭证，是用人单位招聘、录用劳动者的主要依据，也是境外就业、对外劳务合作人员办理技能水平公证的有效证件。并不是所有的职业都需要职业资格证书。2016 年 11 月 23 日，取消临时导游、餐厅服务员、保洁员等 114 项职业资格证书。迄今为止，我国已经取消了 433 项职业资格。

我国监狱为了提高改造质量，帮助罪犯成功回归就业，从监狱实际出发，结合罪犯的自身情况，举办了各种职业技能培训项目，让无数个罪犯掌握了回归社会的一技之长。

童某能在监狱搞园艺种植，连妻子都兴奋不已

我来干

江苏省洪泽湖监狱建成近万平方米的全钢结构高标准玻璃温室大棚，发展现代农业职业技术实训基地，栽培高效果蔬、药材和花卉，用于培训罪犯新型农业技术，这在江苏省监狱系统尚属首家。监狱教育矫治支队教导员介绍说："罪犯大多数来自农村，又将回归农村，学了这项技能，可以说是因地制宜，大家普遍很看好园艺技能的就业形势和创业空间。"教育矫治支队一位负责心理矫治的民警说："亲近自然，用自己的灌溉看种子抚育出色彩和芬芳，可以让罪犯更加近距离地触碰到生命的成长，心怀感恩，这大棚园区还是罪犯心理健康教育的新课堂呢！"

罪犯童某是从十一监区选调到大棚的。他说："刚听说监狱大棚要选调罪犯，想到自己有多年园艺经营实践经验，我就报了名，想去练练技术，出去还能重操旧业。可是担心监区不同意放人。"据十一监区副监区长秦作阳回忆，童某是熟练缝纫工，平时表现一直较好，监区真舍不得他去大棚，但考虑他的兴趣和刑满后就业创业，监区很快便同意了他的申请。教育矫治支队副支队长张堃介绍："大棚种植是方式，授艺学技才是目的，为有农业、农村、农民等'三农'背景的罪犯回归就业提供技术支持，像童某这样的园艺人才当然是适当的人选，但吸收的大多数还是在技术上从零开始的学员。"正如大家所预料的，童某到了大棚真的是如鱼得水，童某对未来的创业很是看好："我和大伙儿干得特别好，出去后打算在生态农业和高效大棚种植项目上创业发展。"童某刑满释放日当天，他没有早早来到监区门口等候回家，而是来到大棚，向"徒弟们"再三叮嘱："每天晚上收工前给菜苗喷一次小水，西区的花怕冷，过夜或低温时要盖上膜，决明子挑壳老的先采收⋯⋯"接丈夫回家的童某妻子抑制不住心中的兴奋："孩子爸曾在电话中说他

每天摆弄花草、种植果蔬，还能尝到自己种的黄瓜、西红柿，很有成就感。一开始我以为他说假话宽慰人，心想监狱里怎么会有这些东西。后来监狱邀请我参加亲属帮教会，我到大棚参观，看到这里长的水果彩椒、圣女果、鹤首葫芦、李白瓜等，这才相信了他的话。"

监狱里办的现代农业职业技术实训基地，无疑会让罪犯学会一门适合他们的职业技能，我们也相信童某回家创业一定会成功。让罪犯学会一技之长，顺利回归就业创业，过上幸福美满的生活，始终是党和政府对监狱教育改造罪犯的基本方针，监狱也在这些方面不断做出更多的投入和努力。

一技之长助力回归

"把刑期变学期"，是监狱要求我们罪犯必须遵循的改造理念，就是要求我们在服刑期间积极参加监狱组织的思想政治学习、文化知识学习和职业技能学习等，不断提高我们的文化修养，改进我们的知识结构。我们一定好好珍惜监狱为我们创造的各种学习条件和机会，特别是学习和掌握一技之长的机会，从自己的兴趣和将来的人生定位出发，积极学习职业技能，把回归的本领带回家。

一技之长，就业的"敲门砖"

云南省宜良监狱在开展"刑释人员就业、安置回访调查"活动中发现，很多刑释后的学员在谈到自己如何取到目前的工作和生活状况时，均提及了"技能"二字。

刑释后的邱某介绍说，凭着在监狱学习的缝纫技术以及持有的职业资格证，很快就找到了工作，厂方包吃包住、提供三险一金、月薪5000余元，在当地属于高薪酬。他说，能掌握劳动技能，是就业的"敲门砖"。邱某说：

"首先，监狱在安排劳动岗位时，让我们学习职业技能为主，所学技能与社会用工需求相结合，在服刑劳动中积累了一定的实战经验，为将来的刑释就业打下了坚实的基础。其次，监狱依据社会需求安排职业技术培训项目。深入学习之后，使自己的理论和技术水平得到了提高。在系统的学习中找出自身差距，有针对性地巩固和加强。最后，在就业形势异常严峻的情况下，能在激烈的竞争中脱颖而出，靠的是精湛的、过硬的技术。从我自身的情况来看，正是基于自己在服刑期间摆正心态，积极参加劳动、刻苦学习劳动技能，在学习中不断发现自身不足并及时改正，才为我后来的就业铺就了一条光明大道。"对于未来，邱某想的是先做好一名熟练工人，向缝纫技师方面努力，以后再看有没有更好的发展机会去创业。现在，邱某还找到了一个漂亮的女朋友，两人都在这家服装厂上班，他们每月共同攒下 7000 元，为将来结婚做准备。

在谈及自己刑释后的感受时，邱某笑着说："当初重新回归时，社会日新月异的变化让我一时无法适应。现实的结果证明，如果当初自己在服刑期间得过且过，什么技术都没有学到的话，不敢想象刑释后的处境。在就业过程中，厂方非但没有歧视我的服刑经历，反而在看了我的职业资格证书后认为，在监狱还能学到过硬的缝纫技术，也证明了我改过自新的决心和勇气，便当即做出了聘用决定。"

从许多刑释人员反馈的信息可以看出，从监狱学到的一技之长，不仅是就业的"敲门砖"，而且很多人凭借自己的拥有一技之长和职业资格证书，还可以拿到"高薪"，更为可贵的是拥有一技之长、职业资格证书还大大增加了社会和用人单位对刑释人员的信任，使社会大众能更加相信我们是彻底改过自新的新人，我们的回归之路也因此而变得更加宽广和顺畅。

从文盲到根雕技师

文盲、厨师、根雕大师，这几个看似关联不大的词语，在我们的监狱里联系在了一起。某监狱第二监区罪犯许某由于家境困难，从小就没有上过学，是一个地地道道的文盲，还是一个好斗好赌、好吃懒做的混混，赌博失利抢劫致人重伤判刑。监狱针对他刑期长，没有文化，将其列为特困对象，长期进行救助，跟踪进行帮扶，使其实现了从消极改造到积极改造的转变。监狱安排他跟一名文化程度较高的罪犯学习厨艺，让其参加了扫盲班和厨师培训班。扫盲班让他一年多就实现了真正的脱盲，厨师班除了让其学到了厨艺，还让他意外地学到了另一门技能——雕刻。因为在厨师培训班上用萝卜雕刻小鸟、小鱼激起了许某学习雕刻的兴趣，他又报名参加了监狱组织的雕刻班，监狱组织的雕刻班传授的理论知识和技巧虽然还是比较初级的，但对刚刚扫盲过的许某来说，仍然像听天书一样，但是许某没有退缩，他虚心学习，勤学好问，刻苦练习，越来越多的萝卜在他的手上变成了栩栩如生的凤凰、小鸟、鱼儿……许某的努力感动了周围的人，也被关注他的警官看在眼里，喜在心上。在监区大会上，监区领导对许某勤学苦练技艺的事迹提出了表扬。这一有力的鼓励成为其艺术生涯的强力推进剂，许某开始向新的高度发起冲击，经过数个严冬酷暑的磨炼，监狱一个个废弃的树疙瘩变成了一件件美轮美奂、巧夺天工的根雕，一段段不起眼的木头，经他的手成了精美的艺术品。

功夫不负有心人，许某的根雕作品相继在监狱、山东省监狱管理局组织的活动中获奖，在司法部组织的"放飞梦想，重塑人生"系列艺术活动中获得"二等奖"，更加令人振奋的是，他在出狱前与当地著名的"宏达根艺"艺术品公司签订了用工合同，实现了提前成功就业。

许某在监狱的改造培养下，从一个文盲成长为一个掌握艺术技能的根雕技师，实现了成功就业。他的事迹说明，我们的监狱为罪犯提供了越来越好的条件，只要努力，谁都可以学得一技之长，只要掌握一技之长，谁都可以在社会上找到自己的位置。

思考题

1. 思考一下，你认为自己目前掌握的哪些技能或特长可以被视为"一技之长"？这些技能如何帮助你在监狱中改造，以及未来回归社会？

2. 你如何计划利用监狱提供的教育和培训机会来发展或提升你的职业技能？请具体描述你的学习计划。

3. 你认为掌握一技之长对于避免重新犯罪和顺利回归社会有多重要？请结合你的个人经历和目标进行回答。

二、多学必益，技不压身

技多不压身，功到自然成。

——民谚

我国的改革开放已经走过 40 多年的历程，社会主义市场经济体制改革也越来越深入，市场各个领域的竞争也更加激烈。对我们来说，将来回归时面对的就业竞争同样会非常激烈，所以，我们必须在服刑期间"把刑期变学期"，努力学习掌握职业技能，同时，我们要充分利用监狱为我们提供的劳动习艺、职业技能培训、考取职业资格证书等机会，尽可能地多学习一些技能或本领，当在求职路上、在未来的生活中遇到困难的时候，自身练就的一身本领既让你比别人有更多的机会，又会让你比别人有更多的自信。只要拥有一技之长或多种技能，就一定能找到适合自己的位置。

从囚犯到车间主任

两年前刑满释放的杨某给云南省某监狱的狱友们来信了，告诉狱友们他在广州一家铸造厂精工车间工作，由于表现突出近期被厂方提拔为车间主任，负责管理整个精工车间的生产，他在信中还说，只要狱友们掌握好生产技能，愿意凭自己的双手吃饭的人都可以来找他。杨某当上车间主任的故事让他的狱友们备受鼓舞，大家回忆起杨某改造期间的学习技能的做法更是受到了很大的启发，大家一致认为，杨某能当上车间主任与他当年在劳动改造中多学技能的做法是分不开的。

杨某的服刑生涯也不是一帆风顺的，刚入监时，身背死缓的他也是灰心丧气，整天唉声叹气浑浑噩噩地混刑度日。在警官的悉心教育下，在看到身边积极改造的同改一个个身怀技能走上了新生之路，他才幡然醒悟。他开始狠劲苦干，在车床工的岗位上越干越勇，多次被评为生产能手，基于他良好的表现，先后被安排担任机修工、车间生产组长。他热衷于学习各种知识，别人休息娱乐时间，他抱着专业书籍"啃"，每年都订阅一些专业书刊"充电"。由于铸造厂从事的都是一些低端加工项目，他在平时能接触到的无非一些手推车、老式车床、台钻等简单机械，就完成本职工作而言，基本不需要更多的学习，而他平时看的那些自动、半自动甚至数控等专业方面的知识更是用不上，狱友们根本不理解他的做法。接下来，他又干出一件让狱友们更是难以理解的事——放弃生产组长不干而要求做台钻工，甚至其他打杂也干了3个月，精工车间的工序被他基本走完了一遍。现在回想起他当年的非常之举其实还挺有深意，对一个车间管理人员来说，熟悉整个车间所有工序无疑是一种优势。

"机会总是留给有准备的人"这句话在杨某身上再次得到了验证，天上永远不会掉馅饼，要想有所成就，要想让自己的未来更加美好，就要积极努力地学习技能、学习更多的技能，所谓"技不压身"，一个人学到了更多的本领，永远不是一件坏事，反而由于你掌握了多种技能，你在职业发展的道路上会比别人机会更多、道路也会越走越宽，你就会实现更多的梦想。

思考题

1. 请反思你目前的技能和知识水平，你认为自己在哪些领域还有提升的空间？你打算如何在监狱中通过学习来增强这些技能？

2. 思考一下，你如何看待"技多不压身"的观点？在你的改造过程中，你打算如何将这一理念应用到学习职业技能中？

三、工匠精神，核心竞争力

精于工，匠于心，品于行，创于新。
——工匠精神警句

工匠精神，是指工匠对自己的产品精雕细琢、精益求精、追求完美的精神理念。工匠精神落在个人层面，就是一种认真精神、敬业精神，其核心是不仅把工作当作赚钱养家糊口的工具，而是树立起对职业敬畏、对工作执着、对产品负责的态度，极度注重细节，不断追求完美和极致，给客户无可挑剔的体验。近年来，国家领导人在多个场合、多次强调工匠精神，是为了大力弘扬工匠精神，厚植工匠文化，恪尽职业操守，崇尚精益求精，培育众多"中国工匠"。建设中国特色社会主义，实现中华民族的伟大复兴，需要成千上万的中国工匠。

培养罪犯工匠精神的重要性

今天我们在这里强调培养罪犯工匠精神，既与国家提出的工匠精神一脉相承，又有提倡大家学习职业技能的特殊性。首先，我们学习和掌握职业技能，要学习和发扬工匠精神。在学习和掌握职业技能中，工匠精神可以使我们精益求精、本领高强，从而使我们在回归社会后就业创业时，大大提高我们的职业竞争力。可以使我们在参与社会主义的现代化建设中做出更大的贡献。其次，我们在学习职业技能时要培养自己的职业操守，要学习和发扬工匠精神。一个现代合格的社会劳动者，不仅要有高超的职业技能，而且要有高尚的职业操守，这对罪犯来说，也是改造自己的目标之一。

工匠精神基本知识和要领

所谓工匠精神，一是热爱你所做的事，胜过爱这些事给你带来的钱财。所以工匠精神最基本的是一个人对待自己所做的事的高度热爱和投入的态度。二是精益求精，精雕细琢，无论是精益制作，还是精益管理，其要义在"精""益"两个字，"精"就是做到完美和最好，"益"就是做到更加完美、更加好。很多人认为工匠是一种机械重复的工作者，其实工匠有更深远的意思。其代表着一个时代的气质，坚定、踏实、精益求精。工匠不一定都能成为企业家，但大多数成功企业家身上有这种工匠精神。

1. 工匠精神的基本要求

（1）少一些浮躁，多一些纯粹。

（2）少一些投机取巧，多一些脚踏实地。

（3）少一些急功近利，多一些专注持久。

（4）少一些粗制滥造，多一些优品精品。

（5）有"技术要义在精微、不追求极致不罢休"的态度。

（6）有十年如一日、反复磨炼方成器的信仰。

2. 工匠精神的四字原则："敬""严""专""精"

（1）"敬"是工匠精神的厚土，体现在四个方面：

敬业之敬——这是自己为之奉献的事业；

师徒之敬——师徒结成终身授受的义务；

术业之敬——永远佩服手艺比自己强的人；

自我之敬——大声地喊出工匠之名。

（2）"严"是工匠基本的态度，体现在四个方面：

认真——本事不在大小，关键是态度；

严谨——要虚心学习，切忌不懂装懂；

严格——没有一个细节细到可以被忽略；

严肃——每一次都不能犯错。

（3）"专"是工匠自信的标签，体现在四个方面：

专注做事——活在当下；

安心工作——谢谢，现在是工作时间；

专业提升——匠人的技艺需要磨炼；

专一标准——绝不违反作业标准、产品标准。

（4）"精"是工匠永恒的追求，体现在四个方面：

精雕细琢——岁月流金，生命永恒；

用心钻研——十万分之一克的齿轮，还不够小；

持续改善——把改善当成工作的常态；

精益求精——坚信没有最好，只有更好。

3. 七个"不放过"处理问题

（1）找不到问题的根源处绝不放过。

（2）找不到问题的责任人绝不放过。

（3）找不到问题解决方法绝不放过。

（4）改进方法落实不到位绝不放过。

（5）问题责任人没受到教育不放过。

（6）没有长期的改进措施绝不放过。

（7）没有建立起奖罚机制绝不放过。

培养罪犯工匠精神应注意的问题

第一，要结合改造实际，正确地理解和接受工匠精神，改造也需要工匠精神。工匠精神首先是一种精神，是一种无论做什么都要追求精益求精的精神，对正在接受改造的罪犯来说，就是要在改造中的方方面面讲求工匠精神。人的改造是一个系统的工程，既要有思想的改造，又要有行为的矫正，需要以工匠的精神改造我们的思想和行为。首先要在自己的思想上接受和构筑工匠精神，在自己日常的各种行为活动中落实工匠精神，将工匠精神融入改造的每一个细节，让工匠精神成为一种思维方式，转化为一种行为习惯，在职业技能上讲求工匠精神才会有一个扎实的思想基础和行为基础。

第二，要热爱劳动，在劳动中恪守工匠精神。要树立正确的劳动观，要树立产品即人品的观念，要坚决执行产品质量标准，要严格按照工艺技术标准作业，要树立为顾客服务的理念；要克服浮躁心理，要摒弃掉"差不多就行了"的不良心态，祛除敷衍塞责、投机取巧的恶习；要时刻把工匠精神牢记心间，要以尽善尽美的态度，对待每一个操作，对待每一个技能的学习，对待每一个产品质量；要以更高的标准、更严的要求，把自己打造成一个真正的工匠。

第三，我们要以锐意进取、艺无止境的态度，追求工匠精神。工匠精神就是一种永不止步、勇攀高峰的精神。工匠精神是一种永远对自己的挑战精神，很多时候我们觉得做得差不多的时候，实际上可能离高水平、高技能、高质量还差得很多，即使在某一个技能上、某一个方面的确做得很好了，但工匠精神可以让自己实现更大的超越，迈上更高的台阶。工匠精神就是只有更好，没有最好。所以要培养自己的工匠精神就是要不断进取，持之以恒。

把工匠精神落实到改造的方方面面

老李入狱前是一名公司法人代表，入狱之初，往昔的风光和身陷囹圄的巨大落差，使他陷入深深的痛苦和迷茫，患上了轻度抑郁症，整天沉默寡言，自怨自艾。作为一名20世纪80年代的大学生，老李有一定的文化知识和管理经验，在民警的教育帮助下，经过自我调节，他逐渐走上了改造的正轨。一经投入，他把当年企业管理的办法用在了自己的改造上，改造中的每件事都让他做到了精益求精，说他有工匠精神也毫不为过。

第一件事：叠军被。刚开始他尽管累得满头大汗却总是叠不出四四方方的那种最佳形状，但他非常用心地观察当过兵的同改叠军被的手法和技巧，他终于悟到了叠军被的诀窍——"三分叠，七分理"，"叠"是基础，一定要做好，而手法干脆，寸劲用力的"理"才能使其最终方正成型。这一诀窍使他一夜间叠军被水平飞跃提高，并且提升了一个档次——不用在地板上叠，直接在床铺上叠也叠得又快又好。小有成就使他的兴致越来越高，还指导监室同改们学习叠军被，看着那像模像样的豆腐块儿军被，老李有了掌握一门手艺的成就感。

第二件事：生产劳动中学习技能，提高生产效率。老李所在监区的劳动任务是给一些工艺品粘上闪闪发亮的人工"钻石"，如串珠、耳环、手机套壳等，先把胶泥涂在它们表面，然后用一种有负压的粘钻枪吸上"钻石"往上面粘贴。那些"钻石"很小，五颜六色的，有各种型号。就这样一种简单的工艺，老李也非常投入，第一天粘钻他就非常用心，完全沉浸了进去，是所有新到罪犯中第一周完成任务量最多的，他随时都在琢磨和借鉴粘钻的技巧和手法，每一天都在尝试冲刺前一天的完成量，一旦突破心里就非常高兴。同改们说，没有人像老李这样对粘钻如此上心着迷的。而老李却说，他是把劳动中的成就感和兴趣紧密结合了起来，能把产品做到精益求精，把产量做到最大，可以让他收获劳动的成果。所以他每天参加劳动时都是精神抖擞、身心愉快地投入并期望能突破自己的记录。

老李这种把工匠精神用于改造的方方面面的做法，其实特别值得学习，这种做法非常有利于改造自己的思想，转变原有的恶习，矫正自己的行为，进而在职业技能学习和生产劳动中成为一名真正的工匠。

工匠精神打造的"特别技工"

"技术好，特别受公司优待……""做事靠谱，特别规矩……"。在广东省东莞市某电子有限公司，提起才入职2个月的设备维修技工刘某，工友们的评价带着赞赏和羡慕。他们讲的刘某，是2018年2月从湖北省某监狱刚刚回归社会的刑释人员。2009年9月，一无所长、游手好闲的刘某因盗窃罪被判处12年有期徒刑。刑期是特殊学期，入狱后，刘某在监狱里学法律、学养成、学规范、学文化、学技术。在劳动技能方面，监狱让他主要学习电子设备维修劳动技能，刘某孜孜不倦地追求技术、钻研技术，凭借着一股干劲和对技术的渴求，他掌握了一门实用的电子设备维修职业技能。

刘某入职仅两个月，首先得到单位认可、同事好评的是他高超的职业技能。工厂里的技术岗位非常重要，生产设备维修、模具调试、流水线运行维护，这些都直接决定经济效益。刘某在监狱参加劳动改造，从2011年就开始学习机修技术，长期的狱内学习操作，使他从不学无术变成了行家里手，电子设备的每一个操作流程和原理都烂熟于心。到公司上班后，刘某如鱼得水，迅速成为公司的技术骨干。刘某上班第一个月，领取了6000元工资，公司还包吃包住，这让其他岗位的工友很羡慕，工友小刘说："谁叫人家懂技术呢？他的事我们搞不来。""有技术，人勤快，肯学肯做。"通过一个月的观察，公司很满意，专门出资为其租了住房，配备了专属办公室，还把一辆面包车交给他，供其配送货物使用。公司负责人说："作为公司技术骨干，只要他一直这样踏踏实实，发展前景一定会很好。"

工厂里同事们对刘某格外称赞的还有他特别的行为习惯。"每次进别人办公室都会先轻轻敲门示意，很有礼貌。"短短两个月接触，工友们发现刘某有很多的特别之处。"说话做事很文明，感觉比较有素质。"工友小黄并不知道刘某的过往，提起这位新来的技工，她讲了个小故事：公司食堂就餐人数多，秩序很不好。刘某来了后，主动帮助维持就餐秩序，组织大家有序排队，他自己经常最后吃饭，慢慢地，大家受到感染，现在就餐秩序比以前好了很多。刘某被工友们称道的特别之处还在于"宿舍比别人都干净，衣服被子叠得像豆腐块儿，连生活用品都摆成了一条线。"公司有人知道他的来历，有的不知道。有的工友对他的一些特别习惯感到好奇，打听他的经历，刘某坦然面对，并不回避自己的过去。公司负责人说："刚开始还是有担心的，我们暗中观察，发现他自我管理意识比较强，在监狱里培养的一些好习惯延续到工作生活中，现在我们对他放心，也有信心！"

自我管理意识比较强、高超的技能和特别的行为习惯，是刘某在监狱里通过长期的学习和行为矫正养成的。在监狱里，严格的劳动制度、严格的监规监纪、严格的队列训练等一系列改造活动，与常人在社会上的日常行为活动相比要严格得多，恰恰是这些近乎于苛刻的行为管理和改造活动，才使我们逐渐转变着观念、矫正了恶习、形成了好的自我管理意识。其实换个角度看，监狱对罪犯的这种改造和管理方式，不也是工匠精神的体现吗？人的行为是分层次的，当通过这种改造和管理方式，完成了对自己的世界观和行为习惯的基本转变，就可以把这种工匠精神升级为自己对待劳动的态度，升级为自己对职业技能的学习，升级为自己高质量的作业和精美的产品。到那个时候，应把自己打造成具备工匠精神的、技能高超的、同时是改造好的、对社会有用的专业人才，回归一定会受到欢迎，未来一定会非常美好。

思考题

1. 你如何理解工匠精神？在你的职业技能学习和改造过程中，你打算如何培养和实践工匠精神？

2. 思考一下，你目前在职业技能学习中是否已经展现出工匠精神？如果没有，你计划如何开始培养这种精神？

3. 刘某的故事对你有何启发？你认为他的成功与工匠精神有哪些关联？你如何将这些经验应用到自己的改造和未来就业中？

推荐书目

1.《把时间当作朋友》，李笑来，电子工业出版社 2010 年版。

2.《深度工作：如何有效使用每一点脑力》，卡尔·纽波特，江西人民出版社 2017 年版。

推荐电影

《三傻大闹宝莱坞》（2009 年），拉库马·希拉尼执导。

第五篇 做合格的劳动者

　　党和国家赋予监狱组织罪犯劳动改造的目的和任务是使罪犯成为合格社会劳动者和守法公民。合格的社会劳动者应该具备掌握一技之长的职业技能这一基本条件，但还需要我们在劳动中培养正确的劳动意识。劳动意识是指人们在生产劳动中形成的劳动目的、劳动态度、劳动纪律、劳动协作等思想认识的总和。劳动意识也称劳动观念，是构成人的世界观和人生观的重要内容，也是一个人成为合格社会劳动者必不可少的重要思想条件。由于人的劳动意识形成和发展同参加生产劳动是密切相关的，我们一定要注意在劳动中培养自己的劳动意识，学会用好的意识支配自己的行为，才能找到让自己变得更优秀的方法。

【阅读提示】

　　1. 帮助罪犯理解劳动意识在成为合格社会劳动者中的重要性；

　　2. 引导掌握如何在劳动中培养正确的劳动态度和纪律，提高个人职业素养。

一、诚信意识——人无信不立

> 表里如一，恪守本分，无欺无诈，正人君子为人处世应该这样。
>
> ——简·奥斯丁

诚实劳动是光荣的，"诚实劳动是康庄大道，越走路越宽"。"诚信"就是诚实守信，诚信是立人之本。孔子说："人而无信，不知其可也。"意思是人若不讲信用，在社会上就无立足之地，什  么事情也做不成。所以，诚信是一个人必备的优良品格。诚信意识是一个人讲诚信的思想根基，就是要在自己的思想深处确立诚信是做人之本的思想意识。没有这样的意识，就会经常脱离诚信，脱离诚信就会受到背信弃义的惩罚。劳动中的诚信意识是诚信在劳动中的直接体现，实实在在地工作，生产实实在在的产品，对自己的劳动过程和结果负责到底。"信誉"是一个人坚守诚信所赢得的别人的信任和赞誉，"信誉"是比任何宝贵的物质财富还要珍贵的无形资产。有了信誉，一个人就有了立足之本，事业就有了根基，生意才会财源滚滚。

视诚信为生命

诚信是立人之本，一个人能立足于社会，靠的不只是有多么强壮的身体，不只是物质意义上的生命，靠的也不是拥有多少财富，靠的是诚信。诚信是公民的第二个"身份证"，诚信就像我们的生命一样重要，比金钱更宝贵。

诚实守信，光荣的死

英国著名的小说家瓦尔特·司各特是一个诚实守信的人，虽然他很贫穷，但是人们都很尊敬他。他的一个朋友见他生活很困难，就帮他办了一家出版印刷公司，可是他不善于经营，不久就倒闭破产了。这使原本就很贫穷的他又背上了六万美元的债务包袱。

司各特的朋友们商量，要凑足够的钱帮助他还债。司各特拒绝了，说："不，凭我自己这双手我能还清债务。我可以失去任何东西，但唯一不能失去的就是信用。"

当时很多报纸都报道了他的企业倒闭的消息，有的文章中充满了同情和遗憾。他把这些文章统统扔到火炉里，在心里对自己说："瓦尔特·司各特不需要怜悯和同情，他有宝贵的信用和战胜生活的勇气。"

在那以后他更加努力地工作，学会了许多以前不会干的活，经常一天跑几个单位，变换不同的工作，人累得又黑又瘦。

一个债主看了他写的小说后，专程跑来对他说："司各特先生，我知道您很讲信用，但是您更是一个很有才华的作家，您应该把时间更多地花在写作上，因此我决定免除您的债务，您欠我的那一部分钱就不用还了。"

司各特说："非常感谢您，但是我不能接受您的帮助，我不能做没有信用的人。"

这件事之后，他在日记本里这样写道："我从来没有像现在这样睡得踏实和安稳。我的债主对我说，他觉得我是一个诚实可靠的人，他说可以免除我的债务，但我不能接受。尽管我的前方是一条艰难而黑暗的路，但使我感到光荣，为了保全我的信誉，我可能困苦而死，但我死得光荣。"

由于繁重的劳动，司各特病倒过。在病中，他经常对自己说："我欠别人的债还没还清呢，我一定要好起来，等我赚了钱，还了债，然后再光荣而安详的死。"

这种信念使司各特很快从病中康复了过来。两年后他靠自己的劳动还清了债务。

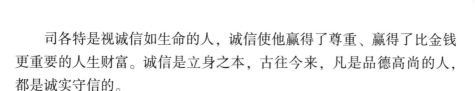

　　司各特是视诚信如生命的人，诚信使他赢得了尊重、赢得了比金钱更重要的人生财富。诚信是立身之本，古往今来，凡是品德高尚的人，都是诚实守信的。

诚信是发自内心的诚实

　　真正的诚信是在没有任何监督措施的情况下，面对威胁和诱惑，依然坚持诚实守信。司各特的诚信是发自内心的，尽管一度生活的艰辛困苦，但仍坚守着内心的那份诚信。一个失信于人的人，不可能从别人那里得到预期的回报，只会让别人讨厌和离开。

池莉的诚信

　　池莉是大家熟悉的小说家。作家出版社与她签约创作长篇小说《小姐，你早》，离交稿日期只差不到 10 天时，电脑突然出了故障，完成的 10 多万字文稿顷刻间化为乌有。她呆坐在电脑前，脑子一片空白。"怎么办？向出版社说明情况，争取延缓交稿时限？特殊情况嘛，料想编辑会理解。"但池莉没有那样做。既然答应人家，怎好失信于人？失信无异于失节，不能小看。于是，她把休息时间压缩到最低限度，宁可"蓬头垢面"、衣裙不整，也要昼夜不停地赶写书稿，硬是如期完成了。仅一周多时间，人瘦了一圈儿，两只敲击键盘的手几近麻木。

诈骗犯自我反省自觉讲诚信

　　罪犯陈某，因诈骗罪获刑，监区非常重视对其进行诚信教育，在劳动改造中从质量、定额等方面时刻考核他的诚信度，随着教育的深入和其自身的努力，陈某的思想发生了深刻的改变。陈某有一次参加教育科组织的乒乓球比赛，耽误了两天生产任务。月底在月考核分公布时，陈某发现自己参加乒乓球比赛的那两天依然记了劳动分，陈某心里当时又高兴又紧张，高兴的是自己多出了两天的劳动分，紧张的是怕干警发现。在这样忐忑的心情中度过了两天，没有人发现陈某多记分的情况。陈某在暗自窃喜的同时，心里也多了一份不安："自己是因为诈骗罪走进的监狱，欺骗给自己、家人和社会带来了多么严重的危害，干警多年来对我进行诚信教育，希望我做诚实守信的人，如果我多拿这两天的劳动分，岂不是辜负了干警的期望，将自己多年改造的成果葬送了？"经过激烈的思想斗争，陈某鼓起勇气，主动找到干警说明了情况。最终干警及时修改了陈某的月考核分，针对其诚实守信的行为，监区召开大会进行表扬，并对他进行了物质奖励。

司各特的诚信、池莉的诚信、诈骗犯陈某自我反省讲诚信，都是自觉自愿的，其实大多数时候，能够约束我们的并不是外在的监督和控制，而是自己内心的诚实。如果你能做到发自内心的诚实，你的诚信意识就提升了，你就是一个诚信的人，诚信就成了你的一种好品德。

不诚信，必自损

诚信意识缺失，就会发生不诚信的行为。我们身边有不少人正是因为没有诚信意识，失去了人心，失去了朋友，甚至受到法律的制裁。生产毒百叶、记"制假笔记"的张强和他的老板就是典型的例子。让我们来看看服刑过程中两个不诚信的例子。

偷别人的产品被扣分

罪犯魏某一天下午出工后，发现旁边的祁某还在换衣服没来，而其上午加工的铝箔插块成品就摆在桌子上，于是趁周围人不注意，顺手将祁某的成品拿了一部分放在自己的成品箱内。祁某来到岗位后，发现自

己的产品少了，马上向干警报告。经干警调取监控录像，发现成品正是魏某窃走的，于是立即找其谈话教育，魏某开始拒不承认，但在监控录像面前，不得不低下了头。监区经集体研究决定，对魏某进行扣分处理，并令其在监区全体罪犯大会上做深刻检查。

偷工减料，加分变减分

某监狱六监区为了激发罪犯的劳动积极性，每年不定期的举办劳动竞赛，获得前三名的生产组将能获得加分奖励。该监区罪犯商某作为生产五组的组长，距离够分假释回家只差不到 10 分了。为了能够在劳动竞赛中获得好成绩，商某不惜以牺牲诚信为代价，偷偷减少工艺流程，气垫连接筋本该四道线缝纫，他擅自改为两道线缝纫，一暗一明装饰线只缝纫明线，他认为反正减少两道线也在里面，外面根本看不到，能加快缝纫速度就行了。

可没有想到他所生产的这批蹦床回到厂家后均出现了气垫开线的情况，经厂家检查后确认是缝纫时私自减少工艺导致连接强度不够造成的，只得退回监狱返工，商某在劳动竞赛中获得的第一名也因此作废，反倒因为不按操作规程劳动被扣掉 10 分。事后，商某非常后悔自己的行为，为了得到一时的利益，丢掉了诚信为本的做人准则，这非常错误且不值得。

> 文化讲堂
>
> 人背信则名不达。
>
> ——（汉）刘向

诚信是立人之本，我们再次从上面的例子中受到了教育。本来就是因为诚信的缺失犯了罪，服刑劳动期间还如此不讲诚信，足以说明二人的诚信意识是多么的差。事实说明，当一个人失去诚信时，他必将自食恶果。

诚实守信誉自来，誉满天下事必成

诚信是人与人、企业与企业以至一切社会交往的基本前提，你诚信待人，人才会善待你。所谓信誉，就是有信才会有誉，诚信才会带来声誉，才能形成人与人、单位与单位之间相互信任的关系，才会形成双方自觉自愿的反复交往。一个人有信誉，就会有更多的朋友，就会受到单位的重用；一个企业有信誉，就能赢得顾客的心，就能占领更广阔的市场。

"真诚到永远"：秦冠胜的故事

1997 年 7 月的一个清晨，海尔洗衣机公司驻昆明售后服务站秦冠胜接到云南昭通市洗衣机用户刘平章的电话，请他上门服务。此时，适逢大雨滂沱，秦冠胜毫不犹豫，披上雨衣去了车站。公共汽车在沟壑纵横的山路上颠簸了 16 个小时，夜间 23 时在距昭通市 27 公里处遇到意外险情——路前方山体滑坡，泥土沙石飞流直下，唯一通往昭通市的交通线路被阻断了。司机为乘客着想，决定原路返回昆明。秦冠胜没听劝阻，毅然下车，坚持步行前往昭通市。茫茫黑夜，风雨交加，秦冠胜一步一个趔趄，无数次地跌倒爬起，置生死于不顾。次日凌晨 4 时到达昭通，考虑用户此时正在休息，秦冠胜在传达室等候到上午 8 时才登门为用户服务。用户刘平章早晨醒来，已从广播中得到昭昆线发生山体滑坡导致交通中断的事情，当秦冠胜站在他面前时，他感到十分意外，得知原委后，这位南国汉子猛地抱住了刚强的海尔人，泣不成声。

为了履行对用户的承诺，秦冠胜在泥泞的山路上徒步走了 4 个多小时，险些献出了自己的生命。这样的诚心，当然能感动"上帝"。海尔人信奉：世界上并不一定有十全十美的产品，但能通过 100% 的服务让用户满意。"真诚到永远"的海尔宗旨，就通过上面这类事情扎根于用户心中。海尔的良好信誉，也正因为这些普通员工的真诚工作在用户中留下了深刻的印象。

"诚"字怎样写？海尔集团的领导做了一个很好的解释：一个"言"字加一个成功的"成"字，就是"诚"，要让说出的承诺兑现，付诸实施，并要见成效。海尔以诚取信，以诚取胜。海尔有一句员工经常互相提醒的话：百金买名，千金买誉。做九十九件好事不一定有人记住；但一件事服务不及时、不周到，信誉就会丧失，再花十倍、百倍的努力也未必能够挽回。"海尔"高达 3502.78 亿元的品牌价值，就是海尔赢得顾客信任、占领市场的巨大无形资产。

思考题

1. 回想你入狱前的生活，是否有因缺乏诚信而造成的遗憾或错误？在今后的改造过程中，你将如何培养和展现自己的诚信意识？

2. 你认为诚信在你的生活中扮演了怎样的角色？失去诚信会对你的人际关系和未来生活产生哪些影响？

3. 请举例说明在生活中，你如何通过实际行动来维护和提升自己的诚信度？

二、责任意识——责任重于泰山

> 一个人若是没有热情，他将一事无成，而热情的基点正是
> 责任心。
>
> ——列夫·托尔斯泰

什么是责任？对责任的理解通常可以分为两个方面：一是指分内应做的事，如社会职责、对家人尽责任、工作岗位责任等。二是指如果没有做好自己的工作，就应承担不利的后果或强制性义务。劳动中的责任意识就是清楚地知道什么是自己的责任，并自觉、认真地履行自己责任的思想观念。劳动中有责任意识，再复杂的工作也能高质量地完成；没有责任意识，再简单的产品也会粗制滥造。劳动中有责任意识，再危险的工作也能减少风险；没有责任意识，再安全的岗位也会出现险情；劳动中责任意识强，再大的困难也可以克服；劳动中责任意识差，再小的问题也会让你裹足不前。有责任意识的人，受人尊敬，招人喜爱，让人放心。

责任重于泰山

树立责任意识，首先要认识到责任的重要性。我们经常听到这样一句话：责任重于泰山，用它来形容责任的重要性再合适不过了，我们可以在很多场合中用这句话来唤起人们的责任意识。社会各行各业、各个单位、各个岗位上的每个人，都有自己的职责和任务。强调责任的重要性，强调增强责任意识，其实是针对一个人的岗位职责和任务而言的，每个人都要完全担负起自己的岗位职责所对应的责任，只要是岗位职责所赋，都是最重要的。社会上人们的岗位虽然不同，分工不同，职责不同，但是每个人要树立的责任意识是相同的，这就是责任重于泰山。一个社会的责任体系，一个单位的责任体系，就是靠每个人的责任意识、责任担当来形成的，每个人都树立了责任重于泰山的意识，每个人都履

行好了自己分内的责任，一个单位才能为社会提供优质的服务产品，这个社会才是有责任的社会，我们每个人才会因此而受益。

第一位的责任意识是必须做好自己分内应做的事

在社会上，每个人都有自己的责任，都必须做好自己分内应做的事，如父母养儿育女的责任，老师教书育人的责任，医生救死扶伤的责任，工人保质保量按时完成生产任务的责任，军人保家卫国的责任……社会上的每个人都履行了自己的责任，社会方方面面的工作就做好了。在劳动中，每个人都能履行自己的责任，生产任务就能按时、保质、保量完成。责任只有大小之分、缓急之别，但绝不是可有可无的。责任是必须履行的，是谁的责任，谁就应该认真及时地去履行。

文化讲堂

天下难事，必作于易；天下大事，必作于细。
——《道德经》

第二位的责任意识是必须承担自己没有做好本职工作的后果的责任

责任意识不仅是要做好自己分内应做的工作，而且必须承担自己因为各种原因，没有做好工作甚至给工作或他人造成严重损失的责任。谁都有可能因为没有履行好责任而犯错误；谁都有可能自认为尽到责任了，但是工作照样没做好，在这个时候，如果你能勇敢地站出来，勇于承担应该承担的责任，改正错误，把事情做得更好，你的责任意识就真正树立起来了，你就是一个有责任心的人。

终生难忘的一次爆炸

1963 年春天，28 岁的杰克·韦尔奇到通用电器公司已是第三年。他的严重失误导致他们用来进行化学实验的工厂发生了一起大爆炸。在一个大水槽里，韦尔奇把氧气灌入一种高挥发性的溶剂。他的伙伴戈万很担心这种做法具有危险性，但韦尔奇不以为然地说："不，我相信我的判断，等着瞧好吧！我的伙计。"在戈万再次提醒时，韦尔奇信心十足地说："别忘了，我是这里的负责工程师，我会承担起一切责任。"可就是实验中的一个无法解释的火花，引起了这场灾难性的爆炸。整个工厂报废了，尽管没有死人，可实验室的人都不同程度地受了伤，这起事故应该说是韦尔奇一手造成的。

韦尔奇跑进废墟，努力地寻找着那个可能出现问题的加压机。

他就是这种牛脾气，干任何事情，非要进行到底。经过努力，他终于找到了失败的原因。于是，韦尔奇怀着沉重的心情驱车去了集团总部，他必须到那里当着众位执行官的面解释这场事故的起因，而后听由执行官发落，他已经做了最坏的打算。

查理·里德是这次调查事故的总负责人，他是一位杰出的科学家，任何失败化学实验的起因都很难不被他查明。查理的眼神里流露出智慧的光芒："你现在给我们解释一下失败的原因吧。"韦尔奇分析了全部失败的经过，查理不时地点头。

"你知道在高温环境下做高挥发气体实验会发生什么吗？"

"我知道，只不过这没能引起我足够的重视。"在行家里手面前，韦尔奇只得实话实说。

"你想怎么办呢？"查理一针见血地切入了正题。

韦尔奇低下头："我愿对我所做的一切负全部责任，如果公司认为我不能胜任的话，我马上滚蛋。"韦尔奇说出这句话时，心里非常难过，他现在已经不愿意离开这个可实现理想抱负的公司了。

查理很生气："韦尔奇博士，我关心的是你在失败中学到了什么？请你正面回答我。"

"我学会了谨慎和谦虚，还有在完成一项工作时，光大胆是远远不够的。"韦尔奇不再像刚才走进屋子时那样心有余悸了。

"你现在是否能够修理反应器程序呢？"

"我能。"

"那么，你认为是否应该继续进行这个项目呢？"这才是问题的关键，查理不失时机地提了出来。

"如果公司能准许，我很愿意在跌倒的地方爬起来。"韦尔奇充满了自信。

查理满意地看了看韦尔奇："韦尔奇博士，你可以走了，回到你的工作岗位上去。"

韦尔奇一愣："那，我的处分呢？"

查理幽默地一笑："公司给你的处分是，给你一个同样的实验工厂，让你继续研究和实验，不过请千万别再把它炸掉。"全屋子里的人被逗得哈哈大笑，韦尔奇也难为情地笑了。

当韦尔奇勇敢承担起全部责任的时候，执行官查理·里德没有给他惩罚，给了他鼓励，同时给了他再爬起来的机会。正是韦尔奇勇于承担责任的态度获得了查理的信任。一个勇于承担责任的人才能得到别人的信任，其实，具有责任意识中也包含了对自身才干的自信，一个连自己都不相信自己能力的人怎能得到别人的信任呢？杰克·韦尔奇就是凭借着勇于承担责任，做事一定要负责到底的精神，使自己变得最优秀。

自判死罪的李离

据《史记·循吏列传》记载，春秋时期，晋文公称霸，他任命有功之臣李离为晋国的狱官。李离错误地听取了下级的汇报把没有死罪的人处死了，当他发觉后，就判自己犯了"过失杀人"之罪，把自己关押起来定了死罪。因为他是有贡献的人，晋文公闻讯赶来，宣布赦免他的死罪。晋文公劝他："官有贵贱之分，处罚有轻重之分，下级官吏有错，不是你的过错！"李离说："我担任的官职是长官，并不让位给下级官吏；享受俸禄多，不和下属平分利益，现在我错误地听从了下级汇报而判人死罪，却把罪转嫁到下级官吏身上，这可不对。"他推辞而不接受命令，晋文公说："你如果自以为有罪，我也有罪吗？"李离说："狱官遵守法纪，错误地判刑，应判自己的刑，错误地判人死罪，就应判自己死罪。您因为我能审察和判定疑难案件，所以让我当狱官，现在我错误地听取下吏的汇报而判人死刑，罪责当死。"说完，拔剑自杀而死。

李离为自己的错误自判死罪，虽然是个极端的例子，但更加强有力地说明了责任意识必须包含承担自己没有做好工作的后果的责任。

树立劳动中的责任意识，才能让我们变得更优秀

很多人就是因为责任意识差才犯了罪。总有一天、总有一些让我们终生难忘的事让我们认识到责任的重要性，应时刻提醒自己一定要负起责任来。有了责任意识，并能真正地付诸实践，便会成为一个负责任的人。如果不仅能在劳动中负责任，而且做任何事情都有责任心，那么你就会变得更优秀。

对工作负责让吉姆脱颖而出

吉姆和朋友格尔前往一家公司应聘。那家公司待遇优厚，参与应聘的人不少。面试结束后，主考官说还需要复试一次，让他们5天后报到。5天后，他们早早地来到了公司。公司老总亲自为他们安排了当天的工作——给每人一大捆宣传单，让他们到指定的街道发放。

吉姆抱着传单，来到了划定的地盘，见人就发给一张。有的人接过去了，有的人连理都不理，有的接过去就随手扔掉，他只好捡起来重发。忙碌了一整天，可手上的传单还剩厚厚的一沓。下午5点，吉姆拖着一身疲惫回公司交差。格尔一看到他就说："你怎么还留那么多传单在手中？"吉姆一看大家手上都是空的，心慌了。老总问吉姆发了多少。他涨红着脸，把剩下的传单交给老总，难为情地说："我干得不好，请原谅。"在回家的路上，格尔一个劲儿地埋怨吉姆，骂他傻，并告诉吉姆自己的传单也没发完，剩下的全都扔进了垃圾桶，其他人想必也是如此。吉姆这才恍然大悟，心想这份工作自己肯定没指望了。

结果却出人意料。在那次招聘中，吉姆成了唯一的被录用者，让人感到很纳闷儿。

半年后，吉姆因为业绩突出，升任部门经理。在庆典晚宴上，他询问老总当初为何选择了他。老总说："一个人一天能发放多少传单，我们早就测试过。那次我给你们的传单，用一天时间肯定是发不完的。其他人都发完了，唯独你没有，只有你是对自己工作负责任的。答案就这

么简单。"

　　吉姆感慨地对人说："那一次求职经历我终生难忘，它让我明白了一个受用一生的道理：对企业负责就是对自己负责。"

　　对自己的工作负责，使吉姆成了唯一的被录用者，对自己的工作负责，使吉姆脱颖而出。对工作负责，是公司选拔人才的重要标准。吉姆是一个负责任的人，通过发放传单、唯一被录用的特殊经历，其深刻地认识到什么是负责任，而且终生难忘。

责任意识不仅满足于有，还要用心加强

　　通常我们说要强化责任意识，要警钟长鸣，就是不仅要有责任意识，而且要用心加强自己的责任意识。强化责任意识，会让我们把工作做得更好；警钟长鸣，会让事故和损失防患于未然。

海尔人的责任意识：2%的责任得到100%的落实

　　为了发展海尔整体卫浴设施的生产，1997年8月，海尔集团派魏小娥前往日本，学习掌握世界最先进的整体卫浴生产技术。在学习期间，魏小娥发现，日本人试模期废品率一般在30%—60%，设备调试正常后，废品率为2%。魏小娥问日本的技术人员："为什么不把合格率提高到100%？"日本人反问道："100%？你觉得能够做得到吗？"从对话中，魏小娥意识到，不是日本人能力不行，而是思想上的桎梏使他们停滞在98%。作为一名海尔员工，魏小娥的标准是100%，即要么不干，要干就要做到最好。她拼命地利用每一分每一秒的时间学习。3周后，她带着赶超日本人的信念和先进的技术知识回到了海尔集团。

　　半年后，日本模具专家宫川先生来中国访问，见到了"徒弟"魏小娥，此时，她已是卫浴分厂的厂长。面对着操作熟练的员工、一尘不染的生产现场和100%合格的产品，他大吃一惊，反过来向徒弟请教。

　　宫川先生说："100%的合格率是我们连想都不敢想的，对我们来说，2%的废品率和5%的不良品率天经地义，你们是怎样提高产品合格

率的呢？"

"用心！"魏小娥简单的回答让宫川先生大吃一惊。用心，看似简单，其实很不简单。原来，魏小娥从日本学习回国之后，便开始重点抓卫浴分厂的模具质量工作。不管是工作日还是节假日，魏小娥紧绷的质量之弦从来没有放松过。有一次在试模的前一天，魏小娥在原料中发现了一根头发，这无疑是操作工在工作中无意掉进去的。一根头发丝就是废品的定时炸弹，万一混进原料中就会出现废品。魏小娥马上给操作工统一制作了白衣和白帽，而且要求大家统一剪短发。就这样，在魏小娥的努力下，2%的责任得到了100%的落实，2%的可能被一一杜绝。终于，100%这个被日本人认为是"不可能"的产品合格率，魏小娥做到了，无论是在试模期间，还是设备调试正常后。

"用心"，就是魏小娥的责任意识，从魏小娥身上，我们看到了海尔人超一流的责任意识。海尔集团创始人张瑞敏说："第一流的素质才能造出第一流的产品。"在工作中，如果人们能够像魏小娥这样用心，也一定能成为第二个"魏小娥"。其实，任何工作，无论有多么艰难，只要全力以赴、负责任地去做，就一定能化难为易。一个人很成功，一定是他很用心。魏小娥的"用心"和杰克·韦尔奇的"每天找出一种让自己变得更优秀的方法"是一个道理。一个责任意识强的人一定是一个非常"用心"的人。

没有做不好的工作，只有不负责任的人

我们经常说，世界上的事，就怕"认真"二字，"认真"和上面说的"用心"，就是负责任，只要"认真"了，再难的工作也能做好，只要不"认真"了，就是再好的技术，再有经验的人，也做不好工作。

老木匠不是造不好房子，只是不"认真"了

有个老木匠准备退休，他告诉老板，说要离开建筑行业，回家与妻子儿女享受天伦之乐。

老板舍不得他的好工人走，问他是否能帮忙再建一座房子，老木匠说可以。但是大家后来都看得出来，他的心已不在工作上，他用的是软料，出的是粗活。房子建好的时候，老板把大门的钥匙递给他。

"这是你的房子，"他说，"我送给你的礼物。"

他震惊得目瞪口呆，羞愧得无地自容。如果他早知道是在给自己建房子，他怎么会这样呢？现在他得住在一幢粗制滥造的房子里！墙上的铭牌上写着："生活是自己创造的。"

谁都知道，老木匠不是造不好房子，只是不"认真"了。责任意识是思想深处的东西，一旦它不牢固了，一定会表现在我们的行动上。应该反思自己，我们是不是不负责任地在"建造"自己的生活？不认真工作，消极应付，凡事不肯精益求精，在关键时刻不能尽最大努力。等我们惊觉自己的处境，早已深困在自己建造的"房子"里了。想想自己的"房子"，每天敲进去一颗钉，加上去一块板，或者竖起一面墙，用心好好建造吧！自己的生活是一生唯一的创造，不能抹平重建，即使只要生活一天，也要活得负责、认真。

思考题

1. 思考你入狱前的生活，是否有缺乏责任感而导致的负面后果？在监狱中，你将如何改变，培养强烈的责任感？

2. 你认为在劳动中培养责任意识对你的改造有何重要意义？你如何将这种意识应用到日常的改造活动中？

3. 请描述一个你在入狱前因不负责任而后悔的场景，并思考如果当时有强烈的责任感，结果会有何不同。

三、学习意识——在学习中进步

在劳力上劳心，是一切发明之母。事事在劳力上劳心，便可得事物之真理。

——陶行知

在这里我们讲的是在劳动中要热爱学习，要积极培养劳动中的学习意识。为什么要学习？为什么要培养学习意识？也许你会认为这个问题太简单了：为了培养劳动技能，为了成为劳动能手，为了加分，为了减刑。这种回答有点老生常谈，而且多少有点功利色彩。著名教育家、思想家陶行知说："在劳力上劳心，是一切发明之母。事事在劳力上劳心，便可得事物之真理。"说的是在劳动的时候，不仅要用体力，还要用心，才能学到知识，才能有发明创造和认识事物的真理。所以，在劳动中学习，可以提高劳动技能只是一个基本方面，更能让我们学到各种科学知识，更能让我们实现各方面的进步。

学习意识源于进步意识

学习意识源于对进步的追求，满足于现状或者丝毫也不要求进步就不可能有学习意识。学习和进步的这种关系在劳动中体现得尤为明显，刚开始接受一项新的工作时，还会有掌握这项新技能的动力，但是一旦掌握了，成了熟练工，进入了日复一日的重复劳动状态，这种状态最容易使人满足于现状。这个时候，我们只有不满足现状，有强烈的进步意识，才可能发现现状也许不是最好的，还有很多值得学习和改进的地方。所以，是进步愿望推动了学习，学习意识源于进步意识。

中学生擦玻璃擦出了新发明，见惯不怪学新知

河南中学生李津汉的第一项发明是"蒸汽式节水玻璃清洁器"。李

津汉经常帮家人做家务，他在家擦玻璃时发现，使用传统方式很难把玻璃擦干净，人站在高处也不安全，就开始琢磨着改进方法。他打扫卫生时发现，水烧开后，蒸汽喷到玻璃上，玻璃上的灰尘比平时好擦多了。李津汉反复试验发现蒸汽具有很强的膨胀性和渗透性，灰尘在蒸汽作用下松动，就很容易将玻璃清洁干净，也不需要化学清洁剂。于是，李津汉运用这个原理，开始了他的第一个发明，不懂的地方他就翻书本、请教家长和老师，最后终于发明了"蒸汽式节水玻璃清洁器"，他的这项发明获得了第二届"未来杯"全国中学生创意设计竞赛一等奖。

李津汉的第二项发明是"磁性双面玻璃清洁擦头"。怎样实现人站在室内就可擦室外的玻璃呢？李津汉又想到磁力相吸的原理，如果使用磁性双面玻璃清洁擦头，内动外应，人只需站在室内，就能达到一次操作，玻璃两面干净的效果，还保障了人身安全。在科技老师指导下，李津汉花了几个月做出样品，后经过反复实验修改研制成功了"磁性双面玻璃清洁擦头"。这个小发明清洗玻璃，每平方米可节水99%，省时75%—85%，已获国家专利。

看来，打扫卫生这么简单的家务劳动，如果"在劳力上劳心"，也能劳有所学，学有所获，还能成为一个发明家呢！我们每个人都有自己的劳动岗位，有的简单，有的复杂，经过一段时间的劳动之后，劳动技能会越来越熟练。当你成了劳动"老手"以后，你会不会摆起老资格呢？觉得自己什么都会了，没什么可学的了，"这样的工作对我来说太简单了，我都干烦了"。如果是这样，你在劳动中就裹足不前了，学习动力就枯竭了，学习意识也就没有了。看了上面的例子，你难道没有什么触动吗？

文化讲堂

劳力而不劳心，则一切动作都是囿于故常，不能开创新的途径。

——陶行知

学习意识在解决问题中培养

我们在劳动中经常会遇到很多问题，对待问题的态度、解决问题的途径和方法，除了迎难而上，更重要的是通过勤于学习来解决问题，这其中其实有很重要的学习意识因素，学习意识不强，可能会长期容留问题的存在，既影响了问题的解决，又阻碍了一个人的进步。所以，在劳动中遇到问题不是坏事，问题就好像摆在我们面前的一把把锁，学习则是打开这一把把锁的金钥匙，我们要在问题面前积极主动地学习，向警官学、向师傅学、向书本学，千方百计地谋求解决问题的办法，当一个一个的问题解决以后，我们会发现所有的问题都是纸老虎，真正的问题在我们心里和灵魂深处，真正的问题在我们的学习意识上解决问题更是培养学习意识的好办法。

我帮新入监罪犯过劳动关

唐小虎（化名）作为新入监罪犯，下队劳动将近两个月了。刚来时他的劳动排名总在前两名，而今却排到了倒数，常因完不成劳动任务而被要求反省。警官批评他劳动不专心，喜欢东张西望，作为一名心理互助员，我觉得有必要找他好好谈谈。

我首先问了他的一些基本情况，如余刑、罪名、家庭情况等，两人渐渐熟悉起来，他也对我有了一些信任。然后我切入主题，聊起劳动改造情况。他说，刚开始劳动任务低，他经常能超额完成任务，后来监区转产了两次，加上劳动任务适当增加了，就感觉差距越来越大，自己心里急，但越急越出错，出次品多，返工多。

我问他："那警官说你不专心工作是怎么回事？"他说："我有一个坏习惯，可能是在外面小偷小摸养成的，只要有人从我身后过，就会紧张，忍不住会转头去看。警官从我后面经过，我一听脚步声，就知道警官来了，就紧张，忍不住去看一眼。"我说："还有呢？"他说："我还有一个坏毛病，每做一件产品生怕出错，就要反复检查，确保质量没问题了再做第2个。所以给警官的印象是不专心、混时间，其实不是的。"

我问："警官让你反省学习，你心里有想法吗?"他说："这倒没有，只是觉得很累，心里很累。"

从他的谈话中，我感觉他是一个极其没有安全感的人，缺乏自信，有点儿强迫症。针对这些，我从以下几个方面进行了开导：

（1）肯定了他的想法，能理解教官的教导。我谈了自己受警官批评后的感受和收获，指出警官善意的批评与惩罚，其实是希望我们改掉坏习惯，好好改造，所以每当警官批评我们时，我们就要静下心来，好好反思一下，自己身上到底存在哪些缺点，然后真心实意的改正。

（2）针对性保证其强迫症，引导他一是有意识地告诉自己，身后经过的人没注意自己，强制性控制自己不回头；二是集中所有注意力在自己的工作上，时时提醒加快手中操作的节奏，口中不停地念"快点快点!"让脑海里没有一丁点私心杂念。

（3）教会他劳动技巧，帮其改掉一些操作毛病。罪犯刚来时，为了能确保每个成品没有差错，也为了他们更快地熟悉产品，所以要求每完成一个产品要反复检查，但这个习惯如果在后期不改掉，会拖累产量。我提供的办法是：每穿一根线都要盯着，如有线高、线松、线尾的毛病，随手解决，等所有线缠完后，直接丢到成品盆中，不要犹豫，相信自己的产品绝对没问题，同时要快速的拿起下个产品的材料，不去想上一个产品。这样一可增加自信心，二可加快节奏，让动作连贯，使注意力更集中，更好地完成任务。

第三天中午，唐小虎遇到我，很开心地对我说："我这两天按你说的做了，感觉真的快了很多，谢谢你!"能帮助他解除困惑我真的很开心。通过这次的互助工作，也给我很大的信心，感觉很好!

案例中的"我"是一名罪犯身份的心理互助员，是帮助唐小虎解决问题的人，也是一个很好学的人。这名心理互助员通过详细了解唐小虎的情况，运用了心理学等方面的知识，帮助唐小虎找到了解决问题的办法，是要让唐小虎反思自己的缺点，并加以改正，这些办法很有成效。很显然，出现在唐小虎身上的类似问题，在我们的劳动中比比皆是。这些问题无论大小，无论难易，解决问题的办法，既可以靠他人帮助，又要靠个人努力，但归根结底要靠个人努力。每个人解决自身问题的过程，正是自己学习和进步的过程，这一过程中最主要的是靠本人的主观能动性，这就是劳动中的学习意识。通过本案例可以说明，像唐小虎一样在劳动中面临各种问题时，要正确地面对问题、思考问题、勤学好问地解决问题，就能不断培养和提高学习意识。

学习意识强，既在劳动过程中，也在劳动过程外

简单地把"在劳动中学习"理解成在劳动过程中学习是不准确的。陶行知说："……'做'是学之中心，可见做之重要"，什么才是做呢？他说："只有手到心到才是真正的做"，"所以单单劳力，单单劳心，都不算是真正之做，真正之做必须是劳力上劳心"。"劳力上劳心"就是围绕劳动用心学习，在劳动中用心学习了，还不能完全解决问题，回到宿舍接着学，再不行就请教别人，再不行就从书本上去找答案，这是更勤奋的"劳力上劳心"。所以，只要是围绕劳动遇到的问题学习，无论是在劳动过程中，还是在劳动过程外，都属于"在劳动中学习"。我们要树立的正是这样的学习意识。

一分劳动、一分学习、一分收获

某监狱九监区罪犯王某，监区安排他参加生态园的习艺性康复劳动。随着监区劳动教育化系列活动的开展和深入，王某的劳动观念端正了，改造态度积极了，劳动中的学习意识也越来越浓了。

在土壤改良劳动中，他在对"土壤为什么需要改良"和"心灵土壤的贫瘠是否也需要改良"两个问题的思索中，悟出了改造自己首先要从心灵改造开始；在育苗间苗劳动中，他以劳动比改造，从对蔬菜的呵护中学会了用爱心去对待自己和别人、对待世界；在整枝、打杈、摘芽过程中认清了自己的不良行为也需要修理，学会了心态调节的方法；在施肥除虫劳动中，他认识到自己以前的自私心理和

文化讲堂

学而不思则罔，思而不学则殆。

——《论语·为政》

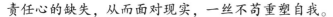

责任心的缺失，从而面对现实，一丝不苟重塑自我。

王某牢固地树立了在劳动中学习的意识，从"要我劳动"变成了"我要劳动"，从"要我学习"变成了"自发自觉地学习、无处不在地学习"。王某利用业余时间先后自学了二十余种蔬菜日光大棚种植技术，成为生态车间小组的技术带头人，荣获了"改造积极分子"的光荣称号，并被减刑为有期徒刑19年。劳动和学习让他深刻体会到："一分劳动、一分学习、一分收获。"

劳动中爱学习，要像家常便饭一样，无论是简单的劳动作业，还是高技术含量的工种，都要一边劳动，一边学习，一边思考。这样做了，学习意识就会不断增强，劳动技能就会不断提高，进步就会随之而来。

废寝忘食 攻克技术难关

文化讲堂

人与人的区别在于八小时之外如何运用。

——胡适

罪犯张某，监区根据他的技术特长，把他安排在电子产品生产小组特种工具操作岗位，极大激发了他的劳动积极性。2010年3月，电子产品生产小组因新产品开发急需加工制作铝制散热模块，可当时公司尚未给出加工技术标准，他们要求生产小组率先加工部分成品，待后期公司工艺标准给出后再予以完善。经努力，虽然模块制作完成了，但是加工工艺、原材料下料、紧固孔预制等各项技术指标都与理想标准有一定差距。监区在车间选取了包括张某在内的5名有技术背景和技术特长的罪犯，组成技术攻关小组，力求通过技术革新来保证铝制散热模块的加工质量。技术攻关小组出谋划策、集思广益，特别是张某更是到了废寝忘食的地步，经常回到监舍还在学习相关知识、绘制图纸、找其他技术人员研究探讨，最终凭借辛勤的付出，技术攻关小组仅用了四天就顺利攻克难题，生产出了合格的产品，张某还创造性地绘制出该模块的工艺加工图，并最终被公司技术研发部门采用。张某这种废寝忘食的精神，不仅使自己的技术水平大幅提高，还为监区和合作公司作出了贡献，受到监狱和合作公司的表彰，获得了合作公司颁发的"劳动模范"荣誉证书。

劳动过程外的学习是劳动中学习的延伸，是一个人学习意识更强的充分体现。事实上，劳动中遇到了问题，不一定在劳动中就能完全解决，很多时候需要在八小时以外去"劳心"，这样的学习更有目的性，更能丰富人的知识面，更能让人进步。上面的例子有力地说明了这个道理。胡适先生说，人与人的区别在于八小时之外如何运用。有时间的人不能成功，挤时间的人才能成功。八小时之内决定现在，八小时之外决定未来。

培养终身学习的学习意识，争做学习型人才

芬兰人用"昨天的面包不充饥"来形容终身学习的必要性。当今社会发展变化之快，用日新月异形容毫不为过。学习是适应社会发展的唯一途径，所以，现在的社会被称为学习型社会，也需要学习型人才与之相适应。一个人不学习，就跟不上时代发展。不要让监狱的大门挡住我们学习的步伐，只要我们在"劳力上劳心"，今天的学习型罪犯，可能就是明天的学习型员工，在未来才会是成功的候选者。

读书学习是毛泽东的生活常态

毛泽东主席终生与书为伴，他曾说："我一生最大的爱好是读书学习。""饭可以一日不吃，觉可以一日不睡，书不可以一日不读。"自少年时代起，他就善于挤时间看书学习。长沙求学时期他勤学苦读，革命战争年代他利用战争空隙争分夺秒地研读，社会主义建设时期更加嗜读。

毛泽东经常看书看到很晚，他的保健医生徐涛很担心他的身体，劝他多休息，但是他不听。后来，徐涛发现毛主席喜欢聊天，就找机会和他到户外散步，聊天。有一天，两人出去散步，他趁机说："主席，您读书很多，但方法不科学。您这么整天读，不休息，太疲劳，违背辩证

法嘛。"

毛主席却摇头说："你那点辩证法不全面，你对事物的理解也有局限。看文件累了看报纸，看正书累了看闲书，看大书累了看小人书，看政治书累了看文艺书，我这也是一种休息。你不承认？"毛主席就是这样执着地从书本中汲取知识。

在中南海，毛泽东的故居就像个书的世界，居室的书架上摆满了书，办公桌、饭桌、茶几上到处是书，床上除躺卧的位置外也全都被书占领，连厕所里也摆放着书。为了读书，毛主席把一切能利用的时间都用上了。在游泳之前活动身体的几分钟里，他有时还要看上几句名人的诗词；游泳之后顾不上休息，就又捧起书本翻阅起来。他利用上厕所的时间，把宋代淳熙本《昭明文选》等书断断续续地看完了。

毛主席外出开会和视察工作，常常带一箱子书。普通列车震荡颠簸，他全然不顾，总是一手拿着放大镜，一手按着书页，阅读不辍。到了外地，同在北京一样，床上、办公桌上、茶几上、饭桌上都摆放着书，一有空就看起来。

毛主席晚年虽重病在身，仍不废阅读。他重读了解放前出版的从延安带到北京的精装《鲁迅全集》及其他书刊。

有一次，毛主席发烧到 39℃ 多，医生不准他看书。他难过地说，我一辈子爱读书，现在你们不让我看书，叫我躺在这里，整天就是吃饭、睡觉，你们知道我是多么难受啊！工作人员不得已，只好把拿走的书又放在他身边，他这才高兴地笑了。

我们介绍毛泽东主席学习的故事，是想通过毛主席争分夺秒的学习精神，启发大家无论是谁、无论在什么地方，都可以学习，都应该学习，劳动时可以学，不劳动时也可以学。学习意识是一种精神，是一种追求无止境的精神，是一种不怕困难，勇攀高峰的精神。希望我们化压力为动力，化动力为行动，在学习中不断进步。

思考题

1. 思考你在学习新技能或知识时的态度和方法，是否有进步意识推动你不断学习？你将如何在监狱中继续培养这种学习意识？

2. 你如何看待劳动与学习之间的关系？请结合自身经历，谈谈在劳动中学习的重要性和对你个人改造的帮助。

3. 请分享一个你在劳动中遇到问题并通过学习解决的经历，你从中学到了什么？

四、创新意识——创新永无止境

> 苟日新，日日新，又日新。
> ——《礼记·大学》

创新的意思就是创造新的、更好的东西，改变或取代旧的东西，根本的改变和某种程度的改变都可以叫创新。劳动中的创新是创造新的生产工艺、加工技术、劳动方法，开发新的原材料、动力或能源，设计和生产功能更好、质量更高的产品、开拓新的市场等。劳动中的创新意识是劳动者在劳动中进行创新的动机、愿望和设想，是劳动者把日常劳动和创新活动结合起来的一种积极上进的思想观念。劳动中的创新意识是劳动者开始创新活动的出发点和动力，是培养劳动者创造性思维和创新能力的前提，是实现工作改进和突破的重要手段。对一个人来说，创新能力是他的就业和创业资本，也是个人竞争力的资本。

认识创新的作用

创新是改变，改变旧的落后的东西，创造新的技术、产品等一切更有价值的东西；创新是一扇门，打开它，就能找到新出路，开辟新天地。

创新：不买新设备，也能实现新型落砂机的功能

2010年4月，某监狱第十监区承接了北京某公司的毛衫加工项目，在试运行期间，一个问题一直困扰着监区——由于落砂机经常出现过纱套圈的故障，跳线、断头、兜底等问题频发，导致线品质量的不稳定。

为解决此问题，监区成立了由干警和罪犯骨干组成的技术攻关小组。经过对落砂机的分析和对比，技术攻关小组找到了问题的根源，原来目前社会上使用的落砂机都是低台双环式落砂机，即线培与过线套环

的距离很短，且经过双环的平稳处理，纱线过轴分解平稳，不会产生各种跳动问题，跳线、兜底、断头现象都能够有效避免。而监区使用的落砂机的型号较旧，是过线套环单环高扬式，造成纱线过轴的不稳定，因此无法保证线品的质量。在没有资金购买新式落砂机的情况下，技术攻关小组开动脑筋、反复实践，最终确定了解决方案，即在原有的落砂机单环前15厘米处，平行焊接一个新环，形成一个高扬式双环过纱装置，这样就大大增加了过纱的稳定性，使跳头、断线、兜底问题大幅减少。这个问题解决后，监区始终能够保质保量按时完成厂家下达的生产任务。

这是一项主要由罪犯完成的创新项目，在不用花高价购买新型设备的情况下，完成了对旧设备的改造，实现了新型设备的功能。这就是创新的意义。罪犯在劳动中遇到问题时，要首先想到能否改进和创新，这就是创新意识。经常用这种创新的思路解决劳动中的问题，既培养了我们的创新意识，又提高了我们的创新能力。

"小小神童"的奇迹

1996年10月18日，海尔推出中国第一台"即时洗"小型洗衣机。这种叫"小小神童"的洗衣机，填补了市场的空白，成为引导消费的热门产品。海尔科研人员在市场调研中发现，每年的6—8月都是洗衣机市场的淡季，他们认真分析了原因，原来，夏季人们换衣服特别勤，最热的时候一天换两次衣服，频次高但量很少，用5公斤的大洗衣机费水、费电，所以，洗衣机销量反而很小。在这种情况下，如果开发小洗衣机，将会有一个大的市场。经过上百次技术论证，开发"小小神童"洗衣机的方案成熟了，他们经过200多个日日夜夜研究试制，终于让"小小神童"走上了生产线。

"小小神童"上市后带来了新的消费群，市场上出现了不多见的排队抢购热潮。

海尔"小小神童"洗衣机的成功告诉我们：只要创新，就能攻克市场难题。海尔把创新作为企业的灵魂，"只有淡季的思想，没有淡季的市场"，"小小神童"洗衣机就是张瑞敏"淡季不淡"创新思想的充分体现。海尔之所以能在强手如林的世界市场上摘取"白色家电世界第一"的桂冠，创新是海尔不断壮大的不竭动力。

相信自己的创造力

相信自己的创造力是培养自己创新意识的起点，创新意识的最大绊脚石是认为自己缺乏创造力。很多人有这样的想法，认为创造力是高不可攀的能力，总是以敬畏之心看待发明家。其实，人人都有创造力，即使是最伟大的创新点子，也不是无迹可循、难以企及的。

劳动启发创新智慧

某监狱罪犯吴某，抑郁症状明显，想问题较为偏激，缺少与他人交往的主动性和积极性。监区通过让他加入桥牌兴趣小组，使他接触了更多的人，性格也变得开朗起来。喜欢动脑、喜欢思考是他的一大优点。后来监区组织了习艺劳动，由于他善于思考，总是能想到新的劳动技能和提高劳动效率的办法。劳动之初，由于缺少劳动工具，吴某用废旧报纸自制劳动工具，并带动其他罪犯，大幅提高了劳动效率。由于自己的创新意识和不懈努力，在监区举行的习艺劳动比赛中，吴某获得了第一名的好成绩。

这个罪犯在简单的劳动中，创新劳动方法、自制劳动工具的例子说明两点：

一是他有很强的创新意识；二是只要有创新意识，创新就无处不在，任何人、任何时候都能创新。有人说："生命在于脑运动。"脑子是越用越好，而且对身体也有好处。总之，每个人都有自己的创造力，只要你善于思考，你的创造力就能被激发出来。因此，我们要养成凡事都要用脑筋想一想、问一问为什么、怎么办的习惯，不满足于一知半解，不拘泥于现成的做法，我们的创新意识就会

文化讲堂

俗话说："生命在于运动"，也有人说："生命在于脑运动"。脑子是越用越好，而且对身体有好处。

培养起来，创造力就会被激发出来。

在劳动中有意识地培养创造性思维能力

人们常说：天才和愚蠢只差一步之遥。这一步之差与其说是智力不同，倒不如说是思维方式不同——以正确的方法进行思维，即使智力平平，也往往可以作出正确的判断。创造性思维能力指思维活动的创造意识和创新精神，不墨守成规、求异、求变，表现为创造性地提出问题和创造性地解决问题。创造性思维能力是创新意识的基本内容，是进行创新活动应该具备的基本素质。创造性思维能力是在一般思维的基础上发展起来的，是后天培养与训练的结果。下面介绍几种比较合适的方法，希望大家通过以下方法，有意识地改变自己的思维方式，培养自己的创造性思维能力。

1. 剔除成见法

成见是对人或事物所抱的固定不变的看法，因为认识僵化导致了成见的形成。成见是创新意识的大敌，在劳动中，每个人都会积累很多经验，这些经验能帮助我们解决很多问题。但是，有些时候经验就变成了成见，就会成为我们解决问题的障碍。解决问题，不要先入为主，要先剔除成见。

"观光电梯"的创意是怎么来的

美国摩天大厦的电梯因为游客的增多不够用了。为了解决这个问题，工程师们决定再修一部电梯。建筑师和工程师商讨如何增设新的电梯，专家们一致认为，最好的办法是每层楼都打个大洞，直接安装新电梯。方案定下来后，两位专家坐在酒店前厅商谈工程计划。他们的谈话被一位正在打扫卫生的

要是我，我会把电梯装在楼外

清洁工听到了。

清洁工说："你们要把每层地板都凿开？"

工程师瞥了清洁工一眼，不屑地说："那是难免的，你说该怎么办呢？"

"那大厦岂不要停业好久？"

"如果再不安装一部电梯，情况会更糟。"

清洁工立即说："要是我，我会把电梯装在楼外。"

工程师和建筑师听了这话，相视片刻，不约而同地为清洁工的这一想法叫绝。就这样，这个"不以为然"的草根智慧，成就了观光电梯的产生。

电梯只能装在楼内，这就是一种成见，剔除成见法的目的，就是要放弃老模式、旧方法，客观地认识工作中的问题，不要受头脑中的定式所左右。

2. 关注细节法

这种方法告诉我们，要确切地看清楚所考虑的任何细节，不要有所遗漏，也不要有所忽视，一个小小的细节，都有可能是解决问题、研发新发明的捷径。

鲁班是怎么发明锯的

一次，鲁班接受了建筑一座巨大宫殿的任务。需要很多木料，他和徒弟们上山用斧头砍木，当时还没有锯子，效率非常低。一次，他无意中抓了一把山上长的野草，却一下子把手划破了。鲁班很奇怪，小草为什么这样锋利？于是他摘了一片叶子细心观察，发现叶子两边长着许多小细齿，用手轻轻一摸，这些小细齿非常锋利。他明白了，

他的手就是被这些小细齿划破的。这件事给了鲁班很大启发。于是他用大毛竹做成一条带有许多小锯齿的竹片，在小树上做试验，结果果然不错，几下子就把树干划出一道深沟，鲁班非常高兴。但是由于竹片软，强度差，拉了一会儿，小锯齿就钝了、断了，需要更换竹片。鲁班想到了铁片，便请铁匠制作了带有小锯齿的铁片。鲁班和徒弟各拉一端，在一棵树上拉了起来，他俩一来一往，一会儿就把树锯断了，又快又省力。锯就这样被发明了。

很多人都有被小草划伤的经历，但是鲁班没有忽略这个细节，成了锯的发明人。鲁班这个例子告诉我们的是要留意哪怕是一次意外的细节，世界上很多发明创造都是有心人对意外细节的关注而产生的。而另一类更加值得我们学习和尊敬的创新者是把每一个细节做到极致的人，苹果公司的前 CEO 史蒂夫·乔布斯就是这样的人。

每一个细节做到极致就是创新

苹果公司的前 CEO 史蒂夫·乔布斯留给我们很多反思。正如很多人在问，苹果公司的创新是如何产生的？该怎么向乔布斯学习创新？

美国一家投行的资深分析师保罗·诺格罗斯在一篇文章中写道："近乎变态地注重细节才是乔布斯的成功秘诀。"

细节决定成败。为了重新设计 OS-X 系统的界面，乔布斯几乎把鼻子贴在电脑屏幕上，对每一个像素进行比对，他说："要把图标做到让我想用舌头去舔一下。"他是苹果产品的最终仲裁者，然而我们却看到，他关心的是与产品有关的细节及其带给用户的体验。

关注细节更决定着能否为"正确的人为公司做正确的事"创造出自由空间。在乔布斯这样近乎苛刻的管理者的带领下，留下来的员工都是近乎"疯子"般关注细节的人，而公司的整个氛围和空间正是为他们所准备的。在这样的空间里，为用户提供完美的产品就成为每一个员工进行创新的目标。

正如一位网友所说："当多年前，我第一次看到 iMac 时，我知道这不是一台 PC，而是一件完美的艺术品。是乔布斯一扫计算机灰褐色、千篇一律的单调，将计算机从充满电路板气味的实验室带进了我们的卧室，并用相对低廉的价格，让我们完成了一次技术与艺术的完美体验。"

乔布斯去世后，美国总统奥巴马对他给予了高度评价：乔布斯是美国历史上最伟大的创新者之一，他勇于从不同角度思考问题，敢于相信自己能改变世界。他确实改变了世界。数十年来，他一直走在世界的前面，走在时代和科技的前沿，为全人类探路，为我们照亮未来。

乔布斯的经验告诉我们，细节决定了创新。创新就在我们身边，就是工作中的每一个细节，把每一个细节做到极致就是创新！在日常劳动生活中，你是否也能关注到每一个细节呢？

3. 明确目的法

这种方法要求我们在做事的时候一定要先明确做事的目的，并把做事的目的牢记在心。

目的明确，孙膑胜庞涓

中国古代著名军事家孙膑的老师鬼谷子在教学中善于培养学生的创新思维。其方法别具一格。有一天，鬼谷子给孙膑和庞涓每人一把斧头，让他俩上山砍柴，要求"木柴无烟，百担有余"，并限期10天内完成。庞涓未加思索，每天砍柴不止。孙膑则经过认真考虑后，选择一些榆木放到一个大肚子小门的窑洞里，烧成木炭，然后用一根柏树枝做成的扁担，将榆木烧成的木炭担回鬼谷洞。意为百（柏）担有余（榆）。10天后，鬼谷子先在洞中点燃庞涓的木柴，火势虽旺，但浓烟滚滚。接着鬼谷子又点燃孙膑的木炭，火旺且无烟。这正是鬼谷子所期望的。

目的明确了，方法可以多种多样。在实现目的的方法中，寻找最好的方法，不仅能培养我们的创新意识，而且可能有新的发明创造产生。

4. 思想解放法

有时，我们在解决某个问题的时候感觉已经绞尽脑汁了，但仍百思不得其解。思想解放法告诉我们，可以狂想，可以幻想，只要敢于进行大胆的设想，就一定会有所发现，有所创造。

思路一打开，北京奥运会的吉祥物有五个"福娃"

福娃是北京2008年第29届奥运会的吉祥物，设计师韩美林设计过程中的参考资料装满了74个麻袋。

他说："在几百个备选方案中，经反复考虑，我们觉得一个单个的形象并不能完全代表中国的奥运形象。这时我就提出了另一个思路，吉祥物不是一个单个的个体形象，而是2个、3个甚至5个的组合行不行？这个思路一打开，我们一下子兴奋起

来。我们设计小组熬了一夜，终于拿出了一个组合形象的设计稿。"

哥伦布立蛋

在一次宴会上，一位客人对哥伦布说："你发现了新大陆有什么了不起，新大陆只不过是客观的存在物，刚巧被你撞上了。"哥伦布没有同他争论，而是拿出一只鸡蛋，让这位客人将蛋立在光滑的桌面上。这位客人试来试去，无论如何也不能把鸡蛋立起来。这时，只见哥伦布拿起鸡蛋猛地往桌面上一磕，下面的蛋壳破了，但鸡蛋稳稳地立在了桌面上。之后，哥伦布说了一句颇富哲理的话："不破不立也是一种客观存在，但就是有人发现不了！"

或许有许多人经常抱怨、嘲笑别人的能力，而让他自己干时，却也不能成功，传统的思维已成为一种定式，让其在自缚的茧中无力自拔。要学会解放思想，要提前设想所有可能的情况，即使被误解，甚至被人嘲笑，也不妨试一试。创新就在解放思想中。

创新意识+不懈努力=创新

任何创新都不是空想出来的，在不断培养自己创新思维的同时，千

万不要忘了在劳动中的努力和勤奋。不断努力，就能成天才。

创造者之歌：王钦峰从农民工到工程师的人生故事

在豪迈集团，提到王钦峰，很多人对他赞不绝口。王钦峰是全国人大代表、豪迈集团电火花小组组长，也是新时代产业工人的优秀代表。王钦峰从农民工到工程师的人生传奇，是靠勤奋学习、工作和勇于创新实现的。他拼命学习，用习题集为梦想铺平道路；他刻苦钻研，用不断创新实现人生价值。

1997年，王钦峰所在的公司跟客户签了一份生产轮胎模具专用电火花机床的合同，当时仅有的资料是一份机床平面示意图。然而要生产，就必须具备专业的工艺设计图纸。这时，公司董事长张恭运想起了爱做"习题集"的王钦峰。接到这个任务，王钦峰既兴奋又担心。当时，正值酷暑天气，王钦峰在没有风扇的房间里画图，滴落的汗水把图纸弄花了。他每天早晨六点钟起床，夜里一直工作到后半夜两三点。就这样，他用七天奋战，换来了200张设计草图。在同事的共同努力下，公司第一台轮胎模专用电火花机床终于研发成功，并获得了国家专利。这台机床的成功开发，不仅为公司的发展带来契机，而且填补了国内空白，改变了国内轮胎模具手工加工的历史。

此时的王钦峰并没有满足，他意识到，电火花机床作为一种新技术，研制成功后仍存在改进性能、提高生产效率的空间。他针对机床偶尔烧毁电路的缺点，展开了第二次攻坚。白天，他照着书本修改图纸；夜里，他到车间反复试验。经过不懈的努力，王钦峰发明的"电火花防弧电路"终于研制成功，在全国同行业中率先解决了机床烧结难题，成为我国电火花行业一大革新。

之后，王钦峰又陆续发明和创新了轮胎模专用测量仪、取丝锥电火花机床、刻字机机床的专用对刀仪、半钢模具加工工艺等，他用不断的创新，实现了自己的人生价值。

创新才有出路，创新之路就在我们脚下，我们现在虽然还处在人生的特殊时期，但是，国家为我们提供了很好的劳动岗位和学习锻炼机会，关键要靠我们自己在劳动中培养创新意识和创新能力。我们要在思想上重视创新，在意识上培养创新思维，在劳动中不断抓住创新的机会。创新，一定会让我们走出一条全新的人生之路。

思考题

1. 回想你在劳动中是否有过创新的想法或实践，这些创新是如何帮助你或你的团队提高效率或解决问题的？

2. 在未来，你打算如何继续培养和运用创新意识？你认为创新意识对于你的个人发展和改造有何重要性？

3. 请思考并描述一个你可以通过创新来改善监狱生活环境或劳动效率的具体方法。

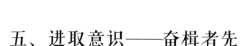

五、进取意识——奋楫者先

> 人之处于世也，如逆水行舟，不进则退。
>
> ——梁启超

"人之处于世也，如逆水行舟，不进则退。"其意是，人生在世，就像在河流上划船逆流而上，不努力向前，就会后退。劳动中的进取意识如同逆水行舟，必须有强烈的向前进的愿望和信念，并化成克服各种困难、冲破激流恶浪的努力行动，才能实现自己的理想和目标。"进"是一种前进的动力，只有不断学习，不断进步，才能不断提升自己的能力，让自己在工作中无往不利；"取"是指获取，但是在获取之前，自己必须先有所付出，天下没有免费的午餐，"付出越多才能回报越大"。在劳动中树立进取意识对我们积极改造，提高自身能力，实现改造目标，追求成功和美好生活，具有重要的意义。

进取意识是成功的动力

进取意识是一种努力上进、力图有所作为的心态，也叫上进心。它要求我们在劳动中努力去争取实现更高、更远的目标。无论是在生活中还是在劳动中，积极进取的意识都是我们追求梦想、实现劳动价值的动力源泉。要明白，一个没有进取意识的人永远不会得到成功的机会。

我们贫穷，是因为我们从来没有想过致富

福勒是一个黑人小孩，由于贫困他不得不在 5 岁时就开始劳动。他母亲时常对小福勒说："儿子，我们不应该贫穷。我们的贫穷不是上帝的缘故，而是因为你的父亲从来就没有产生过致富的愿望。贫穷不是命运的安排，只要你有改变贫穷的决心，就一定会成功。"

"贫穷不是命运的安排。"这个观念在福勒的心灵深处刻下深深的

烙印。他决定把经商作为摆脱贫困的道路，他决定经营肥皂。他挨家挨户出售肥皂达 12 年之久。后来，他知悉供应肥皂的那个公司即将拍卖出售。

福勒很想把它买下，经过东拼西凑，他筹集到 11.5 万美元，但还差 1 万美元。他实在想不出还可以到哪里去借。一天晚上，他漫无目的地在街上走，看到一家承包事务所还亮着灯，就走了进去。写字台后面坐着一个因深夜工作而疲惫不堪的人，福勒直截了当地对他说："你想挣 1000 美元吗？"这句话吓得这位承包商差一点儿倒下去："想，当然想。"

"那么，请你给我开一张 1 万美元的支票，当我还这笔借款的时候，将付 1000 美元利息给你。"福勒离开这个事务所的时候，口袋里有了一张 1 万美元的支票。在不断地努力下，他终于如愿以偿地成为那个肥皂公司的老板，后来还取得了其他七家公司和一家报馆的控股权。当有人与他探讨成功之道时，他用母亲的那句话回答道："我们的贫穷，不是因为上帝，而是因为我们从来没有想过致富。"

福勒的成功是他辛勤劳动、不断进取的结果。试想，如果没有进取意识的支撑，他是很难坚持 12 年的苦心经营，也很难做出购买肥皂公司的决定，也不可能去找一个完全不认识的供应商借钱。对我们每个人而言，要想成为劳动中的佼佼者，都要有不断进取的意识，这是成功的动力源泉。一个安于现状、不劳而获的人，即使机会到手也抓不住。俗话说："机会只留给那些有准备的头脑。"只有满怀追求成功的进取意识，才能目光敏锐，不断地激发自身潜能，走向通往成功的道路。

要进取，需要从四个方面努力

进取的过程是一个需要通过一定的手段实现目标、获取成功的过程。在劳动中培养进取意识不仅需要自信和一定的劳动技能，还需要有合适的劳动目标，并且学会坚持。只有这样，我们才能在进取中取得成绩，实现自身的劳动价值（它们之间的关系可见图 5-1）。

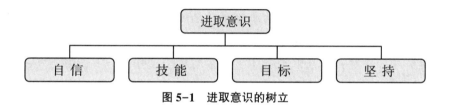

图 5-1　进取意识的树立

在劳动中树立进取意识，需要从自信心的树立、劳动技能的掌握、劳动目标的合理确立以及不懈的坚持等四个方面努力。其中，自信是前提，技能是基础，目标和坚持则是动力和途径，只有做好这四个方面，每个人都能在劳动中取得成功。

自信是培养进取意识的第一步。

美国著名的成功学大师拿破仑·希尔曾说："信心是生命和力量，信心是奇迹，信心是创业之本。"只有那些对自己充满自信的人，才能产生积极进取的上进心，并进而获得成功。

自信能创造奇迹

布鲁金斯学会创建于 1927 年，以培养世界上最杰出的推销员而著名。它有一个传统，在每期学员即将毕业时，学会都要设计一道最能体现推销员技能的实习题，让学生去完成。在克林顿当总统的八年间，学会设计的题目是让学员将一条内裤推销给克林顿，但是八年中无一人推销成功。布什当总统之后，学会又给学生一个命题：请你把一把斧子推销给布什。

实际上，美国总统布什也不缺什么，他要一把斧子干什么？即使他需要斧子，也不用他亲自去购买；退一步说，就是他亲自去买，也不一定会碰上这个卖斧子的推销员。

有一个叫作乔治·赫伯特的学员，并不认为这个题目是不可能完成的。他对完成这个题目充满自信，相信自己一定能够成功。为了完成任务，他围绕着斧子和布什总统的关系进行了一番详细的调查研究，得知布什总统在得克萨斯州有一座农场，农场里面长着许多树木，而树木需要修剪。有了这个发现，他马上给布什总统写信，阐明总统需要买一把斧子的理由。布什总统接到信后，也认为确实有必要买一把斧子，一来对树木进行修剪；二来锻炼身体，经常到林子里呼吸一下新鲜空气；三来可以调节一下繁忙的生活。于是他立即给这位学员寄去15美元，买了一把斧子。

一个对工作、事业有强烈进取心的人，一定是一个对自己十分自信的人。乔治·赫伯特的成功源于他的自信，他相信自己一定能够成功。基于这种自信，他产生了完成任务的强烈进取心，完成了别人看来不可能完成的任务。由此可见，自信心对于一个人的成功何等重要。

要进取，还要掌握一定的技能

进取意识不是盲目自信，也不是毫无根据的雄心勃勃，而是要靠自身的能力和水平来支撑。一个人要想在劳动中实现自己的价值，取得更大的成绩，没有一定的劳动技能是不行的。

价值千金的技能

斯坦门茨是德国著名的机械工程师，有一次，美国福特公司的一台机器发生故障，各方专家检查了3个月，竟然束手无策，最后无奈请来了斯坦门茨。他经过研究和计算，用粉笔在电机上画了一条线，说："打开电机，把画线处内部的线圈减去16圈。"公司的人照此做了，一切恢复正常。福特公司问要多少酬金，他说要1000美元。人们惊呆了，画一条线竟然要这么高的价！他坦然地说："画一条线值1美元，知道在哪个地方画线值999美元。"

画一条线值1美元，知道在哪个地方画线值999美元。

斯坦门茨之所以敢接受美国福特公司的邀请去解决机器故障，并且敢要 1000 美元的酬金，是源于他有技能。可见，技能给了斯坦门茨自信，也是他名扬天下，取得成功的基础。

掌握技能是改造和回归的坚实基础

罪犯吴某，在认罪悔罪的基础上，树立了积极进取的态度。干警根据他的表现及家庭生活困难的实际情况，安排他学习掌握了电气焊技术，这不仅使他成为车间里的劳动骨干，还多次得奖获得假释。出狱前夕，鉴于吴某在狱内劳动期间的优秀表现，监狱除了下发给吴某相应的劳动报酬，还根据其家庭经济情况给予其 4000 元新生基金。利用这些劳动报酬和新生基金，吴某购买了电焊机、切割锯等设备开了一家电气焊修理部。吴某的修理生意很红火，不仅解决了家庭收入来源问题，而且让他对未来的生活充满了信心和希望。

吴某的成功除了监狱的教育和帮助，还有两个方面的原因：一是他认识到只有抱着积极进取的心态，努力改造，才能早日回归社会；二是他积极肯学，掌握了扎实的电气焊技术，为他自谋生路打下了基础。可见，掌握一定的技能为吴某成功回归奠定了坚实的基础。

确立合理的目标很重要

对劳动而言，光有前进的动力而没有前进目标也是不行的。目标是前进的方向，没有目标的人，就好比一只无头的苍蝇，只能到处乱窜。一个人只有确立了一个合适的劳动目标，并且以此为动力，不断进取，才能取得最终的成功。

出发之前，一定要有明确的目标

曾有个青年因为工作问题跑来找拿破仑·希尔，他大学毕业已经 4 年了，屡换工作，目前正处于失业状态。拿破仑·希尔对他说："你找我帮你找工作，你喜欢哪一种工作呢?"他说:"这正是我来找你的目的，也是我一直苦恼的事情，我真的不知道自己想干什么。"拿破仑·希尔又问道:"让我们从这个角度看看你的计划，10 年以后你希望怎么样?"

出发之前，一定要有明确的目标

青年想了想:"我期待我的工作和别人一样，待遇优厚并且有技能买一栋房子和一辆汽车。当然，我还没有深入思考过这个问题呢。"

拿破仑·希尔继续解释道:"那是很自然的，你现在的情形就好比跑到火车站的售票处说'给我一张火车票一样'。除非你说出你的目的地，否则售票员没有办法卖给你车票。只有我知道你的目标，才能帮助你找工作。你确定了自己的目标吗?"

青年陷入沉思之中。拿破仑·希尔也确信，青年已经学到了人生最关键的一课，那就是:出发之前，一定要有明确的目标。

明确的目标能为我们的工作和劳动指引出正确的进取方向。哲学家爱默生曾说:"当一个人知道他的目标和去向，整个世界都会为他开路。"当我们有了追求成功的强烈进取意识，请为自己设定一个追求的目标!

坚持，就一定会成功

人人都想成功。在生活中，有的人进取心很强，也有合适的奋斗目标，但总是三天打鱼，两天晒网，或者到困难和挫折就放弃了，目标总也实现不了。因此，要将我们的进取意识真正变成我们的成功与收获，我们还必须学会坚持，要有咬定青山不放松的坚持。

坚持，刘会平终于成功了

刘会平，上海中饮餐饮管理有限公司董事长、上海安徽商会副会长。初中毕业后开始从事面点行业，2003 年在上海推出"巴比馒头"后走上连锁经营道路，致力于开拓中国点心连锁事业。"巴比馒头"被上海餐饮协会评为著名连锁企业、上海大众化早点畅销品牌。刘会平被称为"中国馒头大王"，并当选 2010 年度十大经济人物之一。刘会平是个成功者，刘会平的起点仅是一个初中毕业的农民，永不放弃的坚持是他的成功道路上的重要因素。

17 岁那年，初中毕业的刘会平随一位油漆工师傅远走山东谋生计。母亲一直把他送到二十多里远的长途汽车站，一边抹着眼泪整理着他身上褶皱不堪的衣服，一边嘱咐道："你要做一行爱一行，以后走到哪儿也好有个手艺。"在山东，刘会平吃的是大白菜就馒头，跟十多个人住在一个不到二十平方米的工棚，顶着大雪在室外洗澡，头发上都结了冰条。在恶劣的生活环境中，刘会平有生以来第一次感受到生存的艰难。这种难民式的生活持续了一年多。1995 年年初，他向师傅提出了辞职。在当年，跟从师傅远走他乡谋生的徒弟是不可以离弃师傅的，否则就会被扣上"背叛师门"的帽子。望着归来的儿子，父母怒火冲天。亲朋好友们也都认为他是一个不争气的孩子。全家气愤过后，又把刘会平送出去跟随一位老师傅学做面点。每天晚上十一二点才能睡觉，凌晨两三点便要起床，在昏暗的灯光中发面、和面。学徒生涯历经磨难，让少年刘会平培养了坚韧的品质，并从这段经历中受益无穷，树立了远大的理想。

1998 年，在面点行业初学小成的刘会平到上海创业，刘会平找了一间自认为非常好的门面，办起在上海的第一家包子店，取名"刘师傅大包"。可还不到半个月，他就极不情愿地关门了，还把前几年赚的钱赔得一干二净。刘会平只好再向亲戚借钱，开始了他在上海的第二次、第三次、第四次创业，店铺开了又关，关了又开。其间经历了各种挫折与失败，也许换个人早就放弃了，而刘会平以坚韧的意志力，以吃亏是福的理念、以刻苦钻研的探索精神，一步一步地坚持了下来。他尝遍了上海所有有名气的点心，摸清了上海人的口味，又在市中心地带的步行街附近又开起了"刘师傅大包"店，并合理调整包子的馅料配方和制作工艺，确保包子的质量与众不同，生意终于走出低谷，刘会平成功了。2003 年，刘会平成立了自己的公司。在 2005 年"上海国际多项博览会上"，"巴比馒头"获得两个金奖、一个特等奖。刘会平也被誉为中国的"馒头大王"。2008年8月，刘会平创立了上海巴比餐饮管理有限公司和"巴比馒头"品牌，还成立了上海中饮餐饮管理有限公司。刘会平旗下已经有近百家上海加盟店和沪外加盟店，他还要把"巴比馒头"加盟店开到日本，走向欧美市场，与麦当劳、肯德基等快餐一决高下。

一位专门研究过刘会平的"馒头经"的经济学者总结道："刘会平能把包子卖出品牌，卖出巨额财富，不得不说是一个奇迹。但在奇迹的背后不难发现，他的每一次改进，实际上就是吃亏、吃亏、再吃亏，然而，正是他深刻透彻的'吃亏哲学'，帮他铸就了今日辉煌的成就。"

刘会平的成功经历告诉我们，刘会平的吃亏、吃亏、再吃亏，其实就是坚持、坚持、再坚持，正是因为跌倒了再爬起来，吃亏了也要坚持下去，刘会平才取得了最后的成功。走百步者半九十，差一步没有走，其实跟一步也没走没什么区别，只能让自己功亏一篑。所以不管做什么事情，一定要坚持到底，做到"不抛弃、不放弃"，坚定自己的信念，坚定自己的道路，成功的曙光就在前方。

积极进取不仅是我们成功的动力，也是健康成长的重要因素。顺境和逆境都是难免的，在顺境中要不断进取，坚持不懈；在逆境中，更要克服困难，加倍努力，向着自己的目标，积极进取。我们每个人都渴望成功，都希望被社会认可，成为家人的骄傲，这更需要我们在劳动中树立信心，提高自己的技能，选择合适的劳动目标，并持之以恒不断进取，我们就一定能够成功，实现自己的价值。

思考题

1. 思考你如何通过培养进取意识来克服改造过程中的困难和挑战，以及这种进取意识如何帮助你实现个人目标和提升自我价值？

2. 你认为进取意识在你的改造过程中扮演了怎样的角色？请举例说明你如何在日常生活中体现进取精神？

3. 请描述一个你因缺乏进取意识而错失机会的经历，并思考如何在未来避免类似情况的发生？

六、纪律意识——无规矩不成方圆

> 离娄之明，公输子之巧，不以规矩，不能成方圆。
>
> ——《孟子·离娄上》

"无规矩不成方圆"是演变自《孟子·离娄上》的一句名言，原文是："离娄之明，公输子之巧，不以规矩，不能成方圆。"孟子这句话的意思是：即便有离娄（离娄是传说中一个目力非常好的人，能在一百步之外看清楚一根毫毛的末端）的目力，有公输子（就是鲁班，锯、曲尺、墨斗、刨子、凿子等各种木匠工具的发明人，被建筑工匠尊为"祖师"）的技巧，如果不用圆规或曲尺，也不能正确画出圆形或方形。后人将这句话加以引申，用它告诫人们立身处世乃至治国安邦，必须遵守一定的纪律、法度，否则就会离"谱"走"调"。在这里，"规矩"与"纪律"一词等同，"不以规矩，不能成方圆"可以理解为不守纪律，什么事情也做不成、做不好。纪律意识是一个人对纪律的重要性的理解和思想态度，要想成为一个守纪律的人，必须首先在自己的思想观念中树立纪律意识。

严明的纪律是成功和致胜的法宝

纪律是为维护集体利益并保证工作顺利进行，要求成员必须遵守的规章、条文。纪律对任何社会组织来说，都是至关重要的，没有严明的纪律，军队就不能打胜仗，企业就不能生产优质的产品和在市场上立足，学校就无法搞好教学和培养优秀的人才，等等。纪律的重要性在军队中体现的尤为明显，在革命战争年代，毛泽东亲自为革命军队制定了"三大纪律，八项注意"，老百姓把纪律严明的革命军队称为"铁军"，共产党领导的革命军队就是凭借铁的纪律在艰苦卓绝的条件下战胜了条件比自己优越不知多少倍的反动军队和侵略者，取得了最后胜利。在现代社会，严明的纪律是一切社会组织成功致胜的法宝。在我国企业界，很多优秀的企业家如海尔的张瑞敏、华为的任正非、万科的王石和联想的柳传志等，他们成功的共同点都是管理严格，纪律严明，对制定的路线和方针坚决执行，对纪律的执行赏罚分明。可以说，严格的纪律是他们成功的重要因素。

严明的纪律造就享誉世界的西点军校

享誉世界的西点军校为美国培养了 3 位总统、5 位五星上将、3700 名将军以及无数精英人才。自"二战"以来，在世界 500 强里，西点军校培养出来的董事长有 1000 多名、副董事长 2000 多名，总经理 5000 多名。是什么造就了西点的卓越成就呢？一名曾在西点军校工作过的人非常肯定地说："西点精神中最根本的就是纪律，纪律就是一切。"每个进入西点军校的学生，在入学之初都要接受非常严格的军纪训练，而这样的训练会持续整整一年，纪律观念由此深深地根植于每个人的大脑中，这是一种让人受益终身的精神和品质。西点军校就是以这种纪律训练，帮助每个人成为优秀的指挥官，不论是在军界还是商界，这种锻炼帮助西点的毕业生获得了不凡的成就。

从"西点法则"可以看出，纪律的作用和重要性比人们想象的还要大。很多人羡慕自由职业者，觉得他们不受纪律的约束，自由自在，没有压力，干多干少凭自己安排。事实并非如此，作家就是一个典型的例子，他们大多在家写作，不受规章制度的约束，可以自己支配时间，看着很自由，但是，这个职业是要用作品说话的，不仅要保量还要保质。著名作家贾平凹为了写小说，把自己关在一个小屋子里，早上去时带把面条，中午饿了就在小屋里煮白水面，吃了继续工作。按理说，像他这样知名的作家不必这样生活，但这正是他的纪律，成功之前这样，成功后依然如此。可见，真正成功的自由职业者，每天也有严格的作息时间，有定量的工作任务和学习任务，这些都要靠自我制定的劳动纪律来约束。没有纪律约束的自由职业者，根本无法养活自己。

树立纪律意识，遵守劳动纪律，是劳动者的基本素质

劳动纪律是劳动者在劳动中必须遵守的劳动规则和劳动秩序，是用人单位为规范和约束劳动者的劳动及相关行为而制定的制度。任何一种劳动岗位、劳动场所都会制定严格的纪律，劳动者在劳动中树立纪律意识，遵守劳动纪律，是成为一个优秀劳动者的基本素质。

图5-2 劳动纪律是保障

具备了纪律意识、严格遵守劳动纪律的基本素质，我们才能成为优秀的劳动者，才能为我们将来的成功打下坚实的基础。

纪律意识是优秀价值观的体现

无论在什么单位，做何种工作，只要在自己的岗位上，自觉遵守各项劳动纪律，踏踏实实地做事，就会得到相应的回报，实现自己的人生价值。但是，如果你的内心深处开始滋生不守纪律的苗头，那么不管你的学历有多高、能力有多强、业绩曾经多么辉煌，等待你的就是被淘汰的命运。

纪律意识不同，工作业绩迥异

大学毕业后，小李和小姚被同一家公司录用为销售部业务员，是一对好姐妹。刚开始，两人的表现都很令上司满意。但没过多久，小李觉得自己比小姚学历高、能力又强，还做这份工作没什么出息，只有在大企业、大公司才能体现自己的价值。有了这样的想法，小李就不太安心工作了，经常偷偷到别的公司面试，不仅工作任务不能及时完成，还时不时地迟到早退。而小姚却恰恰相反，她觉得这份工作来之不易，应好好珍惜。每天她都会第一个到办公室，认真做事，严格遵守公司的各

项制度，下班后将办公室打扫干净再离开。年底公司考核，小姚凭优秀的工作业绩和勤恳的工作态度，得到了晋升，而小李呢？跳槽的地方没找到，还因业绩太差排在了倒数位置，羞愧之下，只好辞职。

松下公司有个著名的用人理念，主张用 70 分的人才，这样的人不笨，不会恃才狂傲，执行力强，做事认真踏实，纪律性强。为什么不用 100 分的人才呢？大家都知道《三国演义》中"诸葛亮挥泪斩马谡"的故事。马谡的确有才华，可他自恃才高，不遵守纪律，不听劝阻，最终丢了要塞街亭，不仅被诸葛亮挥泪斩首，还落得个毁掉兴汉大业的恶名。因此，纪律是根，才华是叶，只有建立在纪律基础上的才华，才有望开花结果。一个人对纪律的遵守以及对自我的约束是一种高贵的性格品质，是优秀价值观的行为表现。当你具有了强烈的纪律意识，并且无条件执行时，你的学习和工作就会有一个崭新的开始，也必然会有一个圆满的结局。

纪律面前人人平等

严胜于爱，严格要求胜于放任自流。对每个人来说，既不要把劳动纪律当成洪水猛兽，也不要越雷池一步。英国克莱尔公司在对新员工培训时，总是先介绍本公司的纪律，首席培训师总是这样说："劳动纪律就是高压线，它高高地悬在那里，只要你稍微注意一下，或者不故意去碰它的话，你就是一个遵守纪律的人。看，遵守劳动纪律就这么简单。"

违反劳动纪律，重伤自己

某监狱罪犯蓝某在车间进行梳绒劳动时，机器发生故障，在另一名罪犯去找技师修理时，蓝某违反"当机器发生故障时，必须由师傅进行修理"的劳动纪律，在未关机的情况下，擅自掀开机器的防护铁棍，用手拽拉夹绒，致使左手除拇指外其余四指均被机器碾伤，虽经医院及时救治，但只能采取截肢手术，事故等级认定为重伤。

前车之鉴，后事之师。有章不循、违纪作业势必会导致事故的发生，许多纪律是通过血的教训得来的。血的教训告诉我们，违反劳动纪律的后果难以挽回。劳动中每个人都应自觉遵守劳动纪律，不得有半点马虎和粗心大意。

法律维护劳动纪律，而不维护违反劳动纪律的人

某公司电器分厂总装班工人胡某，因认为工时分配不均，教唆所在班组其他 11 名工人，在未通过正常渠道向公司反映、协商的情况下，集体罢工两天，导致产品装配推迟，影响了企业生产秩序，造成了经济损失。后该公司召集胡某等罢工员工开会，表示如承认错误可继续工作。当日有 7 名员工书面承认错误，但胡某及其他 4 人拒绝认错复工。公司主管人员将此情况汇报到公司工会委员会，工会同意对 5 名严重违纪人员作出解除劳动合同的决定，予以开除。胡某对此不服，向劳动仲裁部门提起仲裁，该部门经过调查，裁决驳回了胡某的仲裁请求。胡某又向法院提起诉讼。法院审理认为，作为劳动者，应当遵守劳动纪律和用人单位的规章制度。如劳动者严重违反劳动纪律、影响生产和工作秩序，给用人单位造成损失的，用人单位有权解除劳动合同，因此，支持该公司与仲裁委员会的决定。

在本案例中，胡某认为单位工时分配不均，可以通过工会或选派职工代表的形式与公司协调与沟通，他却违反劳动纪律，采取影响企业生产的不正当方式行使自己的权利，违背了公司的管理制度，影响较大，公司作出与其解除劳动关系的决定有法有据。由此可见，劳动纪律是一个企业正常运行的有效工具，任何阻碍运转和造成损失的行为，都会受到严惩。

挣断线的风筝不仅不会获得自由，反而会一头栽向大地，没有纪律的约束，自由就会泛滥成为堕落。国有国法，家有家规，工作要顺利，社会要和谐，需要每个人树立牢固的纪律意识，严格自律，遵守劳动纪律。任何人无视纪律、对抗规则，就会受到严厉的惩罚，到处碰壁。无论在生活中，还是劳动中，你会发现，懂得自觉遵守纪律和规则的人，比那些被动服从纪律、时时想钻漏洞的人，成就要大得多，生活也要有

意义得多。

思考题

1. 反思你入狱前可能因缺乏纪律意识而犯下的错误。在监狱中，你如何通过强化纪律意识来改变自己的行为，并为将来的释放做好准备？

2. 你认为纪律意识对你的个人改造有何影响？请分享一个你在监狱生活中因遵守纪律而获得正面结果的经历。

3. 请思考并提出一些具体的方法，如何在监狱集体生活中更好地培养和实践纪律意识？

七、协作意识——独木不成林

> 能用众力，则无敌于天下矣。能用众智，则无畏于圣人矣。
>
> ——《三国志·吴书》

"协作"是指"若干人或若干单位互相配合来完成任务"，"协作"的"协"繁体是"協"，可以理解为很多人的力量加在一起。劳动协作，即许多人在同一生产过程中，或在不同的但互相联系的生产过程中，有计划地、有组织地相互配合，完成劳动任务。在现代社会生产中，没有一个人能单独完成最后的生产任务。劳动中的协作意识就是在劳动中自觉地树立与他人、与上下工序科学分工、密切合作的思想和观念。协作是高效率地完成生产任务的基本保证，协作意识是现代社会劳动者必备的基本素质，协作与协作意识是现代科学管理的基本内容。

树立协作意识需要了解一点经济学常识

说到协作，必然要提到分工，因为协作是分工的必然结果，二者就像连体兄弟一样从不分离。说到分工与协作，应该了解一下"经济学之父"亚当·斯密的分工理论，他在代表作《国富论》这部现代西方经济学和马克思主义经济学的奠基之作中，从劳动分工开始研究经济学，在他的经济学体系中，分工理论居于"首要的位置"。亚当·斯密举了扣针制造业的例子，一枚小小的缝衣针的生产过程，有抽丝、拉直、切割、削尖、磨光等18道工序，如果每一道工序都由专门的人员进行操作，一个10人的小厂大约每天可以制造48 000枚针，平均每人每天4800枚针；如果让10个人每人独立操作这18道工序，那么一个人一天生产不了20枚针，甚至可能连1枚也造不出来。亚当·斯密认为，要增加财富，就得提高劳动效率，分工是提高劳动效率的重要法门。显而易见，分工提高劳动生产率的作用离不开协作的功劳。一枚小小的缝衣针的 18 道工序分别由专门的人来做，每一枚针的完成都是多个人协作劳动的结果，所以，10 人的小厂每天可以制造 48 000 枚针，平均每人每天 4800 枚针。这就是协作的功劳。所以，协作是分工的必然结果，如果只有分工没有协作，缝衣针（任何产品）的生产过程就无法完成。亚当·斯密的"分工理论"对经济学的研究和社会生产的发展具有历史推动作用，我们了解这个经济学常识会使我们知道协作在社会生产中的重要地位，知道协作意识的科学依据。

树立协作意识需要了解一点管理学常识

分工与协作原则是管理学的一条重要原则，现代管理在组织设计和管理工作中，既非常重视科学分工，又重视紧密协作。管理学原理中有一个"整分合原理"，说的是要把一个单位的工作划分为若干个部门或工作环节，然后再通过各个部门、各个环节的合作来推动工作的进展，这便是"整体要分工，有分必有合"。管理科学的分工与协作原则和亚当·斯密的分工理论是一脉相承的。劳动者树立协作意识是提高生产效率的需要，是管理的要求，也是劳动者具备一定管理意识的体现。在劳动中，如果你发现分工不合理，协作有困难，或者分工没问题，但是协作不协调，你应该思考如何分工和协作更好，并积极地向管理者提出自己的建议，这是你具备了协作意识和管理意识的重要体现，也是现代管理强调人人参与的体现。树立协作意识是你成为好的管理者的第一步。

护士长的难题

10 月的某一天，产科护士长黛安娜给巴恩斯医院的院长戴维斯博士打来电话，要求立即作出一项新的人事安排。5 分钟后，黛安娜递给院长一封辞职信。

她申述道："院长，我在产科当护士长已经四个月了，我简直干不下去了。我有两个上司，每个人都有不同的要求，都要求优先处理。要知道，我只是一个凡人。我已经尽最大的努力适应这种工作，

但看来这是不可能的。让我举个例子吧，这是一件平平常常的事，像这样的事情，每天都在发生。"

"昨天早上7点45分，我来到办公室就发现桌上留了张纸条，是杰克逊（医院的主任护士）给我的。她告诉我，她上午10点需要一份床位利用情况报告，供她下午在向董事会作汇报时用。我知道，这样一份报告至少要花一个半小时才能写出来。30分钟以后，乔伊斯（黛安娜的直接主管，基层护士监督员）走进来质问我为什么我的两位护士不在班上。我告诉她外科主任雷诺兹医生从我这要走了她们两位，说是急诊外科手术正缺人手，需要借用一下。我也反对过她，但雷诺兹坚持说只能这么办。你猜，乔伊斯说什么？她叫我立即让这些护士回到产科部。她还说，一小时以后，她会回来检查我是否把这事办好了！我跟你说，这样的事情每天都发生好几次的。一家医院只能这样运作吗？"

护士长的难题是什么？就是这家医院的部门协作出现了问题。这样的问题不是护士长自己所能解决的，只能由医院的最高管理者来解决。这个难题既有分工不合理的问题，这个护士长对接多个上级，"多头领导"使下级不知道到底该干什么；这个难题也有协作的问题，部门之间的协作需要先协调、后协作，没有协调的协作有时候更会无序。

杨某的协作意识解决了工序上的难题

罪犯杨某、李某和聂某均在某监第八监区服刑。三人在衣服生产线上分工如下：袖子上端与衣服连接，聂某负责上暗线，李某负责上包缝，二人的工作都是用同一种颜色的线，而杨某负责上明线，明线必须与衣服的颜色相一致。生产线上加工两种颜色的衣服，由于更换与衣服颜色相一致的线，大大增加了杨某的作业时间，造成了产品在杨某工位上的积压，形成了生产线的"瓶颈"，工序"窝工"了，劳动生产率难以提高。

这个问题是工序协作中出现了上下加工能力不均衡导致的。杨某在生产中注意到了这个问题，就与聂某和李某商量对策，经过分析研究和反复试验，三人及时向干警提出了改进建议：在其工位上再增加一台缝纫机。监区经过研究后认为此方法可行，随即与厂家沟通联系，为杨某的工位又增加了一台缝纫机，分别上与两个颜色的衣服相对应的线。果然，杨某可以在两台缝纫机上直接操作，省去了更换不同颜色的线的时间，彻底消灭了"窝工"现象，大幅提高了生产效率。

杨某的协作意识很好，他知道上下工序加工能力不均衡导致协作不畅，认真和上下工序作业人员研究对策，并及时向管理者提出了改进建议，问题解决了，协作顺畅了。这个案例说明杨某有很强的协作意识，体现了他有一定的管理潜质。这个案例还启发我们，协作是在具体的工作中进行的，协作意识不是空洞的，要在具体工作中实现。

拥有共同目标，密切科学协作，成就完善团队

团队是由有共同目标的一群人组成的、大家共同努力、团结协作，实现共同目标的一个整体。团队可以指一个企业、一个班组以及任何一

个组织，但是一般的组织还不能等同于团队，团队强调的是有共同目标、成员紧密协作、共同为实现目标奋斗。一个一盘散沙的组织就不能称为团队。团队中的成员都有各自的专业技能，每个人也有缺点和不足，但是大家拥有了共同目标，服从统一指挥，紧密协作，共同为实现目标而努力，就能组成一个完美的团队，这个团队就有了无穷的战斗力。因此，协作是团队的重要原则，协作意识就是团队意识，协作精神就是团队精神、大局意识的集中体现。

乌龟、羚羊、乌鸦和老鼠组成优秀的团队

羚羊、老鼠、乌龟和乌鸦生活在一起，是一个小集体。羚羊头脑简单，当他独自游玩时遇到了猎狗，被逼进了猎人布下的陷阱里。到了吃饭的

时候，还不见羚羊回家，聪明的老鼠对另外二位说："怎么回事？今天只有我们三位在一起用餐，难道羚羊已经忘掉了我们弟兄，还是他遇到了什么麻烦的事情？"听了这话，最爱大惊小怪的乌龟伸长脖子喊了起来："哎呀，乌鸦赶快看看出了什么事情！"乌鸦最讲义气，马上放下餐具展翅高飞。它从空中看到莽撞的羚羊正在陷阱里徒劳地挣扎。乌鸦马上回来向老鼠和乌龟作了报告。三位朋友最后一致作出决定：马上前往羚羊出事的地点。乌鸦和老鼠出发去救那只可怜的羚羊。乌龟很想迅速前往出事的地方，只可惜自己的腿短，还背着个沉重的壳，于是只能在后面慢慢地赶来。当老鼠咬断了陷阱里的网结的时候，猎人赶到了。他厉声喝问："好，谁把我的猎物放跑了？"老鼠闻声马上躲进了洞里，

乌鸦则飞到了树上，羊也消失在树丛中。倒霉的乌龟刚刚赶到这里，遇上了气得要命的猎人，结果被抓到一个袋子里。另外三位伙伴又要拯救乌龟了。羚羊故意从躲藏的地方走出来，假装腿瘸出现在猎人的面前，引诱猎人去跟踪他。猎人将装乌龟的袋子扔到路旁追羚羊去了。这时候，老鼠趁机把扎紧口袋的绳结咬断，如此这般，老鼠又救下了猎人打算做晚餐的乌龟。

乌龟、羚羊、乌鸦和老鼠单独来看，谁都不堪一击，但是组合起来就是一个优秀的团队。它们分工明确、相互协作、共同努力，完成了一个人不可能完成的任务，实现了协作的最大效能。俗话说："三个臭皮匠，顶个诸葛亮。"团结协作的精神是任何一个人应该树立的，是一个优秀的团队不可或缺的。在劳动中，强化自己的协作意识，将使你成为一个优秀的劳动者，将为你以后成功就业、加入团队、甚至成功的创业和创建团队打下好的基础。

个人英雄主义的时代已经过去，协作助力成功

亚当·斯密曾说："在原始社会状态下……人人都力图依靠自己的劳动来满足自身随时发生的需要"，所以没有分工。分工和协作是社会发展进步的产物。现在人类社会已经进入了 21 世纪，社会分工越来越细，劳动分工越来越科学，生产专业化程度越来越高，协作也越来越紧密，做好一项工作完全凭个人英雄主义的时代已经一去不复返了。通过对协作意识的学习，应该明白一个人的力量是有限的，一个人在正常的工作生活中也只是整个工作链条上的一个环节，要通过上下工序协作和在整个集体的合作才能完成任务，协作会使你学会更多东西，协作会使你更优秀。

克服个人英雄主义，实现完美协作

一位啤酒企业新上任的区域市场经理（以下简称 A 君）向我道出了一件令他苦恼的事：他手下的一名营销人员（以下简称 B 君）在市

场上敢拼敢打，但自恃学历高、能力强、销售业绩好，在他面前狂傲不已，作风散漫，不遵守劳动纪律，还经常在公开场合反对他的意见，让他很失面子，他多次都想开了他，但又找不到最充分的理由，很不愿和他合作。

我没有给 A 君火上浇油，而是帮他深入分析问题，找到了合适的对策。结果使 B 君逐渐改变了态度，不再盛气凌人，反而非常尊重 A 君，成了他的左膀右臂。

我首先帮他分析了出现这种状况可能的深层次原因：

（1）A 君和 B 君缺乏深入沟通和了解，A 君的才干没有得到充分展示，以致 B 君认为 A 君的才能不如自己，对 A 君轻视；

（2）B 君的才能没有受到充分的重视和关注，自己的期望值没有充分实现，从而产生了失落感；

（3）B 君在工作中没有受过大的挫折，工作比较顺利，压力不大，而周围比他水平高的人很少，自骄情绪严重；

（4）B 君个人英雄主义占上风，对自己的期望值较高，独立性强，而团队意识较差。

接着我又为 A 君提供了解决问题的详细对策：

（1）A 君要心胸开阔，拿出领导风范，主动与 B 君沟通，以诚相待，用自己的人格魅力去感化他；

（2）工作之余，多与 B 君沟通，加深私人感情；

（3）工作上多征求 B 君的意见；

（4）给 B 君更具挑战性的工作，如最困难的市场，让他去开拓，但绝对不是给他穿小鞋；

（5）向上级领导推荐他，让周围的同事主动接近他；

（6）在公开场合恰当地对他的优点和成绩进行肯定和表扬；

（7）给他灌输团队意识和重要性，只有大家团结合作，共同拼搏才能取得更大的成绩。

对策实施之初，B 君对 A 君仍怀有戒心，不太合作，A 君想放弃，我劝他坚持下去。精诚所至，金石为开，B 君看到 A 君是真诚的，就放弃了戒心，积极与 A 君沟通。经过半年的磨合，二人成了非常要好的朋友。B 君不再心高气傲，对人非常友善谦虚，团队意识非常强，工作的积极性和主动性也大大提高。二人通力合作，使几个开拓不利的市场打开了局面。A君还积极向总经理推荐B君，B君突出的业绩受到公司肯定，被任命为另一个区域市场的经理。

这个案例给我们的启发很大，无论是在A君身上还是在B君身上，都让我们清楚地看到了协作的重要，做下属要懂得协作，做领导要懂得协作，同级之间，也要懂得协作。协作是团队的一个宝，人人协作，就有了完美的团队，团队完美了，才能有个人的充分发展。

思考题

1. 回想一个你与他人协作取得成功的经历。在监狱中，你计划如何通过增强协作意识来提升团队合作的效率和效果？

2. 你认为协作意识对你的改造和未来重返社会有何帮助？请结合自身情况，谈谈如何培养和加强协作精神？

3. 请描述一个你在团队中遇到分歧的情况，并思考如何通过协作意识来解决这些问题，实现团队目标？

八、节约意识——俭以养德

> 由俭入奢易，由奢入俭难。
> ——司马光

劳动成果是劳动创造的，劳动者最懂得成果来之不易。节约是全社会的美德，每个人都应该牢记。树立节约意识是一个人注重节约、能节约、会节约的起点。劳动中的节约意识就是要懂得和重视节约劳动中的一滴水、一度电、一份材料、一分钟时间、一个多余的操作。劳动中的节约，重视靠意识，实施靠行动，实现在劳动过程，有效靠科学管理和方法。所以，劳动中的节约不仅是一种思想意识，还包含节约所依赖的科学管理知识和节约方法。树立节约意识，要在思想上重视，在学习中提高，在实践中严格执行。

把节约意识融入自身的价值观，让节约成为文化

很多企业、很多单位天天强调重视节约，其实恰恰说明重视节约还没有进入每个人的思想深处，浪费成了家常便饭，成了让管理者非常头痛的事情。真正的重视节约是把节约意识融入每个人的价值观中，融入企业文化中，让每个人都非常清楚节约的判断标准，知道怎么做是节约，怎么做不是节约，让节约观深入人心，形成节约文化。

煤炭堆上的硬币

江苏黑松林黏合剂有限公司董事长刘鹏凯，是一个善于在思想上、价值观上教育员工重视节约的管理者。黑松林厂锅炉间围绕"煤炭燃烧率的最大化"与"煤渣含煤量的最小化"展开技术攻关，遇到的最大问题就是思想意识的问题。一个雨后的下午，煤渣堆上未烧透的煤和

没有烧透的煤，比这些硬币更值钱，见到未烧透的煤不知道捡起来，我们失掉的不仅仅是金钱！

我们失掉的是比金钱更宝贵的思想意识、节约观念。

我比你还值钱

煤渣

煤渣黑白分明，刘鹏凯决定在锅炉间召开"节能降耗现场会"。现场会上，刘鹏凯没说一句话，只是从口袋里掏出一把硬币，当着大家的面扔到煤渣堆上就走了。

回到会议室时，锅炉工已将煤渣堆上的硬币捡回来放在会议桌上了。看着那一把硬币，刘鹏凯沉痛地说："没有烧透的煤，比这些硬币更值钱，见到未烧透的煤不知道捡起来，我们失掉的不仅是金钱！"那么失掉的是什么呢？在会上大家展开了深入讨论，终于大家明白了：我们失掉的是比金钱更宝贵的思想意识、节约观念。刘鹏凯通过"煤炭堆上的硬币"让员工认识到，只要每个人有了节约意识，形成了节约文化，就是"干毛巾也能挤出水来"。从而使全体员工牢牢地树立了节约观，并逐渐融入企业文化中。

许多企业制定了很多规章制度，制定了很多奖惩条例，但是效果并不明显。其实管理的最高境界是"无为而治"，只有把节约的思想观念深深植入每个人的灵魂深处，节约才能化为员工的自觉行动，才能从"要我节约"变成"我要节约"，这就叫节约文化。其实不仅是节约管理，任何的管理都是这样。

把节约看成自己的责任，让节约成为习惯

把节约看成自己的责任，就是把节约作为自己分内应做的事，没有做好就要承担损失的责任。一个人在自己家里很节约，因为那是他自己的财物，不节约自己就要受损失。如果每个人在劳动中、在工作中，把节约当成自己家里的事，当成自己的财物来对待，节约的责任感就会增强，就会逐渐培养节约的习惯。

自己的田地该怎么种

曾是美国首富的石油大亨保罗·盖蒂，年轻时家境很贫寒，一家几

口守着一大片收成极不好的旱田维持生活。不过有时在挖水井时，地下竟会冒出浓黑的液体，后来才知道那是石油。于是水井变油井，旱田变油田，雇工开采起石油来。

保罗·盖蒂经常到各油井去巡视，每次都看到浪费的现象和闲人无所事事。每一次他都把工头找来，要求他消除这些不良现象。然而下次再去，这种情况并未好转。

保罗·盖蒂百思不得其解：为何我经常来，每次都看得见浪费和闲人，而那些工头天天在此，却视而不见？而我再三告知，却始终不见改善？

后来，保罗·盖蒂遇到了一位管理专家，便向他请教。

专家只用一句话，便点醒了保罗·盖蒂。他说："因为那是你自己的油田。"

保罗·盖蒂醒悟了，立即召来各工头，向他们宣布："从此油井交给你们各位负责经营，收益的25%由各位全权分配。"

此后，保罗·盖蒂再到各油井巡视，发现不仅没有浪费现象、闲人绝迹，而且产量大幅增加了。

虽然这个例子是从管理者的角度来说的，但是我们也可以从自己的角度思考这个问题。只有我们在单位里、在日常的劳动工作中把节约视为自己的事情，才能培养节约的责任感，培养节约的习惯，这对我们回归社会后注重节约、会节约，也会有好处。

把节约贯彻到每一个细节，让细节管理成为节约的保障

在日常劳动中，如果不重视从每一个细节去节约，积少成多，就会形成巨大的浪费。所谓"千里之堤，溃于蚁穴"，就是这个道理。现在各行各业管理中，都非常重视细节管理，其实，细节管理也非常适合节约管理。如果能把细节管理常态化地用于节约，节约就有了保障。

千里之堤，毁于蚁穴。
——韩非子

文化讲堂

车间工人的视力和次品率的关系

有一段时间，某公司的生产车间连续出现零件加工错误、次品率攀升的情况，让经理颇为苦恼。难道就这样放纵车间继续生产废品？公司和员工查找了很多原因，最后发现，原来加工错误和废品产生是车间光线不足和工人的视力不佳造成的。例如，员工在做焊接工作时，把8和3看错了，把该焊成8的地方焊成了3。于是，公司一方面改进了车间的照明条件，另一方面让工人们检查了视力，检查的结果令人大吃一惊，视力0.7以下的人竟占43.6%，还有不少工人的视力为0.1、0.2、0.3。因此，公司决定负担一半的费用，给工人配眼镜、换眼镜。从此，该公司每年节省了数额巨大的废品损失、投诉处理费用。

这个故事告诉我们，不放过任何一个细节，是节约的重要法宝，一定要把细节管理常态化。其实这家公司的细节管理做得还是不够的，在出现了那么多的质量问题和浪费后才去查找原因，可谓亡羊补牢。亡羊补牢是需要的，但更重要的是，我们要通过细节管理常态化，把浪费消灭于萌芽状态。细节管理需要全员参与，生产现场的操作者责无旁贷，现场的作业者最容易发现细节问题，一旦发现问题，不要任其发展，或者亲自解决，或者向管理部门提出建议。只有这样，节约才有了保障，同时说明我们的节约意识在增强。

节约时间就是节约金钱

时间是重要资源。现代社会发展的速度越来越快，人们的工作节奏越来越快，时间比以往任何时候更加珍贵。一个不懂节约时间的人是跟不上社会发展的步伐的。

用电话会议代替出差

日本有一家公司，总部迁移之前只要有一点小事，大批的工作人员就会络绎不绝地到工厂出差巡检。更可惜的是，为了一两个小时的会议，竟然要花掉一天半到两天的时间出差。从东京总部到伊势工厂，每个人的路费就要3万日元，过多的出差浪费了大量的时间和资金。然而，随着总部的迁移，公司尽可能多地采用了电视电话会议，并规定，员工到工厂出差，需要得到总公司部长级干部的批准。电视电话会议设备很先进，能够实时清晰地交换图像和声音，不会让人感到现场会议中所产生的紧张和不安。电视电话会议有时间限制，也避免了冗长乏味。还有一个很大的优点，参加会议人员往往要提前看相关资料后才参加会议，所以会议效率很高。刚开始时，销售人员不习惯这种交流方式，习惯之后，他们对这种会议方式都拍手叫好。既节约了时间，又避免了因为经常坐车带来的身心疲惫。现在该公司各级都主动运用电视电话会议的方式。这一改革使他们在2005年一年里节约了1.2亿日元的差旅费。

时间就是效率，时间就是金钱。改进会议方式不仅节约了时间，节约了公司的差旅费，提高了开会的效率，还能使人们更加精力充沛地投入工作。节约时间不仅是节约金钱，而且是一举多得的节约。时间对每个人都是公平的，既不会多给一个人，也不会少给一个人。谁的时间利用率高，谁的效率就会更高，谁创造的财富就会更多。你怎么利用时间，时间就会怎么回报你。

让节约插上创新的翅膀

在生产中，既需要勤俭持家式的节约，也需要通过技术革新，开辟新途径，运用新方法。这样的做法如同让节约插上了翅膀，节约得更快，节约得更多。

洛克菲勒改进焊接机，也改变了他的人生

世界石油大王洛克菲勒年轻时在美国某石油公司工作，他的学历不高，也没有什么特别的技术。他的工作是巡视并确认石油罐盖有没有焊接好。

石油罐在输送带上移动至旋转焊接机上，焊接剂便自动滴下，他发现罐子旋转一圈，焊接剂会滴39滴，焊接工作结束。他努力思考："在这一连串的工作中，有没有可以改善的地方呢？"

一次，他突然想：如果能将焊接剂减少一两滴，是不是能够节省成本？

于是，他经过一番研究，终于研制出"37滴型"焊接机。但是，利用这种机器焊接出来的石油罐偶尔会漏油。他不灰心，又研制了"38滴型"焊接机。这次的发明非常完美，公司对他的评价很高。不久便生产出这种机器，改用"38滴型"焊接机。

虽然节省的只是一滴焊接剂，但这"一滴"却替公司带来了每年5亿美元的利润。

"改进焊接机"不仅给这家公司带来了巨大的利润，也改变了洛克菲勒的人生。他后来成为掌握全美制油业95%实权的石油大王。

能勤不能俭，到头没积攒；能俭不能勤，到头等于零。创新就是在节约上的一种"勤"，是一种充满智慧的"勤"，有了这种"勤"，你就是一个更会节约的人。其实，我们身边也有这样的人。

一举多得的创新节约

罪犯邓某，在生产实践中，结合个人兴趣，探索出利用手提袋加工的生产余料（底板、上口条、页子等）搅碎成浆，加入黏合剂制作纸塑工艺品的独门技术，曾经连续两年在监狱手工艺品比赛中获得第一名的成绩。监区发挥其特长，让他担任手工艺品制作兴趣小组组长，带动监区20多名罪犯参与兴趣小组活动，利用生产余料制作纸制手工艺品20余件，一时间，监区利用生产余料进行手工艺品创作蔚然成风。在监狱"共创和谐"手工艺品比赛中多件作品入围，其中纸塑"日晷"获得第一名，纸拼"世博中国馆"获得第二名，共有8名罪犯获得有效积分加分的奖励。

看来，我们身边也有不少这样勤于创新、创新节约的人。邓某等罪犯利用生产余料创作手工艺品不仅节约了资源，培养了创新和节约意识，而且通过手工艺品制作，寓教于劳，丰富了罪犯的改造生活，使他们既陶冶了情操，又得到了实惠。把创新用于节约，更是一举多得的节约啊！

有一句话说道：克勤克俭为千家万户浇培生财树，节约资源替各行各业新添聚宝盆。现在国家提出了"建设节约型社会"的号召，全社会纷纷响应，建设节约型企业、节约型单位，做节约型员工，已经成为社会风气。让我们每个人都积极加入进来，做一个爱节约、会节约的人。

思考题

1. 思考节约在你个人改造和日常生活中的重要性。在监狱中，你如何践行节约，以及它如何帮助你培养良好的生活习惯？

2. 你如何看待节约与个人品德之间的关系？请举例说明节约如何反映一个人的价值观和品质？

3. 请提出一些在监狱生活中可以实施的节约措施，并思考这些措施如何有助于提升整个监狱社区的生活质量？

九、平等意识——行行出状元

人生本平等，职业无贵贱。三百六十行，行行都是社会所需要的。[1]

——习近平

梁启超先生在《敬业与乐业》中提到：当大总统是一件事，拉黄包车也是一件事，事的名称，从世人眼里看来，有高下；事的性质，从学理上解剖，并没有高下。只要当大总统的人，信得过我可以当大总统才去当，实实在在把总统当作一件正经事来做；拉黄包车的人，信得过我可以拉黄包车才去拉，实实在在把拉车当作一件正经事来做，便是人生合理的生活。这叫作职业的神圣。凡职业没有不是神圣的，所以凡职业没有不是可敬的。所以我们对于各种职业，没有什么分别拣择。每一个岗位都在为社会的发展，贡献着自己的力量。

平等意识能够保障劳动者的自由和尊严

平等对个人而言意味着互相尊重、平等协商，不伤害和侵犯他人利益。平等保障了每个人在法律面前的平等权利，无论性别、种族、职业、社会地位、财产状况等，都应平等地享有宪法和法律规定的各项权利，同时必须平等地履行宪法和法律规定的各项义务。这种平等保障了个人的自由和尊严，激发了个人的主动性和创造性。

宁愿一人脏，换来万家净

1915 年出生于山东省齐河县的时传祥，14 岁便逃荒流落到北京城郊当上了清洁工。每天用粪勺挖、用粪罐提、用粪桶背粪便，然后推着

---

[1] 习近平：《人生本平等，职业无贵贱》，载《浙江日报》2005 年 4 月 29 日"之江新语"专栏。

轱辘车来回二三十里运送粪便。一年四季，每天往返 4 趟。

解放前，清洁工人是社会底层受尽歧视的"力巴"。中华人民共和国成立后，北京市建起"粪污管理所"。1952 年，时传祥加入了清洁队，继续从事城市清洁工作。北京市人民政府想办法减轻掏粪工人的劳动强度，把过去送粪的轱辘车全部换成汽车。时传祥合理计算工时，挖掘潜力，把过去 7 个人一班的大班，改为 5 个人一班的小班。他带领全班由过去每人每班背 50 桶增加到 80 桶，他自己则每班背 90 桶。

20 世纪 50 年代，掏粪是纯体力活。背在肩上的粪桶有 10 多公斤重，装满了粪便有 50 多公斤。时传祥每天掏完了再背，一天的总重量得有 5 吨。他管区内居民享受到了清洁优美的环境，而他背粪的右肩却被磨出了一层厚厚的老茧。

1959 年全国先进生产者"群英会"上，国家主席刘少奇紧紧握着时传祥的手说："你掏大粪是人民勤务员，我当主席也是人民勤务员，这只是革命分工不同，都是革命事业中不可缺少的一部分。"这段话一时传遍祖国大江南北，也让时传祥成为享誉全国的劳动模范，至今，基于"工作无贵贱，劳动最光荣"的理想，时家三代一直与环卫相守，在这个多元化的社会里，依旧燃烧着劳模精神的火种。

时传祥的故事告诉我们，他从事的工作是一样的，但不一样的是解放前还是受尽歧视的"力巴"，解放后成为第一代劳动模范，正是因为职业平等的共识保障了劳动者的自由和尊严。也是如此，各个行业的普通劳动者更加积极地投身社会主义建设的伟大实践，用他们辛勤的劳动，诚实的劳动、创造性的劳动，助力整个国家建设和发展，才创造出改天换地、彪炳史册的国家发展奇迹。

平等意识能够促进社会的文明和进步

对社会而言，平等能够促进社会公平正义，进而为所有人提供平等的机会和条件，追求自身合理正当的利益。同时，它也是社会主义法治的基本原则之一，是实施依法治国的必要条件，没有法律面前人人平等，法治就有可能被滥用，法律失去其权威性和神圣性。平等是人类的崇高理想，是社会发展的永恒主题。它不仅是现代社会的基本特征，也是衡量人类文明进步的重要标准。平等规则的完善、平等行为的规范、平等目标的实现，是一个较长的历史过程。今天倡导的平等，既不是重蹈"不患寡而患不均"的绝对平均主义，也不是照搬西方资本主义社会的平等观，而是要创造与中国特色社会主义伟大事业相适应、有利于调动广大社会成员积极性、能给广大人民带来更多机会与利益的平等价值观。

17 岁男孩贴瓷砖，成为"全国冠军"

2023 年 9 月 19 日，第二届全国技能大赛在天津闭幕。17 岁的浙江男孩林宇翔，在大赛的"瓷砖贴面"项目中胜出，成为全国冠军，被授予"全国技术能手"荣誉称号。值得一提的是，林宇翔毕业留在杭州工作的话，可被认定为杭州市 C 类人才，在杭州购房可享受 150 万元购房补贴。

林宇翔 15 岁进入浙江建设技师学院，成为建筑施工专业的一名学生，贴瓷砖正是所学专业的一门实训课。在校期间，他经常参与学院的贴瓷砖赛项，因技能过硬，在学院和全省比赛中脱颖而出，17 岁时，拿到了国赛竞技入场券，并进入学院集训队训练。

在集训队，林宇翔称得上是最勤奋的一个人，老师规定 8 点开始集训，林宇翔每天凌晨 5 点就起床，训练到 7 点半，吃个早饭又去集训室。暑假期间，其他的学生都早早休息，林宇翔却坚持训练到深夜十一二点。

林宇翔参与的贴瓷砖比赛，分为 A/B/C 三个模块，比赛时间为两天半，每天的赛程分别为 6 小时、7 小时和 3 小时，累计比赛时长 16 小时。其中 A 模块需要贴一个图形，名字为"天津之眼摩天轮"；B 模块需要贴天津的首字母"TJ"；C 模块需要参赛选手在台阶上将瓷砖整齐贴上。

比赛不仅工程量大，还会为选手制造难点，当时，林宇翔分到的比赛墙面误差很大，比赛第一天就耗费了大量时间将墙面抹平。另外，他施工所站的位置还有一个井盖，踩在上面井盖就会晃动，很难保持平衡。

在紧张的比赛中，林宇翔的操作始终有条不紊，专业又细致。教练说道："比赛采取百分制，每天的比赛模块由裁判当天打分，林宇翔每一组都是领先的。"最终，林宇翔以 94.94 分的成绩获得"瓷砖贴面"组冠军，比第二名选手高出 7 分。

林宇翔的例子告诉我们条条大路通罗马，不一定就要在学历上跟人比拼，学会一门技能，靠手艺吃饭，同样可以在社会上立足，取得好的发展，从而实现自己的职业理想。此外，林宇翔通过自己的努力成为全国冠军，也在告诉我们：三百六十行，行行出状元，我们要在职业选择中树立平等意识。或许，你不喜欢贴瓷砖，你喜欢的是其他职业技能，或者有其他职业规划，但这都不影响你成为某个行业的佼佼者。

在封建社会，士农工商存在阶级贵贱之分，而如今的社会主义社会中这种思想应被摒弃，取而代之的应是一视同仁，是行行出状元的认同，是应当树立一种关于职业平等的观念。

树立职业平等观

职业不过是一个人对彰显自身价值方式的一种选择，既然是选择，那就无关乎贵贱，选项都是平行平等的。

"北大才子""名校毕业生""硕士研究生"，这些被视为人中豪杰之辈却从事平民百姓经营的猪肉、米饭行业，引发了人们的唏嘘与不解。其实，我们无须表现得如此讶异，尽管他们拥有高于常人的才智，但这并不意味着他们就必须选择不同于常人的职业。职业是平等的，他们的选择便是自由的，只要自身有实力，无论作出何种选择都可以发出自己的光芒。

2019 年元旦，习近平主席在新年贺词中为快递小哥深情点赞。春节前夕，他在北京市调研时又专程来到快递服务点，看望仍在工作中的快递小哥。在庆祝中华人民共和国成立 70 周年群众游行中，快递小哥的身影出现在"美好生活"方阵，成为今日中国发展画卷中的一道亮丽风景。

思考题

1. 思考职业平等对你个人选择和价值观的影响。在监狱中，你如何通过树立平等意识来尊重他人，以及如何看待自己的职业发展？

2. 你认为在监狱生活中实现职业平等的重要性如何？请分享一些你之前生活中观察到的或亲身经历的职业平等或不平等的情况。

3. 请思考并讨论在社会主义社会中，如何通过提升平等意识来促进社会的和谐与进步，以及这对你个人改造的意义是什么？

推荐书目

1. 《工匠精神：向价值型员工进化》，付守永，中华工商联合出版社 2013 年版。

2. 《责任胜于能力》（钻石版），杨宗华，石油工业出版社 2016 年版。

3. 《卓有成效的管理者》，彼得·德鲁克，机械工业出版社 2005 年版。

推荐电影

1. 《中国合伙人》（2013 年），陈可辛执导。

2. 《实习生》（2015 年），南希·迈耶斯执导。

3. 《当幸福来敲门》（2006 年），加布里尔·穆奇诺执导。

第六篇 在劳动中学习科学管理

　　生产管理是管理的重要内容，决定着生产的品种、产量、质量、成本、安全等各方面任务的实现，是战略管理和市场营销管理的基础。

　　劳动者既是管理的执行者，也是管理的参与者。我们在生产作业中经常会接触到各种管理，比如，定额管理、质量管理、安全管理、现场管理等。我们应该在生产作业过程中，认真执行各项管理规定、完成各项生产任务，同时也要积极主动的学习一些科学管理知识。

【阅读提示】

　　1. 帮助罪犯了解生产管理的基本原理和实践方法；

　　2. 引导罪犯掌握如何在劳动中应用科学管理知识，提升个人及团队的工作效率。

一、劳动管理的定盘星——劳动定额

定额管理使劳动者与设备、生产原辅材料等进行有效结合。

——定额管理知识

定额管理，也叫定额工作，是生产管理的一项重要基础性管理工作。定额管理是通过利用定额来合理安排和使用人力、物力和财力的一种管理方法。对生产单位来说，定额管理是实行计划管理、进行成本核算、成本分析和成本控制的基础。定额管理通常包括消耗定额、劳动定额、费用定额和储备定额等。劳动定额管理是定额管理的重要组成部分，是当前监狱进行劳务加工管理的一个重要工具。劳动定额是根据监区的生产技术组织条件，针对劳动者的劳动技能、劳动熟练程度制定的，是监区分配生产任务、罪犯完成生产任务的依据，是考核罪犯劳动成果的重要指标，更是评价罪犯劳动态度、劳动积极性的重要依据。

什么是劳动定额

劳动定额是产品生产过程中劳动消耗的一种数量标准。它是在一定的生产技术和组织条件下，生产单位产品所需要消耗的时间，或者是在一定时间内规定生产的合格产品的数量。劳动定额体现的是产量与相应的劳动时间消耗之间的比例关系。它有两种基本表现形式：一是工时定额；二是产量定额。工时定额是指在技术条件正常、生产工具使用合理和劳动组织正确的前提条件下，劳动者为生产合格产品所消耗的劳动时间，即生产单位产品消耗的时间，工时定额也叫时间定额。产量定额是在技术条件正常、生产工具使用合理和劳动组织正确的条件下，劳动者在单位时间内完成的合格产品的数量。由两个定额的计算公式可知，工时定额与产量定额在时间上互为倒数关系。

工时定额＝完成一定量产品消耗的时间÷产品产量

产量定额＝产品产量÷完成一定量产品消耗的时间

除了工时定额和产量定额两种基本形式以外，还有一种看管定额，又称"操作定额"，是指一个劳动者同时能看管机器设备的台数，或看管机器设备上操作岗位的数量。看管定额是一种特殊形式的产量定额，其基本原理是多机床管理，就是劳动者利用某一台机器设备的机动时间（如机床的自动走刀时间）去完成另一台或多台设备上手动时间操作。机器设备的机动时间越长，工作手动操作时间越短，劳动者能够看管的设备台数就越多。

在目前以劳务加工为主要形式的监狱劳动中，主要采用的是工时定额和产量定额。

制定劳动定额的原则

一是要以现有的生产设备设施、技术条件和罪犯的劳动时间、技能熟练水平等客观实际，保持其科学性和合理性；二是要确保劳动定额在规定时间内大多数罪犯能完成或者超额完成，既不能过高也不能过低；三是要考虑罪犯在身体、技能、年龄等方面存在的个体差异，为罪犯确定合理劳动定额。

劳动定额的作用

第一，劳动定额是监区编制生产作业计划、下达劳动任务的重要依据。

第二，劳动定额是对劳动岗位的定岗与定员的依据。一个劳动岗位要定几个人？一个劳动岗位要确定由谁担任？劳动定额发挥了重要的依据性作用。

第三，劳动定额的制定工资分配办法、发放劳动报酬的重要依据。劳动定额管理运用的好坏，对调动劳动者的积极性、提高设备使用效率和劳动生产率具有重要的作用。

第四，劳动定额是控制成本、降低成本、提高经济效益的基本手段。

如何成为一名超额完成定额的优秀劳动者

第一，要认识劳动定额的科学性。劳动定额是经过对劳动消耗的各项内容和要素进行科学测算后确定的，是一个科学、合理的劳动任务及各类要素的消耗量，是监区下达生产计划的科学依据，也是我们在劳动中必须遵守和参考的工作标准。

第二，以劳动定额为标尺测量自己的劳动技能水平。科学的劳动定额是在正常的生产技术组织条件下劳动者可以实现和完成的劳动任务水平，是以正常的劳动技能和岗位技术为前提的。一个合格的劳动者通过正常的积极劳动是可以完成甚至超额完成劳动定额的。如果一个人不能或经常不能完成劳动定额，那么就要全面检测一下自己的劳动技能水平了，要检测是哪一个环节上的问题导致劳动效率低下？要一个环节一个环节地检测，一个环节一个环节地与优秀的操作者进行比对，要向优秀的操作者进行请教，学习他们在各个操作环节和步骤上的作业方法，从操作方法、流程、技能等方面进行精益求精的改进，这种改进一定会使自己成为一个超额完成定额的优秀工人。

400 克艾粒撬动王某劳动积极性

罪犯王某所在监区主要从事中医用品艾粒的生产。王某经过劳动改造科和监区的培训后，根据监狱管理局罪犯劳动分类分级定额管理办法的有关规定，按照年龄及身体健康状况进行分类，王某被划为 B 类，劳动月考核分数满分 35 分，定额每日 2400 克。王某前 3 个月劳动表现较为积极，虽

然刚开始学习这些，但是劳动态度端正，也很认真，然而慢慢地，王某在劳动中的表现就打了折扣，具体表现有劳动期间做与劳动无关的事情，干私活，磨洋工。王某上月劳动考核分数仅得了 20 分。通过分析

发现，主要原因是监区给王某的劳动定额定高了，导致他每日不能按时的完成定额，用王某自己的话说："我看着别人都干了五六个了，心里一着急，我这手连一个3克的小纸筒都拿不稳了，看到分数，发现自己还没有完成劳动任务，感觉对我来说日子过得很灰暗，对未来改造的方向和目标毫无希望，就想自暴自弃。"监区通过综合考虑其身体情况，将其劳动定额降低为2000克。果然，调整劳动定额后，王某的劳动积极性有了明显的改观，王某自己也说："在没有完成任务的那几个月里，我内心是恐惧的，我害怕警察找我，对劳动产生了畏难和抵触情绪，现在好了，特别是我从辛勤的付出中收获了踏实，也获得了其他人的认可和尊重。"

我们说劳动定额是劳动管理的定盘星，既是对负责生产管理的监区说的，也是对参加劳动的罪犯说的。对监区来说，一方面，劳动定额的制定一定要科学、先进、合理，这样才能充分调动罪犯的积极性；另一方面，在对罪犯劳动能力分类分级的基础上，也要针对个体差异下达适宜的劳动定额，并在实施过程中进行监测和调整。如果劳动者长期难以完成劳动定额，也要重新测算为劳动者制定的劳动定额是否过高了？劳动者在完成劳动定额的过程中是否有其他的非生产因素在起作用，特别是对监狱的罪犯来说，由于罪犯特殊的身份和刑期不同阶段的心理特征、劳动态度等因素，往往使罪犯适应劳动定额的情况要复杂得多，监区要综合考虑各种因素，加以适当的调整，以更好地调动罪犯的劳动积极性，提高他们的劳动技能和劳动效率。对罪犯来说，由于劳动定额是考核劳动态度、劳动积极性和劳动技能的综合指标，应该以劳动定额为目标，调整自己的劳动态度，提高自己的劳动技能，通过自己的努力完成劳动定额，并争取更多的超额完成劳动定额。同时，绝不能在劳动中投机取巧，甚至无理要求降低劳动定额。劳动定额的科学性是一面镜子，会照出劳动态度和劳动积极性。劳动定额管理是为了提高劳动者的积极性、劳动技能、劳动效率而进行的，对罪犯来说，更有监测劳动改造态度和劳动改造效果的积极作用，所以每个人都应该利用劳动定额来提高自己，实现自己在劳动改造上的双丰收。

思考题

1. 回想你在劳动中的经历，是否有过因为定额设置不合理而影响劳动积极性的情况？在今后的劳动中，你将如何与管理人员沟通，确保劳动定额的合理性？

2. 劳动定额对你个人劳动技能提升有何影响？你将如何利用劳动定额作为提升自己技能和效率的目标？

3. 思考一下，如果劳动定额降低后你的劳动积极性有了明显改观，这对你今后的劳动改造有什么启示？

二、用正确的方法工作——作业管理

作业方法管理有程序、讲标准，这就是用正确的方法做事。
——作业管理知识

"工欲善其事，必先利其器。"正确的方法是做好工作的重要保证。掌握了正确的工作方法，往往能收到事半功倍的效果。在实际工作中，很多同志由于没有掌握正确的方法，容易出现两种倾向：一种是盲人摸象，对工作没有全面的把握；另一种是纸上谈兵，眼高手低，遇到具体事情不知何处着手。不管是哪种情况，都不利于工作的开展和深入。在构建和谐社会的进程中，正确的工作方法对广大干部显得尤为重要。我们既要大处着眼，学习曹冲称象，善于把本地区、本部门的工作这头"象"，置于构建和谐社会全局这条"大船"上来定位和谋划，提出前瞻性的工作思路；又要从小处着手，学习庖丁解牛，"彼节者有间，而刀刃者无厚；以无厚入有间，恢恢乎其于游刃必有余地矣"，善于从具体的现象中把握客观规律，以有效抓手之"无厚"，入关键环节之"有间"，拿出具体的工作措施，抓好落实，取得实效。这样便能够较好地防止方法上的不当，游刃有余、有条不紊地推进工作。

用正确的方法劳动，就是按科学的作业管理标准进行加工作业。作业管理涉及的内容很多，"人（劳动者）""机（设备）""料（材料）""法（作业方法）""环（生产环境）""测（测量）"这"六大管理要素"都会涉及，但是就作业方法管理来说，科学的作业管理核心和灵魂只有一个，就是标准化。以加工为例，无论工人是左撇子还是右撇子，规定用右手加工的，必须用右手。无论是张三加工的产品，还是李四加工的产品，都必须符合产品标准的要求。什么叫标准？标准是指对重复的加工作业所作的统一规定，如生产活动中，各种各样的规章、制度、工艺流程、加工要领，都可称为标准。什么叫标准化？标准化就是生产中无论是管理者还是操作工人一律按照标准作业的过程。标准可以看成生产劳动必须遵守的"法律"，是每一个参与生产的人的行动准则，是判断作业正确与否的依据，是实现产品质量的保证。那么，如何做到用标准化进行作业方法管理呢？

作业标准是作业方法管理的核心和灵魂

要像遵守"法律"一样，在生产作业中严格执行作业标准。对此，要从两个方面把握：一是作业者一定要严格地按照作业标准进行加工作业，要"依法"做事；二是管理者要严格按照作业标准管理、监督检查作业者的作业是否严格执行了作业标准。其实，除车间管理者外，劳动者本人也是作业方法的管理者，劳动者既是作业标准的"守法者"，也是"执法者"。为什么一定要按照作业标准进行加工作业呢？因为作业标准是既定的最好的加工方式，如果劳动者不按照作业标准而是根据自己对作业的理解，按照自己的习惯进行加工作业，结果就是生产的产量、质量、加工工时难以保证，生产任务难以完成，甚至会经常出现安全事故。无论是谁，无论是哪一个加工环节，都必须严格按照作业标准作业。

不按安全操作规程作业导致安全事故

某监狱罪犯李某进行作业时，他用左手伸入冲床（80吨开式双柱可倾压力机）模具内取工件，左脚误触脚踏开关，冲床运转，造成左手压伤。经医院诊断：左手掌骨开放性骨折，拇指软组织碾伤。手术后掌骨基底部保留（约掌部1/2），拇指保留。法医鉴定为：左手第二、三、四、五掌骨自中上1/3处远端缺失，为六级致残。

在安全操作规程中明确规定："严禁将手伸入冲床模具区用手拿取工件。送料、取料应使用夹钳、钩子等一般工具。"李某在操作中明显违反操作标准，用手直接拿取工件，导致了这一安全事故的发生。

从必须严格执行作业标准的角度，此案例给我们如下重要启示：一是必须按照作业标准（无论是哪一种作业标准）进行劳动作业；二是牢固树立标准化作业的思想意识；三是必须牢固掌握标准化作业的操作知识和技能。

作业标准的制定应便于操作和检查

既然必须按作业标准进行劳动作业和作业方法管理，那么作业标准的制定就必须科学，具有可操作性，便于监督和检查。为此，任何一种加工作业都必须制定出像"法律"一样的《作业标准书》。现实中，我们生产中遵守的《产品加工工艺流程》《安全操作规程》《现场定置管理细则》《工时定额标准》等都属于《作业标准书》。强调这一点，既是向作业标准的制定者说的，也是向生产一线的劳动者说的。劳动者了解这一点，一方面知道作业标准的严肃性、科学性；另一方面在生产过程中一旦发现某种作业标准是不科学、不合理的，也可以向管理部门提出修订建议。那么，什么样的作业标准才是科学的、便于操作和检查的呢？下例案例中，该企业的空气压缩机的操作规程就不便于操作和检查。

不规范的《空气压缩机操作规程》

一家企业泵房的空气压缩机上面贴着《空气压缩机操作规程》，内容如下：①操作人员应熟悉操作指南，开机前检查油位和油位计；②检查设定值，将压缩机运行几分钟，检查是否正常工作；③定期检查显示屏上的读数和信息；④要检查加载过程中冷凝液的排放情况，检查空气过滤器、保养指示器。停机后排放冷凝液；⑤当压力低于或高于主要参数表的设定值时，机组不能运行。

这个操作规程虽然绝对正确，但是它不具备可操作性。操作者应熟悉操作指南。什么叫"熟悉"？是能背得滚瓜烂熟，还是能倒背如流？另外，开机之前"检查油位"，油位计多高算高，多低算低？"检查设定值"，设定值是多少？可见，没有标准化的东西是无法检测的。什么叫"正常工作"？压缩机开起来肯定噪声大、有振动，操作者应该被告知这台机器启动后振幅多大算正常。"定期检查"，什么叫"定期"？隔一小时叫"定期"，还是隔一年叫"定期"？检查"读数"呢？读数高了怎么办？当压力低于主要参数时，机组不能运行，不像有计算机控制，高了自己就停，可见，企业应该规定受限的措施。那么，又如何检查"冷凝液的排放"，"检查过滤器""保养指示器"呢？由此看来，在上述指南中，只有"停机后要排放冷凝液"这最后一点才是实用的。

这个《空气压缩机操作规程》可操作性差，张三对它的理解和李四对它的理解很可能是不一样的，操作起来就没有了标准；这个《空气压缩机操作规程》也不便于检查，管理者和操作者都没有明确的数据标准对操作进行监督和检查。如果一个作业标准制定成这样，就无法实现标准化，作业方法管理就无法进行。

从"作业方法伟人"处寻找作业管理的灵感

"用正确的方法工作"，有两位称的上作业方法"祖师爷"式的人物都说过类似的话，一位是泰勒，另一个是吉尔布雷斯。弗雷德里克·温斯洛·泰勒（1856—1915）是美国著名管理学家，被后世称为"科学管理之父"，弗兰吉·吉尔布雷斯（1868—1924），被后世称为"动作研究之父"。这两个人被称为作业方法的"祖师爷"毫不为过。下面我们就讲讲这两个人的故事，让我们从他们的故事中深刻理解什么叫"用正确的方法工作"。

泰勒："铁锹试验"，铲物料的"铲工科学"

说到用铁锹铲东西，大家可能会泰勒在伯利恒钢铁公司的"铁锹试验"有力地说明，一个工人"要学很多窍门才能从事用铲的工作"。泰罗发现，工人干活无论铲什么原料都用相同的铁锹，而且，每个人用铁锹随意性很大，大小不一，这就使他们铲物料时负荷完全不一样，比如，一铲煤粉是 3.5 磅，一铲矿石就成了 38 磅。他认为这种工具各式各样，负荷时轻时重是劳动效率低下的重要原因。于是他开始试验改变这种情况，他首先让工人用铁锹平均每铲38磅物料，平均每个工人每天共铲物料25吨。他又把铲截短一些，使每铲物料的平均重量由38磅减至34磅，工人每人每天共铲物料由25吨就提高到了30吨。然后，再将每铲物料数量减到30磅，每人一天工作的总重量又上升了，于是再逐步将每铲物料重量继续减少，直至每铲物料减少到21—22磅时，每个工人每天的铲物料重量达到了最高。如果再将每铲物料从21.5磅减少到18磅时，每个工人每天的工作总重量反而下降了，每铲物料再继续下降，工人每天的工作总重量就会继续下降。至此，泰勒把每个工人每铲的标准重量确定为21.5磅，再根据不同物料的比重不同设计出了不同用途、不同大小的铁锹。比如，铲煤粉的铁锹就大一些，保证一铲煤粉的重量基本是21.5磅，铲矿石的铁锹就小一些，保证一铲矿石的重量也是21.5磅，这样他就为铲不同的物料设计了各种不同标准的铁锹。为此，他还建了一间工具库房，里面存放了10—15种不同的铁锹，从铲煤粉的大铲到铲矿石的小平铲，每个的负重都是21.5磅。这就是著名的"铁锹试验"。这个试验的结果是劳动效率大幅提高，铲物料的劳动力从400—600人减少为140人，平均每人每天的总产量从16吨提高到59吨，每个工人的日工资提高了60%。

同样道理，泰勒还进行了"金属切削试验"和"搬运生铁块试验"。通过这些试验，泰勒从工人的基本操作抓起，从每一件工具、每一道工序抓起，设计出了最佳的工位设置、最合理的劳动定额、标准化的操作方法、最适合的劳动工具。由此，泰勒在20世纪初创建了科学管理理论体系，他这套体系被人称为"泰勒制"。

吉尔布雷斯："动作研究之父"的砌砖动作研究

一说"砌砖"，也许都会想到，谁不会啊？但是，被公认为"动作研究之父"的吉尔布雷斯，确切地说是吉尔布雷斯夫妇的动作研究，就是从对建筑工人砌砖的研究开始的。1885 年，吉尔布雷斯进入建筑行业，并以一个砌砖学徒工的身份开始了职业生涯。

在工作中，吉尔布雷斯发现工人们砌砖的动作各不相同，速度也有快有慢。由此，他对砌砖动作和速度的关系产生了兴趣。他仔细观察砌砖工在工作中的各种动作模式，探索究竟哪种动作模式是最好而且是效率最高的。在此基础上，他联系工人所做的工作和使用的工具对工人的动作进行了进一步研究，并制定了一种经过改进的工作方法。例如，在砌外层砖时，他把砌每块砖的动作从 18 个减少到 4.5 个；在砌内层砖时，把砌砖动作从 18 个减少到 2 个，使每个工人一小时的砌砖数从 120 块增加到 350 块。他还想出了一种堆放砖的方法，使工人不用像往常那样检查砖的哪一面最好，而是拿来就能用。他设计出一种可调整的支架，使得工人不必像往常那样弯腰取砖。他还调制了一种有精确浓度的灰浆，使得砌砖时不必多余地用瓦刀涂抹。吉尔布雷斯通过对工人的动作进行科学地研究和分析，制定出更有效而省时间的砌砖方法，并不知不觉地开始以研究进行任何工作的最好方法作为自己的终身事业。

泰勒科学管理的特点是对每一个工人、每一件工具、每一道工序、每一种物料进行深入细致的研究，在科学实验的基础上，设计出了标准的工位、合理的劳动定额、标准化的操作方法、最适合的劳动工具。吉尔布雷斯夫妇的动作研究是研究和确定完成一个特定任务的最佳动作的个数及其最佳的组合方式。他们的研究开创了科学管理的新纪元，相信每一个看了他们的研究案例的人都会有所感触。结合自己的劳动，我们应该想一想，虽然已经进入了 21 世纪，但是很多工作方法还是那么粗糙，没有经过认真的研究和标准化，所以，我们的劳动效率还是那么低下，还有很大的改进余地。

胡某改进剥葱头作业的启示

以前剥葱头用水泡，大家都认为好剥。罪犯胡某经过用心钻研，用两个脸盆扣在一起，边摇边撞击葱头，效果比较显著。后来他又发明了用面粉袋和渔网，就这样一次次地改进，大幅提高了劳动效率。一般人剥葱头习惯用长刀，而胡某却改用短刀，他认为短刀操作安全而且速度快，长刀容易伤到手而且效率低。

胡某的做法就是对作业方法的改进，是对作业方法的创新。现在，监狱为了适应市场变化和劳动改造的需要，引进了大量的劳务加工劳动。有些加工项目委托方提供了作业标准，有些加工项目委托方没有提供作业标准。通过对泰罗和吉尔布雷斯作业方法的学习，我们一定要有这样的认识：有作业标准的项目，我们要认真执行，同时如果发现已有作业标准中有不合理之处，也可以用心研究改进、创新；没有作业标准的项目，我们要在劳动中探索最合理、直至标准化的作业方法。

从作业标准管理扩展到整个企业的管理

通过上面的内容，我们已经把作业方法的管理和标准化的意义说清楚了，但是真正掌握作业标准的要领到严格执行还是有一定难度的，而且严格执行作业标准对提升自身以至企业的整体形象，还需要提高认识。下面我们再通过一个案例认识一下标准化作业和标准管理对整个企业管理的好处。

用标准化管理"复制"了自己的企业帝国

著名企业管理专家刘光起讲了这样一个故事：他的一个朋友老郑，

原是一个大酒店经理，辞职开了个小餐厅，叫"福聚来"。一天赚到几百元，比原来一个月的工资还高，老板喜出望外。今天，他在这个城市已经开了第五家餐厅。不过问题出现了，这五家饭店已经启用了郑老板能信任的所有亲朋好友，自己管了老店，他的夫人管一家，儿子管一家，内弟管一家，最新开的一家不得已交给了自己的老司机。但内情是两赚三赔，拉平后的利润比原来一家店还差；五个人五条路，老婆那家店不赚钱，要改快餐；儿子新潮，要开酒吧；内弟还开餐厅，吵着要分开单干；老司机倒没说什么，生意还火，就是不赚钱。他却开上了自己的奔驰。环境也变了，短短几年，老店所在的那条街上又开了十几家餐厅，可气的是，店名起得跟他的店名就差一个字，福俱来、福常来、福齐来、福居来、福巨来……

郑老板长出了白发，增添了皱纹，心力交瘁。他觉得机会多多，壮志未酬，做梦都想到省会和本省的几个旅游城市要大干一场，可财力不够、精力不够、实力不够、势力不够。

忽然有一天，老郑参加了三天企业管理模式的培训课，专讲如何用"复制"的方法把小企业建成"企业帝国"，学习了如何控制、如何繁殖、如何用别人的钱赚钱，如何建立企业帝国……

三天课结束后，老郑精神抖擞，心潮澎湃，有所领悟。老郑回去之后，没有搞什么新花样，也没去开什么高级餐厅大饭店。他迅速找人帮助把老餐厅模式化，整出几册标准化的文件，用摄像机把每一个技术细节、服务动作、标准用语和店面装修拍下来、录下来，编成教材。他还请教了律师，设计了一套与别人合作的法律文件和分红方案，有钱大家赚。没两年，多方加盟，在周围几个城市开了好多家连锁店。

在老郑的连锁店以三个月增加一个的速度发展。每个连锁店成功的要诀是，统一控制经营模式，每个店必须按老店模式的标准化文件经营。老郑设立了总部，实行分级管理；对所有连锁店严格按标准化文件进行检查，不符合经营标准的就撤。他一个省一个省地发展，开设分部。所有分部均由总部委派经理，一律按照老店模式的标准化经营。

在这个小小的企业帝国里，老郑已经任命了总裁，自己渐渐不理常务，添了些领袖的风采，但仍然很忙。研究报表、微服私访、慰问职工，参加社会公益活动成了他主要的工作。

复制、复制、再复制，是小企业通向企业帝国的优选之路。

什么叫复制？复制就是把一个事物或者活动不走样地重复一次或多次。作业标准化就是操作者对作业标准一丝不苟地执行，这就叫复制，这种复制会使你成为一个优秀的、高效率的劳动者。这里讲的故事，还有一层意义，就是希望你走向社会以后，学会运用标准化的原理，复制自己的企业帝国。

思考题

1. 在你的劳动中，是否有过因为没有遵循作业标准而导致效率低下或安全事故的经历？你将如何确保今后严格按照作业标准进行工作？

2. 思考一下，作业标准对你个人劳动效率和质量有哪些具体影响？你将如何通过学习和实践来提高对作业标准的理解和应用？

3. 请举例说明，在劳动中你如何发现并改进不便于操作和检查的作业标准，以提高劳动的标准化和效率。

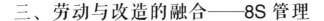

三、劳动与改造的融合——8S 管理

> 整顿现物现场，提升人员素养；改进现场管理，增强企业
> 竞争力。
>
> ——"8S"管理推行方针

环境和谐才能生产和谐。

"8S"是由"5S"管理发展而来的。"5S"管理起源于日本，内容是整理、整顿、清扫、清洁、素养。"5S"管理对塑造企业形象、降低成本、提高效率、准时交货、安全生产、高度的标准化、提高生产者素质、创造令人愉快的生产环境等方面的巨大作用，已被管理界充分认可，被广大管理者推崇。"5S"管理进入我国以后，由于企业运营中的安全形势比较严峻，经济效益也难以保证，所以我国的企业在运用"5S"管理过程中，逐渐增加了"安全""节约"等项目，"5S"管理在我国逐渐发展为"6S"管理、"7S"管理、"8S"管理，甚至是"10S"管理。这里所讲的"8S"管理就是这样发展而来的，是我们监狱系统普遍采用的劳动管理方式。

8S 管理的内容

8S 管理是指整理（SEIRI）、整顿（SEITON）、清扫（SEISO）、清

洁（SEIKETSU）和素养（SHITSUKE）、安全（SAFETY）、节约（SAVE）和学习（STUDY）8 项管理活动的总称，前面 5 个词的日语罗马拼音和后面 3 个词的英语单词的第一个字母都是"S"，所以简称为"8S"。"8S"活动是指对生产现场各种生产要素，不断进行整理、整顿、清扫、清洁和素养等 8 项内容的活动。这 8 项活动的含义分别是：

● 整理：区分必需品和非必需品，现场不

放置非必需品。

●整顿：对整理以后留下的物品进行科学、合理的布置摆放，便于取用。

●清扫：将岗位保持在无垃圾、无灰尘、干净整洁的状态。

●清洁：将整理、整顿、清扫后的状态加以保持，并且标准化、制度化。

●素养：对于各项活动改正和完善的现场管理各要素加以严格规定，严格遵守执行，并使人人养成一种习惯。

●安全：管理上制定安全作业流程，配置适当的安全监督工作人员，对不符合安全规定的因素及时举报消除，加强作业人员安全意识教育，签订安全意识责任书，预知危险，防患于未然。

●节约：加强作业人员节俭意识教育，养成降低成本习惯，减少生产资料消耗。

●学习：在各项活动中学习各种生产现场管理知识，通过严格执行各项活动矫正不良习惯和行为，持之以恒地学习，不断提升综合素质，实现劳动与改造的融合。

8S 管理的运用

8S 管理的内容看上去不像有些管理理论或方法那么高深和复杂，但是实施起来也需要掌握要领、耐心细致、坚持不懈。除了正确地组织领导，更需要现场作业者的努力。

1. 整理

（1）整理的含义

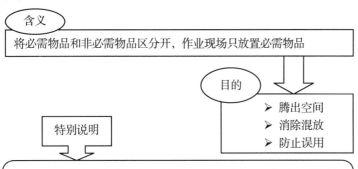

含义

将必需物品和非必需物品区分开，作业现场只放置必需物品

目的

➢ 腾出空间
➢ 消除混放
➢ 防止误用

特别说明

　　如果工作岗位堆满了非必需物品，就会导致必需物品无处摆放，现场拥挤不堪，取用必需物品很麻烦，容易造成磕碰和安全事故，行走不便，浪费时间，并形成恶性循环

（2）整理的推进要领

马上要用的、暂时不用的、长期不用的区分对待；
即使是必需品，也要适量，将必需品的数量降到最低限度；
非必需品，不管是谁买的、有多昂贵，也要坚决处理掉

（3）必需品和非必需品的区分和处理方法如下

类别	使用频率		处理方法	备注
必需品	每小时或更多		放工作台上或随身携带	
	每天		现场存放（工作台附近）	
	每周		现场存放	
非必需品	每月		仓库存储	
	三个月		仓库存储	定期检查
	半年		仓库存储	定期检查
	一年		仓库存储（封存）	定期检查
	两年		仓库存储（封存）	定期检查
	未定	有用	仓库存储	定期检查
		不需要用	变卖或废弃	定期检查
	不能用		变卖或废弃	立刻废弃

2. 整顿

（1）整顿的含义

含义

将整理以后留下的物品进行科学、合理的布置摆放，便于取用，
——寻找时间为零

目的

> 现场一目了然
> 消灭寻找时间
> 提高工作效率

特别说明

　　整顿是研究提高效率的科学。它研究怎样才可以立即取到物品，以及如何立即放回原位。随意放置物品并不会使工作速度加快，只会让再次取用物品的时间加倍。我们必须学会思考怎样合理摆放，以便取用方便的整顿活动

（2）整顿的推进要领

彻底地进行整理；

确定每种必需物品最合理的放置位置；

规定放置方法和制度；

对每种必需物品的放置点加以标识

（3）整顿的具体方法

整顿方案	具体做法
彻底整理	见整理的方法，注意区分个人必需品和小组共需品
规划确定放置场所	研究不同必需品放在什么位置最合理
	制作一个模型，便于合理规划布局
	经常使用物品放在岗位的最近处
	特殊物品、危险品设专门场所进行放置、保管
	所有物品 100% 定位放置

续表

整顿方案	具体做法		
规定摆放方法	物品按种类和用途放置，便于拿取		
	放置方式视物品形状而定，物品架、工具柜、悬吊式等		
	尽量立体放置，充分利用空间		
	堆放高度应有限制，一般不超过 1.2 米		
	易损物品分隔放置或加防护垫，防止碰撞、挤压		
	放置点考虑防潮、防尘、防锈等		
标识的具体方法	用不同的油漆、胶带、地板砖等划分区域		
	通道最低宽度	人行道：1.0 米以上	
		单向车道：最大车宽 + 0.8 米	
		双向车道：最大车宽 ×2 + 1.0 米	
	颜色划分不同区域	绿色：通行道/良品	
		绿线：固定永久放置	
		黄线：临时/移动放置	
		白线：作业区	
		红线：不良区/不良品	
	放置场所标明放置物品的标识		
	某些产品要注明储存、搬运注意事项和保养时间、方法		
	暂放物品中挂暂放牌		
	标识 100% 实施		

3. 清扫

（1）清扫的含义

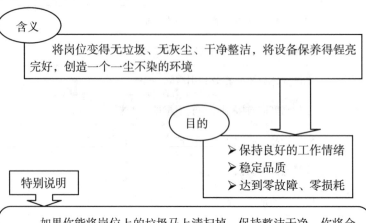

含义
将岗位变得无垃圾、无灰尘、干净整洁，将设备保养得锃亮完好，创造一个一尘不染的环境

目的
➤ 保持良好的工作情绪
➤ 稳定品质
➤ 达到零故障、零损耗

特别说明
如果你能将岗位上的垃圾马上清扫掉，保持整洁干净，你将会引来许多赞叹："多干净的工作岗位！"干净的工作环境让人感觉多么的身心愉快。同时清扫更深的意义是节约和设备性能稳定

（2）清扫的推进要领

人人参与；
自己的岗位自己负责；
与点检、保养工作充分结合；
杜绝污染源，建立清扫基准

（3）清扫的方法步骤

清扫步骤	具体做法
准备工作	学习清扫的安全知识，如触电、挂碰、腐蚀等常识
	了解设备构造、工作原理、出现漏油、振动等的原因
	技术准备，如清扫工具、加润滑油、坚固螺钉等方法
扫除岗位垃圾和灰尘	作业者动手清扫而非清洁工代替
	清除长年堆积的灰尘、污垢，不留死角
	将地板、墙壁、天花板甚至灯罩里边打扫干净

清扫步骤	具体做法
清扫点检机器设备	每天都要恢复设备的原貌
	设备附属、辅助的部分也要清扫
	重点检查、擦洗容易发生跑、冒、滴、漏的部位
	看不到内部结构也要注意清扫
	边清扫边改善设备状况，把清扫与点检、保养、润滑结合起来
整修清扫中发现问题的地方	平整凹凸不平的地板
	坚固松动的螺栓，补上不见的螺丝、螺母等配件
	及时加油润滑、防锈，解决跑、冒、滴、漏等问题
	更换老化的部件、仪表、导线等
	清理管道、通道
查明污垢源彻底解决	为什么每天清扫还是油渍、碎屑等垃圾遍布，跑、冒、滴、漏时发生，彻底查明污垢的发生源，从根本上解决问题
	制定污垢发生源明细清单，有计划地将污垢从根本上灭绝
实施区域责任制	划分清扫区域，实行区域责任制，责任到人，不存在没人负责的死角
制定相关清扫基准	制定清扫基准，明确清扫对象、方法、重点、周期、使用工具、责任人等，保证清扫质量，清扫工作标准化

4. 清洁

（1）清洁的含义

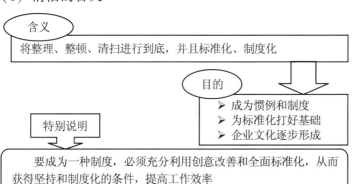

（2）清洁的推进要领

> 贯彻 8S 意识；
>
> 一旦开始实施，绝不半途而废；
>
> 彻底改正长期养成的坏习惯；
>
> 深刻领会、贯彻 8S，进一步提高；
>
> 推进"透明管理"，便于监督检查

（3）清洁的方法步骤

清洁步骤	具体做法
深入学习 8S 知识	为了将整理、整顿、清扫进行到底，形成标准化、制度化，必须深入学习，将8S理念深入内心
维持整理	区分工作区的必需品和非必需品
	撤走工作岗位的非必需品
维持整顿	规定必需品的摆放场所
	规定摆放方法
	进行标识
	可以将放置方法和识别方法形成文字说明，自己知道，别人也知道
维持清扫	清扫并在地板上划区域线，明确各责任区和责任人

5. 素养

（1）素养的含义

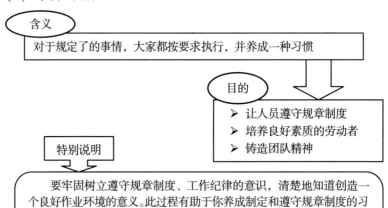

含义

对于规定了的事情，大家都按要求执行，并养成一种习惯

目的

➤ 让人员遵守规章制度
➤ 培养良好素质的劳动者
➤ 铸造团队精神

特别说明

要牢固树立遵守规章制度、工作纪律的意识，清楚地知道创造一个良好作业环境的意义。此过程有助于你养成制定和遵守规章制度的习惯。素养强调的是持续保持良好的习惯

（2）素养的推进要领

持续推进8S直至习惯化；

制定相关的规章制度；

教育学习培训；

激发现场作业人员的热情和责任感

（3）素养形成的基本过程

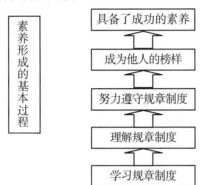

素养形成的基本过程

具备了成功的素养

↑

成为他人的榜样

↑

努力遵守规章制度

↑

理解规章制度

↑

学习规章制度

总结

　　"人造环境，环境育人"，通过整理、整顿、清扫、清洁、素养的学习、遵守，使自己成为一个有道德修养的劳动者，自己工作、生活的环境也随之改观。没有人能完全改变世界，但我们可以使它的一小部分变得更美好

6. 安全

（1）安全的含义

含义

通过制定安全作业流程，预知危险，防患于未然

目的

➤ 保障生命安全
➤ 减少工作事故
➤ 提高工作效率

特别说明

　　安全活动要求每一位员工都要有安全意识，不仅是保护自己，也是保护集体的利益

（2）安全的要点和推进方法

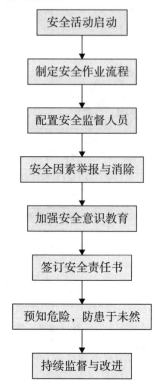

7. 节 约

（1）节约的含义

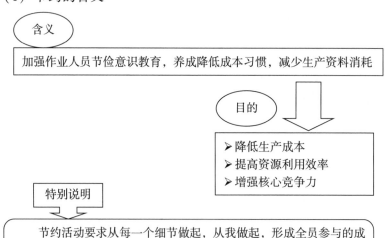

（2）工作要点和推进方法

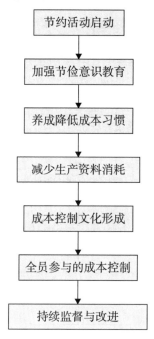

节约活动启动

加强节俭意识教育

养成降低成本习惯

减少生产资料消耗

成本控制文化形成

全员参与的成本控制

持续监督与改进

8. 学习

（1）学习的含义

含义

在各项活动中学习各种生产现场管理知识，通过严格执行各项活动矫正不良习惯和行为，持之以恒地学习，不断提升综合素质

目的

➤ 提升个人和团队的综合素质
➤ 促进知识共享和创新
➤ 实现劳动与改造的融合

特别说明

学习活动强调持续学习和自我提升，鼓励不断学习新知识、新技能，以适应不断变化的生产需求

（2）工作要点和推进方法流程图

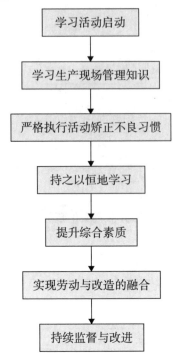

学习活动启动

↓

学习生产现场管理知识

↓

严格执行活动矫正不良习惯

↓

持之以恒地学习

↓

提升综合素质

↓

实现劳动与改造的融合

↓

持续监督与改进

8S 给我们带来了什么

8S 的好处和作用是显而易见的，很多认真推行 8S 活动的单位总结了 8S 的作用，一些罪犯讲了 8S 给自己带来的巨大变化。下面我们从生产现场管理和人本身的角度总结一下 8S 带给我们的好处。

（1）8S 改善了我们的环境。整洁的生产现场就是企业的名片，在客户心中留下了深刻的印象，形成了很好的声誉，引来更多的生产订单；很多人来参观我们的车间，大家纷纷称赞，我们很自豪；在这样的现场里工作、劳动，心情无比舒畅。

（2）8S 使我们每个人都成了节约的专家。8S 让我们减少了库存量；减少了岗位上零件、半成品、成品的存放量；降低了不必要的材料、工具的浪费；减少了寻找工具、材料等的时间；消除了等待、避让、拿起、放下、清点、搬运等没有价值的动作；消灭了设备的跑、冒、滴、漏等现象，等等。

（3）8S 使我们的生产安全有了保障。8S 使我们的生产现场人车分流、道路通畅了；物品放置合理、取用便捷了；岗位和场所整洁有序、安全警告、注意事项一目了然；我们严格安全操作、违章作业没有了；所有设备都得到及时清洁、维护，事故、安全隐患被及时发现、消除了；消防等安全设施齐备、灭火器具放置合理、性能良好、逃生路线通畅，等等，安全生产有保障了。

（4）8S 为我们的作业标准化保驾护航。作业标准化也离不开作业环境的标准化，8S 使我们的设备性能稳定、工具、材料、半成品、成品摆放，标准作业畅行无阻，8S 还要求我们必须按各种规章制度工作，而且每天都在改善、都在进步。

（5）8S 使我们的劳动效率大幅提高。8S 最大的好处就是使生产作业彻底标准化了，多余的操作、无用的等待、寻找时间彻底消除了，机器性能稳定运转正常，作业效率大幅提高了。

（6）8S 使我们成了高素养的人。8S 使我们的工作在整理、整顿、清扫、清洁、素养、安全、节约、学习活动周而复始的循环中不断改进提高。8S 使我们懂得了持之以恒。在工作循环向上中我们发现自己也改变了，不仅手勤、心也勤了，更懂得了科学地工作和生活；8S 使我们从被动地按制度工作转变成自主自觉地工作，更重要的是，它使我们无论是在工作还是生活中形成了维持干

净、整洁、科学合理、文明举止的自觉意识。这就是我们的素养提高的表现吧！

通过 8S 活动，增长了知识，改变了自己

罪犯孙某受不良家庭环境和社会环境的影响，养成了自由散漫的习惯。虽然他态度端正、劳动积极，但是在个人物品和生产定置管理方面一塌糊涂。

水杯随意放、手套经常丢、劳动工具经常忘记归还。没有良好的劳动习惯，再优异的劳动成果也会大打折扣。正在他着急犯愁的时候，监区开始推行 8S 管理活动，通过整理、整顿、清扫、清洁、素养、安全、节约、学习等活动，使车间形成一目了然、干净整洁的环境，劳动者养成规范、良好的劳动习惯。监区推行 8S 管理时，特别加强了对孙某的指导和管理，针对孙某的不良习惯"对症下药"，让其对个人物品进行彻底清理，对留存的有用物品实行"三定"原则、划线定位，并严格监督。孙某开始还不太适应，认为这种管理过于死板，但是时间一久就慢慢习惯了，而且发现了 8S 管理的好处，他所有的个人物品都能在第一时间找到，大幅提高了工作效率，同时劳动区域更加干净整洁，再也没有因此被扣分。随后孙某还将 8S 管理的方法引入了监舍中，个人的生活学习环境也得到了很大改善。人人都说孙某变了，不再是原来那个丢三落四、没有秩序、自由散漫的人了。看着他的转变，监区干警高兴，孙某自己也体会到了前所未有的成就感。

孙某的例子看似简单，其实很复杂，把自己的生活打理干干净净、整整齐齐，有几个人能真正做的到？每个人都成为良好素养的人，又哪儿那么容易做的到呢？"8S"活动看似简单，其实很复杂，在整理、整顿、清扫、清洁、素养、安全、节约、学习的看似平凡而简单的劳动中，孕育着循序渐进、从事到人、从量变到质变的深刻道理，这样的道理只有在亲身体验后才能体会。孙某的改变是一个可喜的开始，但要想成为一个高素质的人，他还需要坚持、坚持、再坚持。"8S"活动的关键就是坚持，只要能坚持下去，就一定会养成良好的生活、工作习惯，

> **文化讲堂**
>
> 劳动，不仅仅意味着实际能力和技巧，而且首先意味着智力的发展，意味着思维和语言的修养。
>
> ——[苏联]苏霍姆林斯基

规范自己的言行举止，遵守纪律，最终实现素养的提高。

思考题

1. 你认为 8S 管理中的哪些方面对改善你的劳动环境和提升劳动效率最有帮助？请结合自身经验谈谈你的看法。

2. 思考一下，8S 管理中的"学习"要素如何帮助你在劳动中不断进步和实现自我改造？

3. 结合 8S 管理，反思在个人卫生、物品管理和劳动习惯方面存在哪些不足？你将如何通过 8S 管理方法进行改进？

四、重于生命的关注——质量管理

> 全面质量管理是为了能够在最经济的水平上、并考虑充分满足顾客要求的条件下，进行市场研究、制造、销售和服务，把企业各部门的研制质量、维持质量和提高质量的活动，构成为一种有效的体系。
>
> ——费根堡姆[1]

在日常劳动中，我们时时刻刻离不开质量工作，我们的每一个工作岗位、每一项管理工作，都非常强调质量的重要性。大家希望学习一些现代质量管理知识，是一件非常好的事情。不过，质量管理从传统质量管理阶段发展到以全面质量管理为核心的现代质量管理阶段，已经形成了一个非常系统的科学质量管理体系，学好质量管理并非一朝一夕的事情。但是，学习质量管理也并非遥不可及，在生产劳动过程中，罪犯参加 QC 小组活动，运用质量管理方法，已经取得了很多优秀的质量成果，学到了很多现代质量管理知识。我们只要从自身劳动岗位的实际出发，先学会使用一些经常用到的方法，活学活用，然后慢慢拓展知识面，学习质量管理就不难。

学习质量管理从树立质量意识开始

"重于生命的关注"——这节的标题前我们用了这样一句描述语，是为了强调质量就像我们的生命一样重要，强调重视质量的质量意识。现在，社会上所有的企业几乎都有一句相同的口号："质量是企业的生命。"但是，并不是所有的企业都能实践他们的诺言，他们嘴里说着"质量是企业的生命"，心里想的却是"金钱才是企业的生命"，这么做的企业不在少数，所以大多数的企业成不了真正优秀的企业。真正优秀

---

[1] 阿曼德·费根堡姆，美国全面质量控制之父。

的企业在对待质量问题上往往做的比说的还要好，所以他们才能在激烈的市场竞争中立于不败之地。在此，我们先通过"海尔砸冰箱事件"，看看这家全球大型家电第一品牌的中国企业是怎么重视质量的，也看看海尔的创始人张瑞敏是怎么让员工树立"质量第一"的意识的。我们也借用"海尔砸冰箱事件"诠释这一节的主题——"重于生命的关注"。

海尔砸冰箱事件

1985 年的一天，海尔集团前总裁兼创始人张瑞敏派人把库房里的400 多台冰箱全部检查了一遍，发现共有 76 台存在各种各样的缺陷。张瑞敏把职工们叫到车间，问大家怎么办？多数人提出，也不影响使用，便宜点儿处理算了。张瑞敏说："我要是允许把这 76 台冰箱卖了，就等于允许你们明天再生产 760 台这样的冰箱。"他宣布，这些冰箱要全部砸掉，谁干

有缺陷的产品就是废品——砸出来的质量意识

的谁来砸，并抡起大锤亲手砸了第一锤！很多职工砸冰箱时流下了眼泪。在接下来的一个多月里，张瑞敏发动和主持了一个又一个会议，讨论的主题非常集中："如何从我做起，提高产品质量"，会上很多职工说出了砸完冰箱的心里话："要么不干，要干就要争第一。"三年以后，海尔捧回了我国冰箱行业的第一块国家质量金奖。

张瑞敏说："长久以来，我们有一个荒唐的观念，把产品分为合格品、二等品、三等品、等外品，好东西卖给外国人，劣等品出口转内销自己用，难道我们天生就比外国人贱，只配用残次品？这种观念助长了我们的自卑、懒惰和不负责任，难怪人家看不起我们，从今往后，海尔的产品不再分等级了，有缺陷的产品就是废品，把这些废品都砸了，只有砸得心里流血，才能长点记性！"

公司的老职工胡秀凤说："忘不了那沉重的铁锤，高高举起又狠狠落下，76 台成品冰箱顷刻毁于一旦。它砸碎的是我们陈旧的质量意识，

唤醒了我们去努力提高自身产品质量的意识。有了质量，我们才有了现在的一切。"

"有缺陷的产品就是废品。"——张瑞敏借砸冰箱事件不失时机地提出了海尔的第一个质量理念，这个理念彻底更新了员工"陈旧的质量意识"。"海尔砸冰箱事件"这样的质量理念在20世纪80年代的中国是非常超前的，当时的中国家电行业乃至整个经济都处于短缺经济时代，有点缺陷的产品也能卖出去。张瑞敏却坚定地认为，只有在员工中普及"有缺陷的产品就是废品"的观念，才能彻底破除小生产意识，使员工的思想深处受到触动，认识到产品质量的确关系到企业的生命。通过砸冰箱事件，海尔第一次提出了追求卓越的经营理念——"要么不干，要干就要争第一"。在后来的质量管理工作中，海尔又提出了"高标准，精细化，零缺陷""优秀的产品是优秀的人干出来的"等质量理念。这些理念不断强化了海尔员工的质量意识，正是靠这种过硬的质量意识和海尔坚持不懈地推行全面质量管理，海尔才成了世界领先的企业。

学习质量管理，首先要培养优秀的质量意识，没有好的质量意识，学多少质量管理知识也不能得到很好地运用。下面我们列出世界一些最优秀企业的质量理念和质量管理专家的质量格言，希望大家以此培养自己的质量意识。

（1）有缺陷的产品就是废品。——海尔的质量理念之一

（2）高标准，精细化，零缺陷。——海尔的质量理念之二

（3）优秀的产品是优秀的人干出来的。——海尔的质量理念之三

（4）产品质量是生产出来的，不是检验出来的。——美国质量管理大师戴明博士

（5）对产品质量来说不是100分就是0分。——日本经营之神松下幸之助

（6）质量是企业的生命，质量是品牌的基础。——质量理念培训格言

（7）产品质量无小事，质量安全大如天。——当今频发质量安全事故多次被提起的格言

（8）过硬的质量是参与竞争的保证。——企业共同的质量格言

全面质量管理的思想并不深奥

正像前面我们讲过的作业管理的核心是标准化、效率化，目视管理的核心是可视化，8S 管理的核心是素养，全面质量管理的核心和灵魂则是"三全"——"全面、全过程、全员参与"的质量管理。"全面"是指企业的各个部门、方方面面的工作都与质量有关，都要纳入质量管理中；"全过程"是指对产品设计、研制、生产、销售以及售后服务的整个过程进行全过程的质量管理；"全员参与"是指企业中的每个人都是质量管理的参与者，每个人都有自己的质量职责。这"三全"是对以往的质量管理的一次革命性的变革，全面质量管理的"三全"思想并不深奥，但对我们每个人都非常重要。我们在这一节的导读中引用了费根堡姆对全面质量管理的定义，这个定义中明确体现了"三全"思想。全面质量控制之父、质量大师费根堡姆在 1961 年首次提出了全面质量管理概念。

文化讲堂

树立质量意识不仅使你高质量地做好当前的本职工作，而且有助于你提高自身素质，有助于你走向社会后实现自己的人生跨越。

全面质量管理是全员参与的管理

1987 年，某大学生实习小组的成员，带着政府在企业中推动全面质量管理的任务入驻了一家大型国有企业，向企业宣讲和促进全面质量管理。在车间，大家遇到的最大问题是工人们把对待管理的偏见带到全面质量管理中来，他们认为"管理是管理人员的事，我们就是工人，是

干活的"。直至车间里开展了 QC 小组活动，这种情况才有所改变；在一些非生产部门，遇到的问题是"质量管理是质量管理部门、生产部门的事，我们不是搞生产的，也不是搞质量的"。

其实，现在的很多企业、很多人对少数全面质量管理的误区误解仍然或多或少的存在。所以，推行全面质量管理，宣传贯彻"三全"思想是重要的第一步。对于我们这些生产现场的作业者来说，我们一定要认识到"全员参与"的重要性，认识到全面质量管理我也有一份。

QC 小组活动是既提高质量、又提升自我的好平台

QC 小组的全称是"质量管理小组"，QC 是质量管理英文（Quallity Control）的缩写。QC 小组是在生产或工作岗位上从事各种劳动的员工，围绕生产现场存在的问题，以改进质量、降低消耗，提高人的素质和经济效益为目的组织起来，运用质量管理的理论和方法开展活动的小组。QC 小组是企业中群众性质量管理活动的一种有效的组织形式。

QC 小组活动使普通的生产作业者都有参与全面质量管理的好机会、好平台。QC 小组一般为解决生产中存在的某一个质量问题自由组合，也可以由管理部门协调指定组成。

QC 小组组建以后，从选择课题开始，开展活动。具体的活动程序如表 6-1：

表 6-1 某 QC 小组活动程序

步骤	活动内容和要求	使用方法	对应 PDCA 循环
选题	以质量问题为主，还可选择降低成本、设备管理、提高效率等种类生产问题，甚至劳动改造的思想症结	会议研讨、现场调查	

续表

步骤	活动内容和要求	使用方法	对应PDCA循环
确定目标值	确定合理的目标值：目标值要定量化，使小组有明确的努力方向，便于检查，活动成果便于评价；注重实现的可能性，既要防止目标值定得太低，小组活动缺乏意义，又要防止目标值定得太高，久攻不克，使小组成员失去信心	根据产品质量标准、作业标准或行业先进水平等	P（计划）
调查现状	认真调查选题现状，收集整理数据；调查时，应根据实际情况，应用不同的QC工具	调查表、排列图、折线图、直方图、管理图、饼分图等	
查找原因	针对调查的现状，依靠掌握的数据，进行分析，找出问题的原因	因果图、相关图、排列图、控制图	
找出主要原因	经过原因分析，根据关键的少数、次要多数原理，进行排列，从中找出主要原因。在寻找主要原因时，可根据实际需要应用等不同分析方法	因果图、排列图、关联图、相关图、矩阵分析法、分层法	
制定对策	主要原因确定后，制定相应的措施计划，明确解决主次问题的具体措施，要达到的目的，谁来做，何时完成以及检查人是谁	确定固定的工作流程	
实施对策	按对策分工实施，小组长组织成员，定期、不定期地检查课题进展情况，发现问题要及时研究、解决，达到活动目标	按流程、分工负责，注意反馈	D（实施）
检查效果	将措施实施前后的情况进行对比，看实施是否达到了预定的目标。达到了预定目标，小组可进入下一步工作；如果没达到预定目标，应对计划执行情况及其可行性进行分析，找出原因，在第二次循环中加以改进	矩阵图、矩阵数据分析法、自查、互查	C（检查）

步骤	活动内容和要求	使用方法	对应 PDCA 循环
巩固提高	达到了课题目标值，说明课题已经完成。为了保证成果得到巩固，小组必须将一些行之有效的措施或方法纳入工作标准、工艺规程或管理标准，经有关部门审定后纳入企业有关标准或文件。如果课题的内容只涉及本班组，可以通过班组守则、岗位责任制等形式加以巩固	制定工作标准、工艺规程或管理标准、班组守则、岗位责任制等。继续循环	A（行动或处理）

　　通过 QC 小组的活动程序我们不难看出，QC 小组活动的特点，如人人参与、目标明确、程序严谨、方法科学、方式多样、活动民主以及高度的团队协作充分说明，QC 小组活动不仅是攻克难题、改进质量的好方法，而且对人的教育、培养、锻炼意义非常大。在监狱里面，有很多罪犯参与了 QC 小组活动，取得了改进质量和改造人的双重效果。下面表 6-2 我们给出某监狱一个 QC 小组活动的成果发布表，看看他们的课题开展和小组成员在质量和人上面的双重收获。

表 6-2　QC 小组成果发布表

单位	十四监区	小组名称	十四监区 QC 小组	发布人	李某
课题名称	提高罪犯传统文化认知率				
现状：罪犯传统文化认知率为 43.56%		目标值：罪犯传统文化认知率提高到 96.40%			

社会效益（详细叙述）

1. 通过 QC 小组活动，罪犯充分认识到了传统文化对服刑改造的功能作用，提高了罪犯学习传统文化的积极性，净化了罪犯的心灵，营造了监区文明和谐的改造环境。
2. 通过 QC 小组活动，小组成员理论水平和合理解决问题的能力得到了提高，增强了团队精神，为下一步深入开展 QC 小组活动奠定了基础。
3. 小组成员体会：QC 小组活动指导人生。
　　作为一名罪犯，在两年的时间里，我先后参加了监区 2009 年"提高罪犯综合缝纫技术"、2010 年"提高罪犯传统文化认知率"等 QC 小组活动，切身感受到 QC 小组活动，犹如改造道路上的一盏明灯，QC 的一些理念同样可以指导我们加速自我改造，提高新生质量。
　　QC 小组的活动过程，也是提高 QC 小组成员改造质量的过程，QC 小组每确定一个选题都要经过科学严谨地分析，每制定一个目标都要缜密分析解决问题的要因、非要因，为下一步的实施打下坚实的基础，以保证目标的最终实现。我们的改造过程

续表

亦是如此。在制定改造计划过程中，如果抓不住主要矛盾，没有一个明确的改造目标，就制定不出一个有效、切实可行的改造计划，就会在改造路上走弯路。很多罪犯将犯罪的原因统统归结于外部环境、他人影响等客观因素，从未或很少从自身、从主观方面查找原因。在剖析原因时，如果能直面自我，运用头脑风暴法中末端因素分析法，持"不达目的决不罢休"的态度，就一定能找出个人道德缺失和法治意识淡薄等方面的主观原因，同时，把人生观的改造作为提高改造质量的要因，决心在思想改造上下功夫，就一定能"对症下药"，并做到"药到病除"。

在 QC 小组活动过程中，我深刻体会到，在改造过程中必须不断地加强改造主体意识，才能进一步全面提高改造质量。今年我们 QC 小组活动课题是"提高罪犯传统文化认知率"，按照以往的观念，罪犯都是被动接受教育，但是在 QC 小组活动中，警官和罪犯都是以普通成员的身份参加活动，而且是以"怎么使罪犯更好地接受传统文化教育"作为课题，这样就必然导致观念的转变，就会变被动为主动，让罪犯以改造主体的身份参加 QC 小组活动，罪犯参与了监区开展传统文化教育的策划、实施、检验、改进等全部工作，无论是对原有教育方式进行调查，还是选择新的突破、制定课题目标和对策计划，直到方案的具体实施和改进，警官总是与罪犯共同完成，使罪犯真正在思考并实践着"怎样更好地进行思想改造"这一严肃课题。通过 QC 小组活动，我对改造质量的概念有了更明确的认识，只有将自己纳入改造质量管理的范畴，不断加强改造主体意识，才能全面提高改造质量，实现早日回归社会的目标。

QC 还教会我反思做人的道理和融入和谐改造环境的方法。质量是以"特性"与"要求"之间的关系来描述的，不管个体特性如何，只有适应群体的要求，符合一定的规范，才能判定为好的质量。同理，如果一个人一切以自我为中心，无视法律和社会道德规范，损害他人和社会的利益，人生也就没有"质量"可言。

QC 也教会我正确对待挫折、理解人生。质量的提高是一个持续、长期的过程，任何活动都不是一蹴而就的，总会出现波折和反复，这就需要我们树立坚定地信心和与困难作斗争的准备，不满足一时的进步，也不气馁于一时的挫折，持之以恒才能登上新生的彼岸。

参加 QC 小组活动的收获和体会

罪犯刘某说："我们要感谢监狱开展的 QC 小组活动，给我们构建了一个良好的学习平台，让我们通过学习收益良多。就拿我来说吧，原来根本就不知道 QC 是什么，更没有想到自己能够参加 QC 小组活动，并站在这里将自己学习

实践的成果汇报给大家。我原来从事穿墙孔打孔劳动，只是简单的完成劳动任务而已，从没想到这里面能有这么大的学问。QC 小组活动使我学会了什么是直方图，什么是控制图，一个穿墙孔的数值需要用上百个数据来确定，我才知道过去自己是多么无知，这次是 QC 架起求知路，通过 QC 长才干呀！"

罪犯胡某在 QC 小组活动中开始认真思考人生："这次 QC 小组活动从分析茄苗移栽成活率的种种原因，到选种育苗的全过程，不正是对我们人生道路一次很好的梳理吗？茄子的生长，从种子培养到控制温度、湿度、土壤保墒走过了扎扎实实的每一步。这也给我们今后的人生之路以深刻的启示，现在茄子已经成熟，辛勤的劳动已经结出了丰硕的果实，这果实是我们辛勤汗水浇灌出来的，是我们 QC 小组全体成员智慧的结晶，也是我们改造的成绩单。"

PDCA 循环是质量的"上升环"，也是人生的"进步环"

在上面的 QC 小组活动程序表中，最后一列对应的是 PDCA 循环。PDCA 循环是能让任何一项活动有效进行的一种合乎逻辑的工作程序，在质量管理中得到了广泛的应用。P、D、C、A 四个英文字母所代表的意义如下：

P（Plan）——计划。包括方针和目标的确定及活动计划的制定。

D（Do）——执行。执行就是具体运作，实现计划中的内容。

C（Check）——检查。就是要总结执行计划的结果，分清哪些对了，哪些错了，明确效果，找出问题。

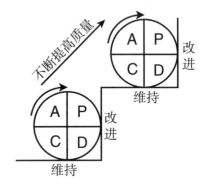

A（Action）——行动（或处理）。对总结检查的结果进行处理，成功的经验加以肯定，并予以标准化，或制定作业指导书，便于以后工作时遵循；对于失败的教训也要总结，以免重现。对于没有解决的问题，交给下一个 PDCA 循环去解决。

PDCA 循环的可贵之处是不断循环，持续改进。每完成一个循环，工作和参与循环的人就迈上一个新的台阶。

许多参加 QC 小组活动的罪犯对 PDCA 循环深有体会，他们不仅认识到 PDCA 循环能使质量和工作不断改进，更难能可贵的是，他们还认识到 PDCA 循环用途广泛，人进步也可以用 PDCA 循环的道理，不断提升自我。

运用 PDCA 循环的体会

某监狱罪犯刘某在 QC 小组活动中领悟到了 PDCA 循环对人进步的推动作用："QC 小组活动，让我明白了 PDCA 不断循环改进的道理，产品质量要环环控制，做人做事要脚踏实地。罪犯之所以锒铛入狱就是由于放纵了自己人生的言行。所以要新生就要像控制产品质量一样控制好自己人生的每一步。"

罪犯李某对 PDCA 循环的感触更深："如果说学习文化知识、掌握生产技能和其他劳动技能是回归社会的物质生活保障的话，那么，从 QC 小组活动中学到 PDCA 的科学方法，则是回归后的精神生活保障，它会使我们在今后的人生道路上学会思考，走好今后人生的每一步。"

1950 年，在戴明博士等质量管理大师的帮助下，日本开始利用统计工具来控制产品的质量，质量运动在日本全面展开，坚持不懈地发展全面质量管理。到 20 世纪 80 年代，美国人发现日本的质量已经超越了美国，开始研究日本的质量策略，这才发现了"教日本人提升质量的美国人"戴明博士。美国国家广播公司（NBC）播放了"日本能，为什么我们不能？"的节目后，美国开始接收戴明博士的观点，并掀起了全民质量运动。在此，我们也借用美国国家广播公司的这句话，向大家提出倡议："别人能，为什么我不能？""我能，一切皆有可能。"希望大家在学习和运用现代质量管理知识的道路上，坚定信心，掌握知识，提高自己。

思考题

1. 思考一下，你如何理解"有缺陷的产品就是废品"这一质量理念？在你的劳动中，你将如何确保每一项工作都达到无缺陷的标准？

2. 请结合"海尔砸冰箱事件"，谈谈这一事件对你树立质量意识的启示。

3. 在你的劳动中，你将如何运用全面质量管理的理念，提升自己工作的质量，同时促进个人素质的提升？

五、让管理看得见——目视管理

必须形成谁看都一目了然的作业现场。就质量来说，使问题表面化，就数量来说，计划是完成了还是拖后了，要做到一看就明白。

——大野耐一[1]

什么是目视管理？目视管理是指利用形象直观、色彩适宜的各种视觉感知信息来组织现场生产活动，提高生产效率的管理工作。简单地说，就是通过视觉感应，引起意识变化的管理方法。"目"就是眼睛，"视"就是看，通过眼睛看，看到某种现象引起意识发生变化，再指导自己的动作和行为。

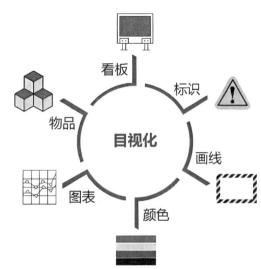

在我们的日常生活和工作中，目视管理的应用很多，比如，红灯停，绿灯行，人行横道斑马线，还有我们经常用的饮水机，红色代表热水，蓝色代表冷水等，这些都是目视管理的运用。目视管理相较于其他的管理手段，更加形象直观、简单方便。据说人与人的交流是按照视觉60%、听觉20%、触觉15%、嗅觉3%、味觉2%这个比例完成的，正所谓"百闻不如一见"。现场中的管理信息用图表、信号灯、标识牌、电子显示屏、电视、仪表等发出视觉信号，形象直观、容易认读和识别，可以迅速而准确地传递信息，无须管理人员现场指挥。所以，人们经常把目视管理又叫作"看得见的管理""一目了然的管理"。

---

[1] 大野耐一（1912–1990），丰田生产方式的创始人。

目视管理打造"傻瓜现场"

我们很多人都用过"傻瓜相机",现在很多相机设计得非常简单、直观,一看就会用。目视管理可以采用"傻瓜相机"的原理,把生产现场打造得简单、直观、可视化,使现场的各种操作让人一看就明白,即使是一个参观者也能一目了然,即使是一个新工人也能很快上手操作,我们称为"傻瓜现场"。操作者该做什么、在哪里做、什么时候做、怎么做、生产中出了什么问题,甚至出了问题如何处理都有显示,都能一目了然。

目视管理的物品管理

在仓库、办公室、车间工位等任何场所,都可以用目视管理法,管理各种工具、材料、在制品、半成品、成品、残次品、可回收、不可回收的废料、文件、图纸等。

目视管理用于物品管理的要领

(1)用正确方法标识物品固定的、明确的存放场所,如仓库告示板、成品区。

(2)物品目视标识要采取具体、易懂的方法,如色带标识、实物展示、简要文字。

(3)对物品品种、数量的标识也要一目了然,如蓝色表示正常,黄色表示需要补充,红色只够两分钟的用量。

(4)要与企业整体管理相对接,如现场定置管理、5S管理等。

目视管理的作业管理

目视管理既要使现场的管理者和监督者对作业状况一目了然,又要使作业者对作业流程、注意事项、问题处理一目了然。可以在现场张贴考勤管理板、作业顺序图、人员配置板(如车床、冲床等型号机台人员配置表)等作业管理目视工具,也会用到大量的指导操作者操作的目视标识，如作业位置、摆放位置、物流去向、安全警示等标志。如使用物品的品种与放置场所图、心情天气图、考勤管理板等。

目视管理用于作业管理的要领

（1）让作业中的作业、品质、利益管理一目了然。

（2）让作业中的操作、设备、在制品管理状况一目了然。

（3）让作业中的 5S、默契、士气高涨的状态一目了然。

目视管理的设备管理

目视管理运用于设备管理，可以用形象、直观的方法表明设备操作方法、设备性能、故障判断、维修管理等。比如，用指针和表盘指示设备压力是否处于正常范围，蓝色表示正常，红色表示异常。又如，使用标签贴在设备上，不同颜色的标签来区分设备的重要程度，根据重要程度指定 2 名或 1 名负责人。

目视管理用于设备管理的要领

（1）让设备的操作、使用一目了然。

（2）想办法依靠眼睛就能判断设备是否正常。

（3）让设备的维修、维护、保养制度一目了然。

目视管理的注意事项

（1）全员参加，每个人都能一目了然。

（2）充分利用五官，目视管理并非一味地局限于视觉。

（3）一定要注重管理效率的提高。

（4）在产品、工序、作业的设计阶段就把目视管理考虑进去。

（5）要与其他的管理方法统一配合，如 5S 管理、定置管理等。

（6）通过创新、创意、QC 小组活动改进目视管理。

思考题

1. 思考一下，在你的劳动中目视管理如何帮助提高效率和安全性？请举例说明。

2. 在你的工作场所，有哪些目视管理的工具或方法可以进一步改进或创新，以使信息传递更加直观和高效？

3. 结合目视管理的原理，思考一下你如何在日常生活中应用这一方法，以提升个人生活的组织性和条理性？

推荐书目

1. 《管理的实践》，彼得·德鲁克，机械工业出版社 2009 年版。

2. 《从优秀到卓越》，吉姆·柯林斯，中信出版社 2006 年版。

3. 《管理学：原理与方法》，周三多、贾良定，复旦大学出版社 2010 年版。

4. 《科学管理原理》，弗雷德里克·泰勒，中国科学技术出版社 2023 年版。

5. 《管理的常识》，陈春花，机械工业出版社 2024 年版。

推荐电影

1. 《社交网络》（2010 年），大卫·芬奇执导。

2. 《大企业》（2003 年），马克·阿克巴、詹尼弗·阿尔伯特执导。

3. 《钱学森》（2012 年），张建亚执导。

4. 《美丽心灵》（2001 年），朗·霍华德执导。

第七篇 安全生产 一失万无

　　在生产劳动中，一定要把安全放在第一位，因为我们的生命是最宝贵的。在上岗劳动之前，我们接受了安全生产教育培训，学习了安全意识、劳动保护、安全制度、安全技术等各种安全生产知识。在生产过程中，我们必须严格按照各项安全生产管理规定、安全生产操作方法进行操作。安全生产，始于人，终于人，人是安全的最大受益者，也可能是不安全的最大受害者。有多少悲剧令人扼腕叹息，有多少生命可以重来。把握安全，把握生命，安全在自己手中。

【阅读提示】

　　1. 帮助罪犯认识到安全生产的重要性和紧迫性；

　　2. 引导罪犯掌握基本的安全生产知识和技能，提高在生产中的自我保护能力。

一、不容忽视的安全标志

多看一眼，安全保险；多防一步，少出事故。
——安全宣传标语

安全标志是生产作业场所中最常见、最明显的安全提示信息，就像道路上的红绿灯及各种交通信号一样，规范作业者的作业行为，提示作业者安全操作。安全标志根据国家标准规定，由安全色、几何图形、图像符号构成，用以表示禁止、警告、指令和提示等安全信息。安全标志在安全生产中的作用非常重要。作业场所或者某些设备设施存在较大的危险因素，通过醒目的安全标志，警告生产人员注意，时刻清醒地意识到所处环境的危险，按安全标志的指示操作，加强自我保护，预防事故发生。当危险发生时，指示人们尽快逃离，或者指示人们采取正确、有效、得力的措施，对危害加以遏制。

安全标志的种类

在《安全标志及其使用导则》（GB 2894—2008）中，共规定了四大类传递安全信息的安全标志。

（1）禁止标志：表示不准或制止人们的某种行为。图像为黑色，禁止符号与文字底色为红色。如图7-1的禁止标志。

图7-1　禁止标志

（2）警告标志：表示提醒人们注意可能发生的危险。图形、警告符号及字体为黑色，图形底色为黄色。如图7-2的警告标志。

图7-2　警告标志

（3）指令标志：表示人们必须遵守，用来强制或限制人们的行为。图形为白色，图形底色为蓝色。如图7-3的指令标志。

图7-3　指令标志

（4）提示标志：表示向人们提示目标的方向。提示标志的底色为绿色，文字为白色。如图7-4的提示标志。

图7-4　提示标志

安全标志的使用

安全标志是为了向现场人员警示工作场所或周围环境的危险状况，指导人们采取合理行为设置的。生产现场作业人员必须严格按照安全标志所表示的信息进行操作。这就要求首先必须学习和认识各种安全标志，其次必须有按安全标志劳动的意识，最后必须严格按照安全标志进行作业。这里要特别强调具备按安全标志操作的意识，就像在公路上行走或开车，必须遵守红绿灯规则一样。很多安全生产事故发生以后，人们会分析各个方面的原因，往往忽视安全标志的作用，说明在生产现场中安全标志并没有引起人们的足够重视。

检修不设警示标志，付出生命代价

某厂天车检修工王某，未按工种要求穿工作服，而是穿便装未系衣扣上岗。他在5号天车上坚固大车减速机的地脚螺栓时，没有按检修规程的规定在天车两界设立警示标志。当4号天车因工作需要驶来时，王某及天车工也没能及时通知4号天车工停车，4号天车推动5号天车运行，而此时，王某未系扣的上衣搭在天车传动轴齿轮上，随着天车的运转，王某上衣被齿轮紧紧绞住，将王某的脖子软骨绞碎，经抢救无效死亡。

表面看这起死亡事故的原因是王某未按要求穿工作服，其实最根本原因是他在检修时没有按规定在天车两界设立警示标志，如果设了警示标志，4 号天车驾驶员看到警示标志，就会停止作业，也不会发生推动 5 号天车导致王某死亡的事故。

思考题

1. 回想你在劳动岗位上的经历，是否有因忽视安全标志而发生危险的情况？你如何确保今后在工作中重视并遵守安全标志？

2. 安全标志在劳动场所中扮演着怎样的角色？请结合自身经验，谈谈你对安全标志重要性的认识。

3. 你将如何参与到提高同伴对安全标志重要性认识的活动中，以减少生产中的安全隐患？

二、正确穿戴防护用品就是保护生命

安全标志不是装饰品，是关爱生命的提示。
——安全宣传标语

劳动防护用品（又称个人防护用品）是指劳动者在生产过程中为抵御物理、化学、生物等外界因素伤害人体而穿戴和配备各种物品的总称。使用劳动防护用品，通过采取阻隔、封闭、吸收、分散、悬浮等措施，能起到保护身体的局部或全部免受外来侵害的作用。尽管在生产劳动过程中采取了多种安全措施，但穿戴和配备劳动防护用品仍是必不可少的一个环节。在很多情况下，劳动防护用品是保护劳动者安全的最后一道防线。

劳动防护用品的分类和用途

按人体生理部位可以把劳动防护用品分为以下几类：

（1）头部防护用品：头部防护用品是为防御头部不受外来物体打击和其他因素危害而采取的个人防护用品。主要有普通工作帽、防尘帽、防水帽、安全帽、防高温帽等9类。

（2）眼睛或面部防护用品：眼睛防护用品是为防御烟雾、灰尘、金属火花、金属屑、辐射、紫外线、激光、化学品飞溅等伤害眼睛或面部的个人防护用品。主要有防尘眼镜、防酸眼镜、防飞溅眼镜、防紫外线眼镜、焊接护目面罩等9类。

（3）呼吸道防护用品：呼吸道防护用品是为防止有害气体、蒸汽、粉尘、烟雾等经呼吸道吸入或直接向配用者供氧或清净空气，保证在尘、毒污染或缺氧环境中作业人员正常呼吸的个人防护用品。主要有防毒口罩、防毒面具、防尘口罩、氧（空）气呼吸器等。

（4）听觉器官防护用品：听觉器官防护用品是能够防止过量的声能侵入外耳道，使人耳避免过度的噪声刺激从而造成听力损伤或人身不良影响的个人防护用品。主要有防噪声耳塞、护耳罩、噪声阻抗器等3类。

（5）手部防护用品：手部防护用品是具有保护手或手臂功能的个人防护用品。主要有绝缘手套、耐酸碱手套、耐油手套、棉纱手套、防静电手套、耐高温手套等 12 类。

（6）脚部防护用品：脚部防护用品是防止有害物质和能量损伤脚部的护具或防护鞋。主要有工矿靴、绝缘靴、耐酸碱靴、安全皮鞋、防砸皮鞋、耐油鞋等 13 类。

（7）身躯防护用品：身躯防护用品是保护身躯的衣物。主要有耐酸围裙、防尘围裙、工作服、雨衣、太阳伞及各种防护服等 14 类。

（8）护肤用品：护肤用品用于防止皮肤外露部分受到化学、物理等因素（如酸碱溶液、漆类、紫外线等）的侵害。主要有防晒、防射线、防油、防酸、防碱等用品。

（9）防坠落用品：防坠落用品是为了防止作业人员从高处坠落的保护用品，主要有安全带和安全网两种。

必须正确选用和坚持使用劳动防护用品

要根据工作场所的危害因素及其危害程度，按照劳动防护用品的使用要求，正确地选用和坚持使用防护用品，养成凡上岗作业必须按要求穿戴防护用品的良好习惯。有人嫌防护用品穿戴后不灵活、不舒适，有的人嫌麻烦，有的人嫌天气热等，无论是什么原因，不坚持使用防护用品的做法是非常危险的。

不戴安全帽，抢救无效死亡

某水泥构件有限公司起重操作工陈某与吴某两人在进行行车吊装水泥沟管作业。陈某用无线遥控操作行车运行，挂钩工吴某负责水泥沟管吊装。当行车吊装水泥沟管离地约 20 公分时，沟管发生摆动，碰撞陈某小腿，致使陈某后仰倒下，头部撞到身后堆放的水泥沟管，由于陈某没按要求佩戴安全帽，抢救无效死亡。

这起事故发生的原因虽然是多方面的，如陈某未经行车操作培训、未取得有效特种作业操作证书、安全意识差、操作不当等，这些原因都可能导致事故的发生，但令人扼腕叹息的是，如果陈某戴了安全帽，虽不能防止事故的发生，却很可能保住他的生命，甚至只会受轻伤，劳动防护用品是保护劳动者安全的最后一道防线。但生命已逝，哪有如果。

嫌天热摘掉防护用品，作业人员在劳动中晕倒

罪犯李某，在顺利取得"两证"之后，在某监狱第八监区正式上岗劳动。监区生产车间承接了一批加工项目，其最后一道工艺是在盒底粘贴软垫，需要在原有的封口胶中勾兑某种乳液，以保证产品的美观及牢固。该乳液属高挥发性微毒原料，在安全培训教育中，已向参与作业的服刑人员介绍了原料的领取、使用、回收规定，并要求所有现场劳动人员全部佩戴面具、口罩、手套进行保护。6月的一天，天气异常闷热，李某在进行加工时突然昏倒，经医院救治，李某恢复正常。经查明，造成李某昏厥的原因是在劳动过程中，李某感觉天气闷热，佩戴防护用品不舒服，所以在干警巡视间隙私自摘除防护用具，由于吸入较多该乳液的挥发气体，导致了昏厥现象。事后，监区对李某不按规定佩戴劳动保护用品的行为进行了批评教育，进行了相关处理。

在劳动中，很多劳动者由于各种各样的原因不坚持使用或不正确使用劳动防护用品，但造成的结果是一样的，都是自身安全受到伤害。所以，我们必须牢固树立安全防范和自我保护意识，严格按照劳动防护用品的使用规定使用防护用品，否则，自身安全就难以保证。

使用劳动防护用品须"三会"

"三会"即会检查防护品的安全可靠性、会正确使用防护品、会维护保养防护品。首先，检查防护用品的安全可靠性，防护用品的质量对使用者至关重要，如安全带因质量不好使用中发生断裂，后果不堪设想。所以，劳动者必须掌握所使用防护品的性能，并能发现存在的缺陷和质量问题，保证其可靠性；其次，会正确使用防护用品，使用正确与否，直接关系到防护品作用的发挥。要求劳动者必须了解防护品的正确使用方法和注意事项，以免受其害；最后，会维护保养防护用品，特别是对安全帽、安全带等一些特殊防护用品，要定期检查和保养，保持其良好性能。

穿戴工作服不符合要求，女工被绞入纺纱机身亡

上海某纺织厂一名女工，不遵守岗位作业要求，把纱巾围在脖子上就上岗作业，她在接线时，纱巾的末端卷入梳毛机轴承细缝里，致使该女工的脖子被猛地勒在纺纱机上，结果被勒身亡。

这起事故的原因是该女工违反防护用品使用规定，穿戴不符合要求。按规定，操作旋转机械时，一定要做到工作服"三紧"，"袖口紧、下摆紧、裤脚紧"；不要戴手套、围巾；女工的发辫要盘在工作帽内，不能露出帽外。像类似这名女工的安全事故有很多，我们即使不是做类似工作的，也要举一反三，防微杜渐。

思考题

1. 在生产劳动中，正确穿戴劳动防护用品就是保护我们的生命，你能做到按要求穿戴防护用品吗？

2. 请反思过去在工作中是否有不按规定穿戴劳动防护用品的行为？你将如何改变以确保自己和他人的安全？

3. 劳动防护用品在保护劳动者安全方面发挥着怎样的作用？请结合

实际例子说明你的理解。

4. 当遇到极端天气或不舒服时，你将如何坚持正确使用劳动防护用品，并影响他人也这样做？

三、"电老虎"看不见摸不着

安全树上开新花，用电安全靠大家。
——安全宣传标语

随着现代社会生产的发展，电气化已经非常普及，可以说无处不用电，无时不用电。电在给我们的生产和生活带来极大便利的同时，也常常给我们带来伤害。由于缺乏电气知识，电气设备选用、配置不好或维护不力，用电不当或者因为种种外在因素，如撞击、振动、高温、高湿等造成接触不良、接线松脱、绝缘老化破损而形成漏电、短路等，会引发各种电气事故，导致人员伤亡、设备损坏、电气火灾或者爆炸等。相对其他的安全事故来说，电气事故和触电伤害更具有隐蔽性和快速致死、致伤的特点。所以学习必要的电气和用电知识，掌握用电安全技能，对任何一个人都是必不可少的。

电气事故及其种类

电气事故是指由电气设备故障、使用不当直接或间接造成设备损坏、人员伤亡、环境破坏等后果的事故。电气事故分为触电事故、静电事故、雷电灾害、射频辐射危害、电路故障等五种。

触电事故是由电流能量造成对人体的伤害。

静电事故是因静电放电或静电力作用，导致发生危险或损害的现象。静电电压可高达数万乃至数十万伏，在火灾和爆炸危险场所中，静电是一个十分危险的因素。

雷电灾害是大气电，具有电流大、电压高等特点，其释放出的能量可产生极大的破坏力，可损坏设施、设备，还可直接伤及人畜，或引起火灾和爆炸。

射频辐射危害是指人体在高频电磁场作用下吸收辐射能量，使人的中枢神经系统、心血管系统等受到不同程度的伤害。

电路故障包括接地、漏电、短路、断线、过载、元件损坏等多种故障和事故。电路故障不仅威胁人身安全，而且会严重损坏电气设备。

贸然工作导致充电设备短路

某队职工李某在班长安排下进行更换充电架指示器工作，由于一时螺丝难以卸下，李某就用自制套管顶住螺丝，结果造成了充电设备的短路。

这起短路事故的主要原因是充电工李某安全意识淡薄，没有搞清充电设备原理，贸然工作造成的。

触电事故的种类

在我们日常生产劳动中发生最多的是触电事故，可分为电击和电伤两种。

电击分为直接接触电击和间接接触电击，是最危险的触电伤害，大多数触电死亡是电击造成的。直接接触电击是指人体直接接触或接近造成的触电；间接接触电击是指由于故障使正常情况下不带电的电气设备外壳带电造成的触电。

直接触电和间接触电并存的触电死亡

某厂职工子弟中学校办工厂的一名青年管工，在承包工程的室外地沟里进行焊接管道作业，接电焊机二次回路线往焊管搭接时触电，他倒地后，又将回路线压在身下，导致身亡。

该管工在雨后有积水的管沟内对接管时，脚上穿的塑料底布鞋和手上戴的帆布手套均已湿透。当右手接电焊机回路线往钢管上搭接时，裸露的线头触到戴手套的左手掌上，使电流在回线—人体—手把线（已放在地上）之间形成回路，电流通过心脏。尤其是触电倒下后，在积水的沟内人体成了导体。这时，人体电阻在 1000 欧左右，电焊机空载二次电压在 70 伏左右，则通过人体的电流为 70 毫安。而成年人通常的致命电流为 50 毫安。70 毫安电流使其心脏不能再起压送血液的作用，所以血液循环停止造成死亡。

触电事故的发生规律

　　触电事故大多是由于缺乏安全用电知识或不遵守安全技术要求，违章作业所致。其发生的规律主要有：一是季节性，二三季度事故较多，夏秋多雨、潮湿，降低了电气绝缘性能，人体多汗衣单，降低了人体电阻；二是低电压触电事故多，低压电网、电气设备分布广，人们思想麻痹，缺乏电气安全知识，导致事故增多；三是单相触电事故多，单相触电事故占触电事故的 70% 以上，往往是非持证电工或一般人员私拉乱接，无安全措施所致；四是多发生在电气设备的连接部位，由于连接部位经常活动、坚固件松动、绝缘老化，易出现隐患和触电事故；五是某些行业事故多，冶金行业、机械行业、化工行业、建筑行业等，由于用电频繁、环境条件差易发生触电事故。

夏季防护用品被汗水湿透失去防护功能触电身亡

　　某厂一名铆工在进行点焊固定工件作业时触电身亡。非电焊工干点焊；所用焊把末端因绝缘破损而漏电；夏天天气高温炎热，为保证产品质量，工作现场不能使用降温风扇，致使工作服、防护手套被汗湿透，这些因素导致入厂 1 年，才 20 岁的小伙子离开了人世。

　　这起触电死亡事故是典型的夏季环境的不安全因素加之缺乏安全用电知识造成的。

生产中安全用电和触电事故的预防

要想实现生产中安全用电，预防触电事故，首先，必须自觉提高安全用电的意识和觉悟，坚持"安全第一，预防为主"的思想，从内心真正地重视安全。其次，必须通过掌握安全用电的技能和知识，确保工作中的安全用电。为此必须做到以下几点：

第一，防止接触带电部件。最常见的安全措施是绝缘、屏护和安全间距。绝缘就是用不导电的绝缘材料把带电体封闭起来，这是防止直接触电的基本保护措施。但要注意，很多绝缘材料受潮后或在强电场作用下会丧失绝缘性能。屏护就是采用遮拦、护罩、护盖、箱闸等把带电体同外界隔离开来。间距是为防止人体触及或接近带电体，防止车辆等物体碰撞或过分接近带电体，在带电体与带电体、带电体与地面，带电体与其他设备、设施之间应保持一定的安全距离。间距的大小与电压高低、设备类型、安装方式等因素有关。

螺丝刀的绝缘保护层损坏　险酿触电身亡惨祸

某日凌晨2点左右，某加油站经理发现抽水机主线路闸刀开关一路线路由于接触不良烧坏了。当时加油站的加油车辆较多，为了不影响正常营业，就自己拿了个绝缘螺丝刀带电维修，维修过程突然一股电流由螺丝刀流入身体，手臂本能地一抖，抖落带电螺丝刀。原来是螺丝刀上的绝缘保护层损坏，由于旁边没有监护人，如果不是侥幸抖落螺丝刀，将会酿成触电身亡惨祸。

这起触电事故主要原因是螺丝刀绝缘层破损，起不到绝缘作用，该经理麻痹大意，无证带电操作，作业前未认真检查作业工具，未进行风险识别。

安全间距不够，导致触电死亡

某厂运输车间在运水泥构件时，汽车吊扒杆升到距10千伏高压线约100毫米处，因为承重摆动扒杆而碰触高压线，致使扶钢丝绳的汽车司机触电死亡。

由于该吊运作业违反了"在10千伏高压线下作业，安全间距不应小于2米"的规定，导致悲剧的发生。

第二，防止电气设备漏电伤人。保护接地和保护接零，是防止间接触电的基本技术措施。保护接地，即将正常运行的电气设备不带电的金属部分和大地紧密连接起来。其原理是通过接地把漏电设备的对地电压限制在安全范围内，防止触电事故。保护接零，在380/220V三相四线制供电系统中，把用电设备在正常情况下不带电的金属外壳与电网中的零线紧密连接起来。其原理是在设备漏电时，电流经过设备的外壳和零线形成单相短路，短路电流烧断保险丝或使自动开关跳闸，从而切断电源，消除触电危险。

无保护接地或保护接零措施导致的触电死亡事故

陈某上班后清理场地，由于电焊机绝缘损坏使外壳带电，从而与在电气上连成一体的工作台也带电，当陈某将焊接好的钢模板卸下来时，手与工作台接触，发生触电事故，陈某被送往医院，经抢救无效死亡。

这起触电死亡事故的主要原因是电焊机的接地线过长，在前一天下班清扫场地时被断开，电焊机绝缘损坏、外壳带电，所以造成单相触电事故。接地线或接零线是保证用电人员安全的生命线。当移动电器外壳带电时，若采用了保护接地或保护接零，就能使线路上的漏电保护器、自动开关或熔断器动作或熔断，自动脱离电源，从而保证人身安全。

注意安装漏电保护器后的移动电器和线路也不能撤掉保护接地或保护接零的措施。

第三，采用安全电压。根据生产和作业场所的特点，采用相应等级的安全电压，是防止发生触电伤亡事故的根本性措施。

不用安全电压 行灯漏电伤人

　　某厂正在大修，为6吨汽水锅炉的炉膛本体更换保温砖。检修班工人先将炉内清灰喷水，然后进入炉膛。因炉膛内太黑，班长韩某让李某去找电工拉行灯。因电工都出去干活了，李某没有找到电工，便回班拉来了行灯，准备自己把灯接上。李某拉下电源箱刀闸，将行灯线接到380伏空气开关刀闸下，韩某没有过问便拖灯线将行灯交给炉内的赵某。赵某与另一工人刘某在炉膛清理保温砖，赵某手持行灯准备换一个位置挂灯时，忽然触电被击倒，刘某大声呼救，当韩某拉下电源刀闸时，赵某已经死亡。

　　事故原因：一是非电工的李某违章将行灯接在380伏高压电刀闸开关上，班长韩某发现却没有进行过问和制止。二是因炉膛刚喷了水，在狭窄潮湿的情况下，行灯头把线破损漏电，而赵某手套、工作服和鞋也都处于潮湿状态，导致手握漏电把线触电的事故发生。

　　第四，使用漏电保护装置。又称触电保安器，在低压电网中发生电气设备及线路漏电或触电时，它可以立即发出报警信号并迅速自动切断电源，从而保护人身安全。

清洗机漏电引发的触电事故

　　小郭和大郭两人负责用高压清洗机对钛丝进行清洗，16时30分到了下班时间，小郭将长筒雨鞋换成拖鞋准备下班，因厂里要求加班，他便穿着拖鞋继续工作。18时30分许，小郭对大郭说钛丝冲好了，叫他拉到车间去，大郭拉丝时突然听到一声响，回头看时发现小郭仰面倒在地上。经现场勘查，事故现场地面和使用的高压清洗机非常潮湿，清洗机水泵无漏电保护装置，经测试水枪带有110伏交流电压，漏电电流为245毫安。

若无漏电保护器，难免电魔伤身体。

文化讲堂

　　这起触电事故的主要原因是清洗机水泵无漏电保护

装置，漏电时起不到有效的防护，加之小郭安全意识淡薄，违反安全操作规程，穿拖鞋在潮湿的环境下使用高压清洗机水枪，清洗机漏电导致触电。

第五，合理使用防护用具。在电气作业中，合理匹配和使用绝缘防护用具，对防止触电事故，保障操作人员在生产过程中的安全健康具有重要意义。

未戴绝缘防护手套导致触电

某公司金工车间工人周某在操作车床加工零件，孙某在做转子电路测试，上午 8 时 30 分许，当周某转身去拿产品时，发现孙某两手握着高压短路测试仪探针导线触电倒地。

这起事故的主要原因是孙某未戴绝缘防护手套、违规冒险操作导致触电，加之高压短路测试仪探针导线绝缘层破损导致绝缘失效。

触电后的救护

人体触电后，比较严重的情况是心跳停止、呼吸中断、失去知觉等。实践证明，由于电流对人体作用的能量较小，多数情况下不能对内脏器官造成严重的器质性损坏，这时人不是真正的死亡，而是一种"假死"状态。如果能够进行及时、正确的急救，绝大多数触电者是可以"死"而复生的。

1. 触电急救的主要原则

触电急救必须掌握 3 项原则，原则之一：迅速切断电源，或用干木棒、竹竿等不导电物体将电线挑开。电源不明时，切忌直接用手接触触电人。原则之二：就地正确抢救。触电者脱离电源后，处于"假死"状态时，恢复心跳和呼吸是最重要的。时间就是生命，如果只知道送往医院让大夫去抢救，就会贻误时机。有资料显示，触电如果 3 分钟开始救治，90% 有良好效果；触电后 6 分钟开始救治，10% 有良好效果；触

文化讲堂

现场抢救触电原则：迅速、就地、准确、坚持。

电后 12 分钟开始救治，救活的可能性很小。因此，要刻不容缓地就地抢救。原则之三：坚持到底不中断。对触电"假死"者的抢救，一旦开始，就应该持续不断地进行到底。只要触电者未出现真正死亡的症状并被医生确诊，救护者就要尽 100% 的努力，继续抢救。

2. 触电现场急救的方法

（1）人工呼吸法。在各种人工呼吸方法中，以口对口（鼻）人工呼吸法效果最好，而且简单易学，容易掌握。口对口（鼻）人工呼吸方法的具体操作步骤如下：

第一，畅通气道：实施人工呼吸前，应解开触电者身上妨碍呼吸的衣物，取出口腔内可能妨碍呼吸的杂物；使触电者仰卧，并使其头部后仰，鼻孔朝天，同时把口张开。

第二，操作步骤：使触电者鼻孔（或口）紧闭，救护人员深吸一口气后自触电者的口（或鼻孔），向内吹气，时间约 2 秒；吹气完毕立即松开触电者的鼻孔（或口），同时松开触电者的口（或鼻孔），让其自行呼气，时间约 3 秒。

（2）胸外心脏按压法。这是触电者心脏停止跳动后的急救方法。做胸外心脏按压时应使触电者仰卧在比较坚实的地方，姿势与口对口（鼻）人工呼吸相同。

操作步骤：救护人员位于触电者一侧，两手交叉相叠，手掌跟部置于胸骨下 1/3—1/2 处；用力向下，即向脊背方向挤压，压出心脏里的血液；压陷 3cm—5cm，每分钟挤压 60—70 次；挤压后迅速放松其胸部，让触电者胸部自动复原，心脏充满血液；放松时手掌不必离开触电者的胸部。

思考题

1. 你是否有触电或目睹他人触电的经历？请描述当时的情况，并思考如何避免类似事件再次发生。

2. 在你的工作中，电气安全知识有哪些是已经掌握的？还有哪些是需要进一步学习和提高的？

3. 请思考在电气设备操作中，如何通过提高个人的安全意识和操作技能来预防电气事故的发生？

四、火是无情的

> 众人警惕不失火，一人麻痹害大伙；万人防火不嫌多，一人麻痹就闯祸。
>
> ——安全宣传标语

常言说，水火无情，生产现场另一大安全隐患就是火灾。由于生产现场大量使用电器、各种机械设备，甚至有些生产车间直接使用易燃易爆材料和生产易燃易爆产品。一旦发生火灾，轻则损失财物，重则造成人员重大伤亡、生产设施巨大损失。所以，生产现场人员必须树立牢固的防火意识，认识到防火工作人人有关，人人有责，人人受益。必须掌握一些必要的防火、灭火以及逃生避险的知识和技能。

据国家消防救援局数据公布，2023 年 1—10 月，全国共接报火灾 74.5 万起，死亡 1381 人，受伤 2063 人，已核直接财产损失 61.5 亿元，与去年同期相比，起数和伤人数分别上升 2.5% 和 6.5%，亡人数和损失分别下降 13.2% 和 9.7%。

这些数字令人震惊，在全社会广泛强调和重视消防安全的情况下，每天还发生那么多的火灾事故，造成那么大的人员、财产损失，所以，我们必须从我做起，从现在做起，提高防火意识，重视消防安全。

火灾的分类与等级

所谓火灾，是指凡是在时间或空间上失去控制的燃烧所造成的伤害。根据可燃物的类型和燃烧特性，火灾分为 A、B、C、D、E、F 六类。A 类火灾：指固体物质火灾。这种物质通常具有有机物质性质，一般在燃烧时能产生灼热的余烬。如木材、煤、棉、毛、麻、纸张等火灾。B 类火灾：指液体或可熔化的固体物质火灾。如煤油、柴油、原油，甲醇、乙醇、沥青、石蜡等火灾。C 类火灾：指气体火灾。如煤气、天然气、甲烷、乙烷、丙烷、氢气等火灾。D 类火灾：指金属火灾。如钾、钠、镁、铝镁合金等火灾。E 类火灾：指带电火灾。物体带电燃烧的火灾。F 类火灾：指烹饪器具内的烹饪物（如动植物油脂）火灾。

火灾等级，根据 2007 年 6 月 26 日公安部下发的《关于调整火灾等级标准的通知》，新的火灾等级标准由原来的特大火灾、重大火灾、一般火灾三个等级调整为特别重大火灾、重大火灾、较大火灾和一般火灾四个等级。

北京市丰台区长丰医院重大火灾事故

2023 年 4 月 18 日 12 时 50 分，北京市丰台区靛厂新村 291 号北京长峰医院发生重大火灾事故，造成 29 人死亡、42 人受伤，直接经济损失 3831.82 万元。事故直接原因是北京长峰医院改造工程施工现场，施工单位违规进行自流平地面施工和门框安装切割交叉作业，环氧树脂底涂材料中的易燃易爆成分挥发、形成爆炸性气体混合物，遇角磨机切割金属净化板产生的火花发生爆燃；引燃现场附近可燃物，产生的明火及高温烟气引燃楼内木质装修材料，部分防火分隔未发挥作用，固定消防设施失效，致使火势扩大、大量烟气蔓延；加之初期处置不力，未能有效组织高楼层患者疏散转移，造成人员伤亡。

生产人员应遵守的防火守则

（1）应树立牢固的防火意识，坚持"预防为主，防消结合"的方针。

（2）应具有一定的防火防爆知识，并严格贯彻执行防火防爆规章制度，禁止违章作业。

（3）应在指定的安全地点吸烟，严禁在工作现场和厂区内吸烟和乱扔烟头。

（4）使用、运输、贮存易燃易爆气体、液体和粉尘时，一定要严格遵守安全操作规程。

（5）在工作现场禁止随便动用明火。确需使用须经批准，并做好安全防范工作。

（6）对于使用的电气设施，如发现绝缘破损、老化、超负荷以及不符合要求时，应停止使用，并报告领导予以解决。

（7）应学会使用一般的灭火工具和器材。对车间内配备的防火防爆工具、器材等，应加爱护，不得随便挪用。

某制衣店工人离岗未断电源引发火灾

某制衣店是一个五层楼的家庭式作坊，一层是店铺，堆放有海绵、万能胶水、成品座垫、塑料包装带等大量易燃物品，门口设有加工切割海绵的工场，夹层和二层为生产坐垫套的工场，三四层为店主住房，五层为简易搭建的裁剪工场。

某日，该厂工人高某在店门口用电热丝加工切割海绵，离开岗位时未断电源，高温的电热丝引燃了海绵。火势迅速蔓延，高某试图灭火，但因浓烟太大而灭火失败。而该店正门的唯一出口被火封死，正在店内加工场工作的 17 名员工被困。消防局接到报警后，立即前往扑救。但由于该地段与消防队距离较远，且该店门口堆放聚氨酯泡沫材料及万能胶水，燃烧非常猛烈，消防队到达火场时，大火已蔓延到店旁边的其他建筑，形成立体燃烧。经抢救后，被困人员只有两人逃出，其余全部被烧死或烟熏窒息而死。

事故原因：（1）切割海绵设备简陋、工艺落后，安全隐患严重。该店切割海绵装置是用竹子和金属丝做成的，金属丝的两端接上连接变压器的电线，因通电产生高温用以切割海绵。该套设备无超温控制装置，当电热丝超过正常温度时，即会引燃海绵，造成火灾。

（2）员工缺乏必要的消防安全知识。高某是新招的工人，事故当日是他到该店上班的第二天，下班后把海绵切割工具放在工作台上，未关电源就离去，致使电热丝过热引燃海绵着火。

（3）有关职能部门监督管理不力。该店是一典型的非法经营户，擅自改变经营地点，扩大经营范围，未办理消防报建手续。工商部门每月收取管理费，但监管不力，使一个零售批发户违规转变成一个"前

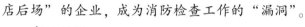

店后场"的企业，成为消防检查工作的"漏洞"。

事故教训：

（1）遵守国家有关规定，对易燃易爆危险物品的生产、使用、储存、销售、运输或者销毁实行严格的消防安全管理。（2）将容易发生火灾、一旦发生火灾可能严重危及人身和财产安全的部位确定为消防安全重点部位，设置明显的防火标志，实行严格管理。

火灾事故应急处理的基本程序

报警，首先要及时准确报警，一方面向周围人员发出火警信号，另一方面要拨打"119"报警；灭火，面对初起火灾，现场人员必须运用正确的灭火方法，科学使用灭火器材灭火；逃生，自己灭火无法控制火情时，必须坚

持救人重于救火的原则，组织人员快速逃生。

喷漆房电焊起火，造成财物损失

电焊工甲在喷漆房内焊接一工件时，电焊火花飞溅到附近积有较厚的油漆膜的木板上起火。现场工人见状惊慌失措，有的拿笤帚打火，有的用压缩空气吹火，造成火势扩大。后经消防队半小时抢救，将火熄灭，虽未伤人，但造成重大财物损失。

事故原因：

（1）在禁火区焊接前未经动火审批，擅自进行焊接作业，违背操作规程。（2）未清除房内的油漆膜和采取任何防火措施，就进行焊接作业。（3）起火后，处理程序和方法不当，未先报警，错误地用压缩

空气吹火，不但灭不了火，反而助长了火势，造成事故扩大。

常见灭火器的种类和操作方法

灭火器是火灾扑救中常用的灭火工具，在火灾初起时，由于范围小、火势弱，是扑救火灾的最佳时机，正确及时使用灭火器，可以避免巨大的损失。灭火器结构简单、轻便灵活，稍经学习和训练就能掌握其操作方法。目前常用的灭火器有泡沫灭火器、二氧化碳灭火器、干粉灭火器等。

1. 泡沫灭火器的适用范围和使用方法

① 右手握着压把，左手托着灭火器底部，轻轻地取下灭火器。

② 右手提着灭火器到现场。

③ 右手捂住喷嘴，左手抓筒底边缘。

④ 把灭火器颠倒呈垂直状态，用劲上下晃动几下，然后放开喷嘴。

⑤ 右手抓筒耳，左手抓筒底边缘，把喷嘴朝向燃烧源，站在距火区八米不断的地方，前进，并着火围兜射，直至把火焰扑灭。

⑥ 把灭火器后喷嘴朝上卧放在地下。

2. 干粉灭火器的适用范围和使用方法

① 右手握着压把，左手托着灭火器底部，轻轻地取下灭火器。

② 右手提着灭火器到现场。

③ 除掉铅封。

④ 拔掉保险销。

⑤ 左手握着喷管，右手提着压把。

⑥ 在距火焰二米的地方，右手用力压下压把，左手拿着喷管左右摆动，喷射干粉覆盖整个燃烧区。

3. 二氧化碳灭火器适用范围和使用方法

① 用右手握着压把。

② 右手提着灭火器到现场。

③ 除掉铅封。

④ 拔掉保险销。

⑤ 站在距火源二米的地方，左手拿着喇叭筒，右手用力压下压把。

⑥ 对着火焰根部喷射，并不断推前，直至把火焰扑灭。

火灾时的避险与逃生

火灾的发生往往是瞬间的，提高自我保护能力，掌握正确的避险、逃生与自救方法，就能成功地从火灾现场撤离。

在火灾发生初期，如果火势不大可以利用附近的消防器材如灭火器、消防栓、自来水等，尽可能地在第一时间将火扑灭。

当火势失去控制时，不要惊慌失措，迅速判断危险地点和安全地点，果断决定逃生办法，尽快撤离。

如果火灾现场人员很多，千万不要相互拥挤，盲目跟从、乱冲乱撞，以免相互踩踏，造成意外伤害。

撤离时要朝明亮的地方跑，在高层建筑火灾中，千万不可乘普通电梯逃生，要选择进入相对较为安全的楼梯、消防通道等。进入楼梯后，在确定楼下没有着火的情况下，可以向下逃生，不能往上跑。如通道已被烟火封阻，则应背向烟火方向离开，通过阳台、气窗等往室外逃生。

如果现场烟雾很大，无法辨明方向，则应贴近墙壁或提示，摸索前进，找到安全出口。

为避免浓烟呛入口鼻，可使用湿毛巾或湿口罩蒙住口鼻，使身体尽量贴近地面或匍匐前进。烟气较空气轻而飘于上部，贴近地面撤离是避免烟气呛入、滤去毒气的最佳方法。

具体讲，火场逃生时，可以根据情况采取以下方法：

（1）毛巾捂鼻法：由于火灾烟气温度高、毒性大，人员吸入易引起呼吸系统烫伤或中毒，可用湿毛巾捂住口鼻，防止吸入。

（2）湿棉被护身法：用浸湿的棉被、毛毯、棉大衣盖在身上，在确定逃生路线后，快速钻进火场，并冲到安全区域。

（3）匍匐前进法：逃生过程中尽量将身体贴近地面匍匐或弯腰前进，以躲避空中烟尘。

（4）逆风疏散法：根据风向来确定疏散方向，逃至火场上风处躲避火焰和烟气。

（5）绳索自救法：将绳索一端固定在门、窗框或重物上后顺绳爬下，注意手脚并用，并采用手套、毛巾等保护手部。

（6）被单拧结法：把床单、被罩或窗帘等撕成条扎紧，可连接几条床单当成绳索使用。

（7）管线下滑法：可顺建筑外墙或阳台边的落水管、电线杆、避雷针引线等管线滑下地面。

（8）竹竿插地法：被火困在房间时，可将结实的晾衣杆、竹竿直接从阳台或窗户口斜插到室外地面或下层平台，固定好后顺杆滑下。

（9）楼梯转移法：火势蔓延封死楼梯，可通过天窗爬到屋顶转移到另一单元的楼梯疏散。

（10）攀爬避火法：屋内着火，可以攀爬到阳台、窗台、雨蓬等突出物躲避火势。

（11）发信号求救法：被烟火围困暂时无法逃离，应尽量站在阳台、窗口等易于被人发现和避免烟火近身的地方，然后发出各种求救信号，如晃动鲜艳衣物、用手电筒不停地闪光、呼喊等方式。

（12）跳楼法：无法逃生时，跳楼是最后的选择。跳楼时应尽量往救生气垫中部跳或选择有水池、软雨篷、草地方向跳。如果可能，尽量抱些衣物等软物品或打开雨伞跳，如果徒手跳楼，落地前要双手抱紧头部，身体弯曲成一团，以减少伤害。

男孩趴着窗台发求救信号成功获救

某市一居民楼六楼一家发生火灾，人们看到左侧的窗户冒出凶猛的火苗，右侧的窗户冒着滚滚浓烟，在浓烟中一个男孩趴在窗台边挥手呼救，消防员搭起云梯将男孩救下，一个围观的群众看到男孩成功获救，高兴地说："很聪明啊！一定是学校里教的。"

发生火灾是不幸的，但如果发生火灾后我们能够采取正确的方法避险、自救，就是万幸的。所以，平时要有防火意识，积极接受消防训练，培养一定的防火、灭火、避险、自救等技能。

思考题

1. 回想你在工作中或生活中可能遇到的火灾隐患，你将如何提高自己的防火意识和能力？

2. 面对火灾，你认为自己能够做到冷静应对并采取正确的逃生措施吗？请描述你的逃生计划。

3. 请思考在生产现场，如何通过日常的管理和维护来降低火灾发生的风险？

五、机械设备也"吃"人

进现场要警惕，处处小心别大意；
保质量保工期，安全生产属第一。

——安全宣传标语

机械设备也"吃人"！形象地比喻生产中机械安全事故对人的伤害。机械安全有两层意思：一层是指机械设备本身应符合安全要求；另一层是指机械设备的操作者在操作时应符合安全要求。由于机械设备种类繁多，对机械安全的要求各不相同，机械伤害也表现出不同的特点。所以，凡接触不同机械设备的作业人员要根据自己使用机械的特点，学习和掌握相应的安全技术知识，提高安全意识，严格执行安全操作规程，安全第一，预防为主。同时要掌握必要的自救、互救知识和技能。

机械事故造成的伤害种类

机械事故造成伤害的主要形式有夹挤、碾压、剪切、切割、缠绕或卷入、刺伤、摩擦或磨损、飞出物打击、碰撞、坠落或砸伤等，具体的伤害有以下种类。

（1）机械设备零、部件作旋转运动时造成的伤害。例如，机械设备中的齿轮、皮带轮、滑轮、卡盘、轴、光杠、丝杆等零部件都是做旋转运动的。旋转运动造成人员伤害的主要形式是绞伤和物体打击伤。

某单位一名操作者在 C620 车床加工一根长 3100 毫米、直径 40 毫米的钢棒，装卡后工件超出主轴尾端 1250 毫米，转速由原来的 230 转/分变为 600 转/分时，将露出主轴的钢棒甩弯，打中了路过车床

的顾某头部，致其当场死亡。

（2）机械设备的零部件作直线运动时造成的伤害。例如，锻锤、冲床、切钣机的施压部件、牛头刨床的床头、龙门刨床的床面及桥式吊车大、小车和升降机等，都是做直线运动的。做直线运动的零部件造成的伤害事故主要有压伤、砸伤、挤伤。

某企业刨床工许某在车间从事刨床工作，在刨床旁边堆了一些笨重的大块铁制品，许某做好加工准备工作，就让刨床自动加工，自己坐在旁边看报纸，看完报纸后，许某向工人李某要杂志看，李某叫许某自己过去拿，由于刨床的左边堆放着物品许某就从不断往复直线运动的刨床右边狭窄通道过去，许某不慎被刨床撞伤。

（3）刀具造成的伤害。例如，车床上的车刀、铣床上的铣刀、钻床上的钻头、磨床上的磨轮、锯床上的锯条等都是加工零件用的刀具。刀具在加工零件时造成的伤害主要有烫伤、刺伤、割伤、打击伤等。

某单位板金工吴某使用风动砂轮打磨工件焊缝，在干到第八个工件时，启动风动砂轮空转，突然砂轮破碎，碎块飞出击中距操作点约 3 米的一名板金工陈某的头部，造成死亡。

（4）被加工的零件造成的伤害。机械设备在对零件进行加工的过程中，有可能对人身造成伤害。这类伤害事故主要有加工零件固定不牢被甩出而打伤人，或是加工的零件在吊运和装卸过程中，可能砸伤人。

某化肥厂机修车间因钻削任务较多，工段长派女青工宋某到钻床协助主操作工干活，在长 3 米、直径 75 毫米的不锈钢管上钻直径 50 毫米的圆孔。上午 10 时许，宋某在主操师傅上厕所的情况下，独自开床并由手动进刀改用自动进刀，由于虎钳紧固钢管不牢，当孔钻到 2/3 时，钢管迅速向上移动而脱离虎钳，造成钻头和钢管一起作 360 度高速转动，钢管先将现场一长靠背椅打翻，再打击宋某臀部并使其跌倒，宋某头部被撞伤破裂出血，缝合 5 针，骨盆严重损伤。

（5）电气系统造成的伤害。工厂里使用的机械设备，其动力绝大多数是电能，因此每台机械设备都有自己的电气系统。主要包括电动机、配电箱、开关、按钮、局部照明灯以及接零（地）线和馈电导线等。电气系统对人的伤害主要是电击。

某企业职工江某和韦某一起操作塑料拉丝机。16 时 40 分，江某用铁制砖刀清理拉丝机模子头，不慎将砖刀碰到模子头的电热丝接线柱，当场触电倒在机头下面。

（6）手用工具造成的伤害。主要手用工具如手锤、扁铲、锉刀等。主要伤害有砸伤、刺伤、卷边或铁屑飞出伤人等。

青工小王跟郝师傅学开镗床三天了，郝师傅有事离开一下，他叫小王在他没回来之前别干。小王看师傅走后，心想自己看两天都看明白了，有什么难的，于是就干了起来，他用扳手把工件夹紧，但是忘了把扳手从轴上拿下来，就开动镗床，扳手随着轴不停旋转，打到了小王的腿。

（7）其他的伤害。机械设备除去能造成上述各种伤害外，还可能造成其他一些伤害。例如，有的机械设备在使用时伴随发生强光、高温，还有的放出化学能、辐射能，以及尘毒危害物质等，这些都可能造成伤害。

机械事故的原因

机械事故的原因可以分为物的不安全状态、人的不安全行为和安全管理三个方面的原因。

（1）物的不安全状态。物的不安全状态构成生产中的客观安全隐患和风险。主要有设备、设施、工具、附件有缺陷，防护、保险、信号等装置缺乏或有缺陷，个人防护用品、用具有缺陷，生产环境不良等。

某企业车床工池某在 CA6140 机床上加工细长轴，在进行精加工时，因车床尾座松动，工件飞出，打中另外一名工人沈某。

（2）人的不安全行为。人的不安全行为可能是有意或无意的，但是缺乏安全意识和安全技能差是引发事故的主要原因。如忽视安全标志、操作违规、拆除安全装置、用手代替工具、物品存放不当、忽视或不正确使用防护用品、穿不安全装束等。下面一组案例都是因为人的不安全行为造成的。

某木器厂木工李某用平板刨床加工木板，木板尺寸为 300mm×25mm×3800mm，李某进行推送，另有一人接拉木板。在快刨到木板端头时，遇到节疤，木板抖动，李某疏忽，因这台刨床的刨刀没有安全防护装置，右手脱离木板而直接按到了刨刀上，瞬间李某的四个手指被刨掉。在一年前，就为了解决无安全防护装置这一隐患，专门购置了一套防护装置，但装上用了一段时间后，操作人员嫌麻烦，就给拆除了，结果不久就发生了事故。

某厂机加工车间一位年轻女工，在操作车床时，因电风扇吹向人，头发辫子被车床丝杆缠绕，结果头发辫子连带着头皮一起被拔出，导致头发以后都不能再生长。

某厂一名工人操作车床时，因戴手套操作，手套被夹具装置的螺丝钉钩住，致使该工人身体贴着车床夹具装置，胸膛被夹具装置迅速挖掉，鲜血满地，当场死亡。

（3）安全管理原因。包括管理者的安全意识、对设备的监管、对人员的安全教育和培训、安全规章制度的建立和执行等。

机械事故伤害的预防

从操作者的角度来说，要预防机械事故的发生，操作者必须提高安全意识，严格遵守机械设备的安全操作规程作业。具体来说，必须遵守以下安全守则。

（1）必须正确穿戴个人防护用品。该穿戴的必须穿戴，不该穿戴的一定不要穿戴。

（2）操作前要对机械设备进行安全检查，而且要空车运转一定时间，确认正常后，方可投入运行。

（3）机械设备在运行中要按规定进行安全检查。特别是检查紧固的零件、工件是否由于振动而松动，并重新紧固。

（4）设备严禁带故障运行，千万不能有侥幸心理，凑合使用。

（5）机械安全装置必须按规定正确使用，绝不能将其拆掉不使用。

（6）机械设备使用的刀具、工装夹具以及加工的零件等一定要装卡牢固，不得松动。

（7）机械设备在运转时，严禁用手调整；也不得用手测量零件，或进行润滑、清扫杂物等。如必须进行时，则应首先关停机械设备。

（8）机械设备运转时，操作者不得离开工作岗位，以防发生问题时无人处置。

（9）工作结束后，应关闭开关，把刀具和工装夹具从工位退出，并清理场地，将零件、工装夹具等摆放整齐，打扫机械设备的卫生。

机械伤害的救护

当发生机械事故伤害时，如果能采取正确的现场应急、救护措施，可以大幅降低死亡和严重伤害的可能性。因此，现场人员都应学习和掌握一些必要的应急、救护技能和知识，以便在事故发生时及时自救互救。

机械伤害急救基本要点

（1）发生机械伤害事故后，现场人员不要害怕和慌乱，要冷静、迅速对受伤人员进行检查。急救检查应先看神志、呼吸，摸脉搏、听心跳，再查瞳孔，有条件者测血压。检查局部有无创伤、出血、骨折、畸形等变化，根据伤者的情况，有针对性地采取人工呼吸、心脏按压、止血、包扎、固定等临时应急措施。

（2）迅速拨打120急救电话，向医疗救护单位求援。

（3）遵循"先救命、后救肢"的原则，优先处理颅脑伤、胸伤、肝、脾破裂等危及生命的内脏伤，然后处理肢体出血、骨折等伤。

（4）如果呼吸已经停止，立即实施人工呼吸。

（5）如果脉搏不存在，心脏停止跳动，立即进行心脏按压。

（6）如果伤者出血，进行必要的止血及包扎。

（7）对颈部、背部严重受损者要慎重搬动，以防止其进一步受伤。

（8）让伤者平卧并保持安静，如有呕吐，同时无颈部骨折时，将其头部侧向一边以防止噎塞。

（9）动作轻缓地检查患者，必要时剪开其衣服，避免突然挪动增加患者痛苦。

（10）不要给昏迷或半昏迷者喝水，以防液体进入呼吸道导致窒息，也不要用拍击或摇动的方式试图唤醒昏迷者。

机械伤害急救技术

人工呼吸是急救中常用的方法，前面我们已经介绍过，在此主要介绍一下应急止血的方法，常用的止血方法有以下几种。

（1）伤口加压法。这种方法主要适用于出血量不太大的一般伤口，通过对伤口的加压和包扎减少出血，让血液凝固。其具体做法是如果伤口处没有异物，用干净的纱布、手绢、绷带等物或直接用手紧压伤口止血。

（2）手压止血法。临时用手指或手掌压迫伤口靠近心脏一端的动脉跳动处，将动脉压向深部的骨头上，阻断血液的流通，从而达到临时止血的目的。手压法仅限于无法止住伤口出血，或准备敷料包扎伤口的时候。施压时间切勿超过 15 分钟。如施压过久，肢体组织可能因缺氧而损坏，以致不能康复，继而还可能需要截肢。

（3）止血带法。这种方法适用于四肢伤口大量出血时使用。使用止血带法止血时，绑扎松紧要适宜，以出血停止、远端不能摸到脉搏为好。使用止血带的时间越短越好，最长不宜超过 3 小时。并在此时间内每隔半小时（冷天）或 1 小时慢慢解开、放松 1 次。每次放松 1—2 分钟，放松时可用指压法暂时止血。不到万不得已时不要轻易使用止血带，因为固定好的止血带能把远端肢体的全部血流阻断，造成组织缺血，时间过长会引起肢体坏死。

思考题

1. 你在操作机械设备时是否有过危险的经历？如果有，请描述并思考如何避免类似情况再次发生。

2. 机械设备的安全操作规程对你的工作有哪些指导意义？你将如何确保自己和他人的安全？

3. 当你发现机械设备存在安全隐患时, 你将采取哪些措施来确保自己和同伴的安全?

推荐书目

1. 《安全生产法解读与应用》, 潘环环编著, 中国法制出版社 2023 年版。

2. 《现代安全管理》, 罗云、程五一, 化学工业出版社 2009 年版。

3. 《安全工程学》, 何学秋等编著, 中国矿业大学出版社 2000 年版。

4. 《安全人机工程学》, 王保国等, 机械工业出版社 2016 年版。

推荐电影

1. 《烈火英雄》(2019 年), 陈国辉执导。

2. 《紧急迫降》(2000 年), 张建亚执导。

3. 《生存家族》(2016 年), 矢口史靖执导。

4. 《中国机长》(2019 年), 刘伟强执导。

5. 《深海浩劫》(2016 年), 彼得·博格执导。

第八篇 辛勤劳动铸就成功之路

　　每个人对于成功的定义是各不相同的，成功的本义是"每个人实现自己理想之后一种自信的状态和一种满足的感觉"。尽管每个人对于成功的定义不同，但达到成功的方法只有一个，就是付出常人所不能付出的努力，就是勤劳。无论是谁，要成功都必须付出辛勤的劳动，辛勤劳动是成功的必由之路，苦过才有甜。

【阅读提示】

　　1. 帮助罪犯认识到勤劳的重要性，培养勤劳精神；

　　2. 帮助罪犯理解勤劳与智慧结合的必要性，以及如何在劳动中实现自我价值和成功。

一、学习蜜蜂的勤劳精神

蜜蜂因夏天勤劳才能冬天食蜜。

——英国谚语

蜜蜂是勤劳精神最完美的代表。只要是花开的季节，到处都有它们忙碌的身影；只要条件许可，它们就一刻不停地工作。蜜蜂非常有奉献精神，它们倾其所能，创造了最大的价值。蜜蜂对我们人类很有教益，英国有句谚语："蜜蜂因夏天勤劳才能冬天食蜜。"人们用蜜蜂的勤劳精神来教育自己非常形象、非常贴切。其实，学习蜜蜂的勤劳精神并不容易，因为人比蜜蜂要复杂得多，人会面临很多诱惑，会有很多坏习惯，而且惰性是人的天性。但是，人和动物最大的区别就是人有思想、有智慧，只要努力，就可以有意识地支配自己的行为，用智慧追求最优秀的东西。所以我们不仅能学习蜜蜂的勤劳精神，还能比蜜蜂做得更好，比蜜蜂勤劳得更有智慧。

要勤劳，学习蜜蜂的坚持不懈

一个人并非天生就是勤劳的，人的天性里都有惰性。勤劳是一种精神，勤劳精神是需要培养的；勤劳是一种习惯，是需要后天养成的；勤劳是一种好的人生状态，是需要持之以恒地保持下去的。蜜蜂是集勤劳精神、勤劳习惯、勤劳状态于一身的典型代表，我们一定要学习蜜蜂的勤劳精神，要把蜜蜂的勤劳状态作为我们坚持不懈努力的目标。

不要以为像蜜蜂一样勤劳是不可能的，每个人的身边都有勤劳的人，比如母亲，没有母亲的勤劳养育，谁都不能长大成人。从感情上讲，母亲的勤劳比蜜蜂的勤劳更有说服力。每个母亲都有勤劳的故事，请看下面这位作者讲述的他母亲的亲身经历，类似的故事你或许也可以在自己母亲的身上找找。

高贵的施舍

有一天，一个乞丐来到我家门口，向我母亲乞讨。那个乞丐只有一只胳膊，很可怜。我想妈妈肯定会给他很多好吃的，还会给他一些钱。

你不用谢我，这是你劳动所得，不用谢任何人

可母亲不但没有给他钱，反而让乞丐学着自己的样子，用一只手搬砖，然后让那个乞丐搬砖，也许乞丐是饿坏了，他真的非常吃力地用一只手搬起砖来，乞丐用了两小时，终于搬完了，母亲很心疼地帮乞丐擦汗，并给了他 20 元钱。乞丐接过钱连声道谢，母亲说："你不用谢我，这是你的劳动所得，不用谢任何人。"乞丐好像明白了什么，给母亲深深地鞠了一躬就上路了。

几年以后，有个非常体面的人来到我家，他西装革履，气度不凡，看上去是一个很有钱的人，只是他只有一只胳膊。他拉着母亲的手说："如果当初没有您教我搬砖，让我明白亲手创造财富的真理，我现在可能还是一个乞丐。真的非常感谢您，我要报答您。"母亲笑了笑，说："谢谢你的好意，我不能接受你的钱，把你的钱送给那些连一只手也没有的人吧！"

这个故事中的母亲是智慧的，她给了那个乞丐最宝贵的施舍——勤劳。让我们记住母亲的每一份勤劳和良苦用心吧！让我们从伟大的母亲身上，学习勤劳的精神吧！

会勤劳＝勤劳+智慧

为什么说要"会勤劳"？因为勤劳精神里包含智慧，勤劳和智慧的关系：一是勤劳创造智慧，二是勤劳需要智慧。不动脑子的勤劳很可能是努力方向不对，或者事倍功半，效率不高。勤劳加智慧才是最值得提倡的勤劳。蜜蜂的勤劳是动物的本能，而人的勤劳则是世界上最高级的活动，是任何动物都比不了的智力劳动。

王小帮的"勤劳+智慧"

王小帮本名王志强，是山西省吕梁市临县木瓜坪乡张家沟村的一位普通农民。如今经营一家名为"山里旺农家店"的网店，王小帮可以说是农民勤劳加智慧创业的榜样，曾入选"2009年度十大网络创业先锋"，获得"五一劳动模范奖章""地区市十大杰出青年"的称号。

王小帮是勤劳的。2000年，王小帮和媳妇到北京打工，北漂6年，王小帮做过卖菜的小贩，当过建筑工地的小工，给中关村的白领送过盒饭，跑过营销，开过出租，遭遇过匪徒持刀抢劫。2007年11月，王小帮回家开网店，经营当地土特产，他走村串户打听谁家收成好，一家家地收小米、黄豆、核桃、红枣等，他几乎把村里所有的农作物都在淘宝网销售。最辛苦的比如把黄豆煮软后，用锤子一个一个砸扁，再晒干。为了将这些产品"鲜亮"地放进网店，王小帮还临时学了电脑软件图片处理技术。他把收上来的土特产一份一份地包装好，再一份一份地给顾客寄去，你说王小帮勤劳不勤劳。

王小帮更是智慧的。在激烈的市场竞争中，光靠勤劳，王小帮很难成功。他的成功，是因为他在辛勤劳动的同时处处用着自己的智慧。在北京打工时，王小帮了解到电子商务带给人们很多便利，于是他回家在偏僻的小山村拉了一根网线，开起了网店，这个决策改变了他的一生。对小店如何定位，王小帮经过一番思索后认为：人们更注重绿色、自然的品质，现在村里人种地都改用牲畜肥料，绿色、无公害、无污染，这是网店货物的最大特色。他学习了照相技术、电脑图片处理技术，把自己与家人的照片和鲜美的土特产图片放到网上。他写了一篇帖子，名为《一根网线串下来我就是个网商》，参加了网上创业的比赛。他的照片被网友恶搞，他不但没有生气，而且利用自己的搞笑图片为网店做了宣传，扩大了自己网店的名气。他不断学习电子商务知识、物流知识，用知识增进智慧，凭智慧使他的网店越开越红火。

王小帮的创业经历告诉我们，勤劳不是蛮干，不是卖傻力气。我们经常说"勤劳智慧的劳动人民"，就是说劳动者的勤劳精神里永远应该是勤劳与智慧的结合。我们就是要学习这样的勤劳精神。

让勤劳成为习惯

文化讲堂

人生的奋斗目标不要太大，认准了一件事情，投入兴趣与热情坚持去做，你就会成功。

——俞敏洪

要勤劳，会勤劳，还要永远勤劳，要让勤劳成为自己的生活习惯、工作习惯，要把勤劳思想植入自己的劳动观念，这才是真正有了勤劳精神。要想真正永远勤劳，需要特别注意以下几点：

（1）设定一个合理的目标作为自己勤劳的动力。合理的目标才会使勤劳永葆动力。不会因为目标过于远大、不切合自身实际而使自己失去勤劳的勇气，也不会因为没有目标使自己缺少勤劳的方向和动力，更不会因为目标太简单而无法调动自己的积极性。

（2）要克服懒惰的思想。懒惰是勤劳的天敌，不丢掉懒惰的思想就不可能勤劳。苏联教育家杰普莉茨卡娅说："懒惰它是一种对待劳动态度的特殊作风。它以难以卷入工作而易于离开工作为其特点。"

（3）要消灭不良的习惯。不良习惯是勤劳的障碍，它就像病毒一样破坏勤劳的思想。苏联著名作家奥斯特洛夫斯基有一句名言："人应该支配习惯，而绝不能让习惯支配人，一个人不能去掉他的坏习惯，那也一文不值。"其实懒惰也是一种坏习惯，"不勤于始，将毁于终"。如果一个人总是克服不了这些坏习惯，那他就永远勤奋不起来。

（4）要积极地参加劳动。积极地去劳动，是培养勤劳精神的唯一途径。脑不用不灵，手不动不勤，勤劳就是不断地劳动。

有了一个合理的奋斗目标，扫除了勤劳的障碍，并积极地参加劳动，你才能树立起勤劳的精神，慢慢地培养起勤劳的习惯。

从"四体不勤"到勤于劳动是行动到思想的转变过程

罪犯钟某，自幼家庭条件优越，父母为了让他考大学，从不让他干家务。凭借优异的成绩，他考入了在北京的对外经济贸易大学，毕业后在中国技术进出口公司工作，入狱前已经是公司管理高层，前途光明。为了支持他的事业，妻子从不让他沾手家务。家人的过分照料，使他养成了衣来伸手、饭来张口的陋习。用他自己的话说："我属于酱油瓶倒了都不会扶，凳子挡路绕着走的那种人，从来就没有干过什么活儿。"入狱后，监区先是安排钟某做一些搞卫生之类的杂活。可是，他总是表现出烦、躲、怕的情绪。拿着拖把，也是轻描淡写地瞎比画，他的行为招来了别人的嘲讽，可自己却浑然不觉。监区警官找他谈话，明确指出他衣来伸手、饭来张口是一种陋习，是他犯罪的重要因素，必须通过劳动改造自己，培养良好的劳动习惯，树立正确的劳动观念，并根据他的成长经历，因势利导，鼓励他应发挥自己在学习方面的钻研精神，一定能成为会劳动、勤于劳动的人。经过一段时间的教育和锻炼，钟某思想上改变了，行动上也有了很大改进，学会了很多劳动技能，从日常的打扫卫生到对住院病犯的护理，细心地为病犯擦洗身体、喂饭、擦屎倒尿，都勤学肯干，不怕脏累，改造成绩得到了大家的一致肯定。

改变了陋习，转变了劳动观念，不断地劳动锻炼，从"四体不勤"到勤于劳动的过程体现了勤劳精神在钟某身上逐步树立起来。用他自己的话说："眼里有活儿了，手里也有活儿了，劳动已经不再枯燥乏味，贯穿我改造生活的劳动带给我无穷的快乐。"从满身陋习、不爱劳动到勤于劳动和树立勤劳精神，的确需要一个过程，希望大家像钟某那样认真地接受监狱的教育和改造，也要经常从勤劳的人身上、从成功者的身上学习优秀的品质、勤劳的精神。

朱德的扁担

1928年秋天，国民党反动派对井冈山革命根据地实行了残酷的军事"围剿"和经济封锁，妄图把井冈山根据地军民困死、饿死。为了保卫井冈山革命根据地，粉碎敌人的阴谋，毛泽东委员和朱德军长向根据地的军民发出了这样的口号：自力更生，艰苦奋斗，坚持斗争。

那时候，部队吃粮，需要往返五六十里的山路到宁冈去挑，于是红军发动了一个挑粮运动。毛泽东委员和朱德军长同战士们一样，脚上穿着草鞋，头上戴着斗笠，翻山越岭，亲自挑粮。

当时，朱德已经40多岁了。战士们见他为革命日夜操劳，在百忙之中还和大家走山路过小河挑粮，生怕他累坏了身体，战士们都劝他说："朱军长，你那么忙，就不要挑了。"朱德感谢同志们的关心，仍然坚持要挑粮。战士们见劝说不起作用，就商量把他的扁担藏起来。谁知朱德又用竹子削了一根扁担，第二天照样和战士们一起挑粮，战士们见朱德同志又有了扁担，晚上又把它藏起来，没有想到，第三天他照样出现在挑粮的队伍里，而且他在新削的扁担上，特意刻上了自己的名字。朱德军长笑着对战士们说："你们以后谁再'偷'我的扁担，我可要批评哦！"今天，这根扁担珍藏在革命历史博物馆内。

解放后，彭德怀用这件事教育他的警卫员：一个共产党员，不论地位多高，官职多大，都是人民中的一分子，应该热爱劳动，热爱劳动人民，和人民同甘共苦。人民靠扁担挑粮吃的时候，我们不能坐着吃现成的，人民的肩膀还压着扁担的时候，我们不能自己躲到一边图清闲、享清福，而应想着如何通过自己勤奋劳动换来劳动人民生活的改善。

从朱德身上我们看到了什么？从彭德怀的评论中我们能明白什么？我们应该看到这些老一辈革命家身上不仅有勤劳的行为和习惯，而且有一种可贵的勤劳精神，无论他们地位有多高，无论是在解放前艰苦卓绝的岁月，还是解放后条件有所改善，他们始终坚持勤劳的精神。我们要学习，就要学习这样的勤劳精神。

要勤劳，会勤劳，永远勤劳。勤劳是一种美德，很多伟人、成功的人，甚至普通的人身上都有这种美德；勤劳是一种财富，是一个人终生受用不尽的财富；勤劳是一种精神，当你真正拥有了这种精神，你就会永远勤劳。

思考题

1. 回想你在生活中是否曾经展现出类似蜜蜂的勤劳精神？在监狱中，你将如何培养这种精神，并将其应用到日常的改造和学习中？

2. 请反思自己是否有过勤劳却缺乏智慧的情况，你打算如何在未来的劳动中结合勤劳与智慧？

3. 描述一次你通过勤劳和坚持克服困难的经历，你从这次经历中学到了什么？

二、勤劳是成功的必经之路

> 锲而舍之，朽木不折；锲而不舍，金石可镂。
>
> ——荀况

每个人的成功都不是偶然的，成功的方法只有一个，就是先学会付出常人所不能付出的辛勤劳动。学生只有勤奋学习才能取得优异的成绩，农民只有辛勤劳作才能收获丰收，工人只有努力工作才能成为优秀的员工，各行各业的普通人只有勤奋努力才能出类拔萃，所有事业有成的成功人士，无一不是通过自己的勤劳从普通人走向成功的。罪犯更要在人生的挫折中始终坚信，失败是成功之母，从失败通向成功的道路也只有一条——勤劳。

成功没有捷径，勤劳是成功的必经之路

英国生物学家、进化论的奠基人达尔文通过自己的亲身经历指出："我在科学方面所做出的任何成绩，都是由于长期思索、忍耐和勤奋而获得的。"任何一个成功的人都是经过艰苦的努力才取得了骄人的成就。我国有句古语："临渊羡鱼，不如退而结网"，意思是说，你站在河塘边，看着鱼儿游来游去，幻想着鱼儿到手后的场景，还不如回去下功夫结出一张渔网捕鱼。比喻空想不能成功，只有勤劳实干才能实现愿望。

赤手空拳、勤劳起家的霍英东

霍英东给人的印象，一是官至高位，在政界、商界、体育界拥有众多的头衔；二是他是个慷慨的有钱人。但是，很少有人知道，拥有太多光环和亿万财富的霍英东的发家经历却是常人难以想象的困苦与艰辛。如果不是凭着吃苦耐劳的精神，他永远是个"穷光蛋"。

霍英东出生时，家境相当困难，全家穷得连鞋都穿不上。霍英东找到的第一份工作，是在一艘旧式的渡轮上当加煤工，可是他的身体实在太单薄了，顾得上铲煤就顾不上开炉门，刚上岗就被辞退了。1942年夏天，日本军队扩建启德机场，霍英东经人介绍，进了机场当苦力。工钱是每天只给半磅配给米和七角五分钱。而从他家所在的湾仔乘车到机场，路费就得八角钱！霍英东没有办法，只好多吃苦跑路，省下这笔交通费。他每天天不亮就起床，步行赶到码头，花一角钱渡过海，然后骑车赶到机场上班。那些日子霍英东一天只能吃到一碗粥和一块米糕，总是感到又累又饿。有一天，工头让他去搬重达50加仑的煤油桶，结果被砸断了一根手指！那几年，霍英东一直靠卖苦力苦苦维持。

早年的艰辛和挫折，并没有打垮霍英东，他坚信自己总有崛起的一天。他的母亲和13个合伙人共同买下了一家杂货店，霍英东曾在那里负责管理店务。他尽量做到眼快、嘴快、手快，留住顾客，做好生意。这种经历培养了他灵活的处世方法和敏捷的算术头脑。小店早晨6点开门，晚上10点才关门，没有星期天、节假日，甚至晚上打烊时还留着一扇小门。霍英东非常辛苦，但小店的经营很有起色。

第二次世界大战结束后，霍英东终于以敏锐的眼光，捕捉到一个发财的机会，日本侵略军投降后，留下了很多机器设备，价钱很便宜，但稍加修理就可以用，也可以卖出不错的价格。霍英东很想做这种生意，于是他成了读报迷，专门注意报纸上拍卖日军剩余物资的消息，及时赶到现场，以内行的目光挑选出那些有价值的物资，大批买进，迅速修好后卖出。有一次，他看准一批机器，并且在竞买中以1.8万港元中标。他兴高采烈地回家请母亲凑钱交款，可是由于他经常冒险，母亲不肯给他钱。霍英东眼睁睁地看着一笔大买卖就要落空，正在着急，幸亏有一个工厂老板也看中了这批货，愿意出4万港元从他手中买下，霍英东净赚了2.2万港元，这是他在那几年中赚到的最大一笔钱。虽然利润不算太大，但为霍英东积累了最初的资本。

辛勤的蜜蜂永远没有时间悲哀。霍英东从小的勤劳吃苦为他后来的成功打下了坚实的精神基础，正是这种勤劳的精神使他战胜了人生道路上一个又一个困难。勤劳使他在黑暗中一步步地找到了光明。霍英东的勤劳与成功很好地说明了：成功没有捷径，勤劳是成功的必经之路。

成功并非遥不可及，成功就在你勤劳的手中

前面说过，我们要为自己设定一个合理的目标。所谓合理，就是切合自己实际的成功目标，这和我们说过的每个人都有自己对成功的定义是一致的。其实成功是分阶段的，每一个成功者也不是一步就达到了最终的成功目标，就像霍英东那样，他的成功是一步一个脚印走出来的。所谓切合自己实际的目标也不是一个人一生最后的目标，而是当前一段时期比较合适的目标。一个人最终成功目标的实现是从实现一个又一个阶段目标逐渐累积成的。

采耳师的成功

一位来自河南农村的女采耳师（使用专业采耳工具专门从事帮人清洁耳朵工作的人）和丈夫出来打工，后来把老人和两个孩子也接了过来。在别人看来她的生活很艰难，她却不这么看："我挺有幸福感，白天有工作，晚上有地方住，还能把老人和孩子接过来一起生活，我觉得挺成功的。"我们以为她们两口子收入不高，租房子住，还养着老人和孩子，一定很艰苦，结果她认为自己很成功。

谁敢说那个女采耳师今后不会有更大的成功呢？你看她面对并不如人的生活状态，只和自己的过去比，生活初步改观了，她认为自己成功了，然后继续勤奋地工作，朝着更大的成功努力。每一个成功者的成功之路都是这样走出来的，实现了一个阶段目标，给自己一份激励，然后再设定一个更高的目标，更加乐观、积极地勤劳努力。如此，我们就不难理解：成功并非遥不可及，成功就在你勤劳的手中。

白手起家、创办吉利集团的李书福

说到李书福，大家可能不熟悉，但是说到吉利汽车，大家都知道是

我国著名的生产轿车的民营企业，李书福就是白手起家创办吉利集团的著名民营企业家。他的成功是一步一步走出来的。

"我很小就开始挣钱了，七八岁的时候，我就在村子里给人放牛，拉风箱，放牛一天能挣三毛钱，拉风箱可以挣到五毛。"少年时代的贫穷给李书福留下了深刻的烙印，影响直至今日，"贫穷可以转化为力量，它本身就是一种财富"。

19岁时，他开始人生的第一次创业——开照相馆。"刚开始根本不是照相馆，就是买了个小相机，骑个破自行车满街给人照相。"李书福把这段创业的故事说成是背着相机在公园里瞎转悠的"野照相"——"来，来，同志过来照张相。"吃苦他是不怕的，因为"不吃苦你就不能生存"。

1984年，李书福开始生产冰箱零部件。一开始，李书福就是自己一个人生产，然后装包里，骑着自行车把零部件送到冰箱厂。后来，李书福和其他几个兄弟一起成立了冰箱配件厂。之后他觉得既然自己能做电冰箱最核心的冷冻室，那么做出一个完整的电冰箱也没有什么难的。1986年，李书福组建了北极花电冰箱厂。到1989年，北极花电冰箱已成为国内冰箱行业的名牌产品，李书福这个26岁的电冰箱厂厂长，已经是一个千万富翁。

李书福最大的商业失败在海南。1992年前后，海南房地产热潮正猛，李书福带着数千万元赶赴海南。"海南地产热的那段时间，几千万元全赔了，人都回不来了。"关于海南房地产的失败，李书福说，给他最大的教训就是："我只能做实业。"

1994年，摩托车生意做得正红火的李书福作了一个惊人的决定——"造汽车"。有人提醒他造"四个轮子"的汽车与造"两个轮子"的摩托车不可同日而语，他为了打破神话，故意说出一句狠话："造汽车有什么神秘的？不就是四个轮子，两张沙发，加上一个铁壳嘛！"有人说吉利造车无异于跳楼，他来了一句："那就给我们一次跳楼的机会。"

作为一家民营企业，缺人才，缺资金，缺技术，缺设备，没有"准生证"……他后来回忆说，我们造轿车，媒体不信，银行不信，行业不认可，就连汽车零部件公司都不愿意卖给我们零部件。

但是，李书福还是克服了政策、人才、资金、技术等困难，于1997

年成立了自己的汽车公司。现在,吉利集团的资产总值超过 340 亿元,连续 8 年进入中国企业 500 强,连续六年进入中国汽车行业 10 强,被评为首批国家"创新型企业"和"国家汽车整车出口基地企业",成为中国汽车业最具影响力的自主品牌之一。

李书福从无到有,从小到大,一个一个地实现自己的愿望,其间虽然经历过惨痛的失败,每一次创业都充满着艰辛,但是他顽强地依靠自己的勤劳和坚韧实现了更大的成功。勤劳,像蜜蜂一样忙忙碌碌,就是李书福的成功经验。九层之台,起于累土。成功起点并不重要,失败也不可怕,尽管你失败过,甚至可能你现在的人生还是个负数,但是,只要你有目标,只要你行动起来,成功就在你的脚下,就在你勤劳的手中。

任正非:以勤劳书写传奇

任正非 1987 年在深圳创立了华为技术有限公司,最初以销售通信设备起家,1992 年开始涉足自主研发生产。在任正非的领导下,华为从一个小型的通信设备销售代理商,逐步发展成为全球领先的信息与通信技术(ICT)解决方案提供商。1997 年,任正非带领华为实施了一项重要的战略转型,专注于技术创新和自主研发,这一决策为华为的长远发展奠定了坚实的基础。2005 年,华为的海外业务首次超过国内市场,标志着其全球化战略取得了显著成效。2010 年,华为超越了多个国际竞争对手,成为全球第二大电信设备供应商。任正非的成功不仅体现在华为的商业成就上,更在于他用远见卓识和勤劳不懈的工作,塑造了一个具有全球影响力的中国科技品牌。

任正非在华为成立之初,就以勤劳作为公司文化的核心。他坚信,只有通过不懈的努力和持续的工作,才能在竞争激烈的市场中站稳脚跟。即使在资金紧张、资源有限的情况下,他依然带领团队夜以继日地工作,这种勤劳的精神成为华为成功的基石。

在华为的发展过程中,任正非深知技术创新的重要性。他鼓励团队不断探索和研究,通过勤劳的双手和智慧,推动了华为在通信技术领域的一次又一次突破。这种对勤劳与创新的坚持，使华为能够在科技的浪潮中不断前行。

面对国际市场的激烈竞争和种种挑战，任正非从未放弃。他以勤劳和坚持的态度，带领华为克服了一个又一个难关。在逆境中，他坚信勤劳能够开辟成功之路，这种信念支撑着华为不断成长和壮大。

任正非的创业经历充满了波折，但他始终保持着永不言败的精神。他相信，勤劳不仅能带来物质上的收获，更能培养坚韧不拔的意志。即使在最艰难的时刻，他依然坚持勤劳工作，这种精神最终帮助华为实现了从困境到辉煌的转变。

任正非不仅自己以身作则，更将勤劳的精神融入华为的企业文化之中。他强调，每一位员工都应该以勤劳为荣，通过不懈的努力实现个人价值和企业目标。这种对勤劳精神的传承和弘扬，为华为的持续发展提供了强大的动力。

"在绝望中寻找希望，人生终将辉煌！"正是这种不屈不挠的精神，塑造了任正非自己的传奇。回顾自己几十年的奋斗历程，任正非认为成功必须具备三种品质：其一，面对孤独的勇气。因为在成功之前，你往往需要独自前行，没有人能够真正理解你的选择。其二，承受失败的韧性。在通往成功的道路上，失败是不可避免的，但关键在于能否从失败中吸取教训，再次站起来。其三，面对挑战的坚韧。无论是市场竞争还是国际压力，任正非都以坚韧不拔的态度应对，将每一次挑战转化为前进的动力。孤独、失败、挑战都曾是他的旅伴，但它们并没有削弱他的决心，反而激发了他更加坚定的意志和勇气。正是这些品质，让任正非带领华为在全球化的浪潮中破浪前行，成就了一段令人瞩目的科技传奇。

李嘉诚曾说："我认为勤劳是一个人成功的要素，所谓一分耕耘，一分收获，一个人所获得的报酬和成果，与他所付出的努力是有极大关系的。运气只是一个小因素，个人的努力才是创造事业的最基本条件。"人们常说，失败是成功之母，但英国有句谚语说："勤劳是成功之母。"这两句话说得都很好，前者是激励失败者的，后者则是激励我们每一个人的。这两句话对我们都适用，让我们牢记其中的道理，天道酬勤，勤奋可以赢得一切。

思考题

1. 思考一下，你是否认同勤劳是成功的必经之路？在你的生活中，有哪些经历可以证明这一观点？你将如何在未来的改造中继续实践这一理念？

2. 请分享一个你认为通过勤劳获得成功的例子，这个例子可以是你自己的经历，也可以是你观察到的他人的经历。你从这个例子中学到了什么？

3. 思考你个人的成功定义是什么，以及你如何通过勤劳来实现这个定义？在你的改造过程中，有哪些具体的目标是你通过勤劳可以实现的？

推荐书目

1. 《创业史》，柳青，人民文学出版社 2005 年版。

2. 《把信送给加西亚》，哈伯德，线装书局 2018 年版。

3. 《刻意练习：如何从新手到大师》，安德斯·艾利克森，机械工业出版社 2016 年版。

推荐电影

《奋斗的乔伊》（2015 年），大卫·O·拉塞尔执导。

第九篇

积极劳动创造美好人生

在人生的转折点上，劳动既可以帮助我们重新找到自己的人生定位，也可以帮助我们重新确立和实现自己的人生目标。无论我们的目标有多大，未来有多远，都可以靠劳动去追寻；无论我们的人生经历了多少困难和失败，都可以靠劳动去战胜。劳动改变人生，美好未来就在我们手中。我们改变不了过去，但可以改变现在。过去的就让它过去，只要未来走得更好。漫漫人生路，波折和坎坷在所难免，跌倒过，失败过，但这不该影响我们对未来成功的希冀和坚定。对于已经成为过去式的经历，我们除了叹息和悔恨，已无力去改变。但对于未来，谁能肯定它就一定会比过去更糟呢？请记住：你的未来会怎样，要靠自己去创造！

【阅读提示】

1. 帮助罪犯认识到劳动的价值和意义；

2. 激发罪犯通过劳动实现自我改造和人生目标的动力。

一、在劳动中体验人生价值

> 人的价值是由自己决定的。
>
> ——卢梭

　　一个人的人生定位中包含他的人生价值，人生的价值就是人生的意义。一个人的人生价值，具体体现在谋生、追求个人目标的过程中，也要为别人、为社会带来好处，为社会作出贡献。正确的人生价值应该把满足自己的需要和社会的需要有机地结合起来，而不是一味地甚至是不择手段地追逐自己的利益。罪犯在服刑期间最重要的一个任务，就是改造自己错误的人生观、价值观，树立正确的人生观、价值观。在劳动中，我们能体会到，收获自己所需的同时，满足着社会的需要，得到社会的认可，这才是真正的人生价值。如果我们能通过自己的能力，在自己成功的同时，为社会作出更大的贡献，这才是更大的人生价值。

在劳动中，领悟人生观、价值观，体验人生价值

　　人生观是一个人对人生的看法，也就是对人生存的目的、价值和意义的看法，人生观具体表现为苦乐观、荣辱观、生死观等。价值观是一个人对对与错、美与丑、好与坏、可行与不可行的判断标准，它既是自己人生行为的指南，又是自我评价的标准。那个带着老人和孩子离开家乡出来打工的女采耳师，认为自己通过劳动改善了家庭生活，孝敬了老人，让孩子到城市里接受更好的教育，不以为苦反以为乐，这就是她的人生观。她说别看掏耳朵很容易，没有技术，不认真去做，客人就不满意，公司就会丢掉生意，"要把客人的耳朵当自己的耳朵来掏"，普通的话语中明辨了是非、好坏，这就是一个普通劳动者的价值观。劳动是检验一个人的人生观、价值观的重要手段，也是我们从中领悟人生观、价值观，体验人生价值的好方法。

丁某在劳动中体验了人生价值

罪犯丁某入狱以后，错误的价值观仍然支配着他的行为思想消极，对抗改造，违反监规纪律的行为时有发生。在劳动中，一次偶然的机会让他体验到自己的价值。一次，警官让他辅导一名年龄大、记忆力差的罪犯掌握机器操作规程，本能的好胜心和面对这位年龄大的罪犯的优越感使他运用了各种方法，如记符号、背口诀、图示、顺口溜等方法，使这名罪犯可以熟练地操作机器，得到了领导和警官的好评。警官的好评、完成任务后的成就感使丁某看到了自身的能力和价值。他开始认识到怎么做是对的，怎么做是错的。之后，可喜的变化不断发生在丁某身上，他不再消极地对抗改造，而是积极地投入劳动中。2008年到2010年，丁某带领全队罪犯实干、巧干，圆满地完成了奥运会和一些电影服装道具的加工制作任务，受到了监狱和协作单位的表扬和奖励。

一次小小的付出得到的却是自身价值的切身体验，别小看这小小的体验和成就感，它能使人逐渐改变已有的错误观念，并成为树立新的人生观、价值观的起点和放弃自私自利而更加积极工作的动力。

通过几年的劳动和改造，丁某的思想水平有了质的飞跃，新的人生观、价值观树立了起来。对此，丁某有以下几点体会：

（1）心中有了对错、美丑、好坏、可行与不可行的判断标准，树立了正确的价值观。

（2）知道了自己犯罪的根源是自己错误的人生观、价值观。

（3）自己有了正确的劳动观，而且成了别人的榜样，从中感受到无比的快乐，体验到人生的价值。

张师傅开煎饼铺的人生价值

张师傅烙煎饼已经整整10年了；别看张师傅的煎饼铺小，他一天得烙150斤面粉、2大缸面糊；别看煎饼铺不起眼，它却引来马来西亚食品专家前来研究拍照。

"养家糊口"一个简单的理由使煎饼铺开张了。提起为什么开煎饼铺，张师傅毫不犹豫地说："很简单，养家糊口，干个体的谁不是这样。"10年前，儿子和女儿都在上初中，学习都很好，考虑孩子将来上学的学费，张师傅决定到临沂卖煎饼。

一天烙16小时，炉子休息，人才休息。每天4点起床开始烙煎饼，一直烙到下午6点，而且等到晚上8点煎饼卖完了才关门，张师傅一天平均要工作16小时，一年365天，天天如此。张师傅说："过年那会儿，每天3点就起床了，晚上要干到10点才能关门。"虽然辛苦，但是张师傅的煎饼铺生意红红火火，前来买煎饼的人络绎不绝。一位前来买煎饼的小伙子说："他家的煎饼好吃，我基本上天天都到他家来买。"

小小煎饼铺吸引马来西亚食品专家前来拍照采访。别看张师傅的煎饼铺小，但是吸引了不少人来采访他。张师傅说："去年，有个马来西亚人说是搞食品研究的，来中国研究传统美食，她要采访我，还要拍照。不过一听是外国人，还要研究中国美食，我也不太清楚，害怕会有什么不良影响，就没同意。"

张师傅烙出来的煎饼黄灿灿的，看上去很诱人，难怪生意这么好，回头客这么多。随着生意的红火，张师傅在临沂买了房子，结束了租房的日子。有人问他，如今，房子也买了，孩子都毕业找了工作，怎么还这么拼命地干呢？48岁的张师傅乐呵呵地说，"现在才到哪里呀，在临沂买了房子，以后就一直在临沂烙煎饼了"。

张师傅是一个连名字都不愿意透露的普通劳动者。也许张师傅的现状最接近我们将来的生活，所以也最能帮助我们理解人生的价值。用正当劳动养家糊口，让孩子好好上学，追求更好的幸福生活，这就是张师傅对家庭的价值；他的煎饼"看上去很诱人"，满足了社会的需要，还传播了中国的传统美食，这就是他对社会的价值。张师傅勤劳朴实，乐观善良，保证每一张煎饼的质量，没有投机取巧，这充分体现了他的人生观、价值观，这可是他"成功"的秘诀啊。

在劳动中，追求更高的人生价值，追寻更高的人生境界

一个人最基本的，要做到拥有一个正确的人生观、价值观，拥有一

个普通人的人生价值，然后才有可能去追求更高的人生价值。更高的人生价值就是即使在最平凡的岗位上，在最普通的劳动中，也不计较个人得失，超越自我，无私奉献。

"杂交水稻之父"袁隆平

2011 年 9 月 19 日，中国农业部公布："杂交水稻之父"袁隆平指导的超级杂交水稻试验田平均亩产 926.6 公斤，创中国大面积水稻亩产最高纪录。此次突破不仅可以使我国的粮食保障更为稳固，还意味着我国可以节约大量耕地，用以种植其他供需缺口大的作物。袁隆平院士说，下一步他将把奋斗目标设定为亩产 1000 公斤。我国农民有句俗话，吃饭靠"两平"，一靠邓小平（责任制），二靠袁隆平（杂交水稻）。西方世界称，杂交水稻是"东方魔稻"。杂交水稻对我国乃至全世界粮食产量的提高都作出了重大贡献。国际上甚至把杂交水稻当作继中国四大发明之后的"第五大发明"，被誉为"第二次绿色革命"。国际水稻研究所所长高度评价说："我们把袁隆平先生称为'杂交水稻之父'因为他的成就不仅是中国的骄傲，也是世界的骄傲，他的成就给人类带来了福音。"1999 年 10 月，经国际小天体命名委员会批准，中国科学院北京天文台将发现的一颗小行星命名为"袁隆平星"。2000 年 12 月 11 日，以袁隆平名字命名的"隆平高科"在深交所上市。就是这样一位杰出的科学家，却过着最为简朴的生活。他淡泊名利，如果他申请专利，或许他现在是中国最富有的人，可是他却把专利无私地贡献给国家；他毕生的梦想，就是让所有的人远离饥饿，这是他在有生之年为实现人生价值所奋斗的目标。

民以食为天，袁隆平院士的杂交水稻解决了中国人的吃饭问题，也就是全中国人民的"天"，他的人生价值是通过他对社会的巨大贡献实现的。袁隆平院士是真正靠劳动实现梦想、创造人生奇迹的"富人"，这样的人生才是有价值的人生。

在不同时代、不同行业的劳模都为我们树立了实现人生价值的最佳楷模，我们耳熟能详的时传祥、王进喜、李素丽、许振超等优秀劳动者，他们都在自己平凡的岗位上作出了不平凡的事迹，为人民、为社会做出了贡献，在自己的岗位上实现了自身价值并得到社会的认可和尊重。我们也应从跨越时代的劳模精神中深刻领会到人生价值的真正内涵。想想这些令人尊敬的劳动者，也反思一下我们自己，想想我们的人生价值对社会是有益的还是有害的。然后就应更积极地投入劳动中，跳出自我的小圈子，尝试着为别人做一点事情，唤醒自己身上沉睡已久的奉献意识，消灭极端自私自利的思想，体会一下奉献的快乐。将来回到社会后，无论干哪一行，把自身的需要和社会的需要结合起来，把个人的工作融入有益于社会的需求中，我们一定会实现自己的人生价值。

思考题

1. 思考一下你在劳动中曾经体验到的人生价值是什么？它如何改变了你对劳动和生活的看法？

2. 请反思你的人生观和价值观，你认为它们对你的改造和未来生活有何积极影响？

3. 想象一下，如果你能通过劳动为社会作出贡献，那会是怎样的情景？你将如何实现它？

二、在劳动中拨正人生航向

功崇惟志，业广惟勤。
——《尚书·周书·周官》

如果把人生比喻成一次远航，理想和信念就是航标灯和动力，人生目标就是远航的目的地，人生观、价值观是航船的仪表盘和导航仪，而辛勤的劳动就是我们对航船的驾驭与操作。人生的远航和大海中的航行几乎完全一样，有狂风巨浪，有暗石险礁，有迷途误导、有陷入漩涡难以自拔，更有可能因为我们的操作失误而船毁人亡。如果我们在人生路上犯了重大的错误，一定是我们在自己的人生航行中哪方面出现了问题——或者是我们没有理想和信念；或者是没有人生的奋斗目标；或者是没有正确的人生观、价值观；或者是为航程中的各种困难所吓倒；或者是我们在人生航船的驾驶舱里睡起了大觉；或者是我们一步没有走对，而毁掉了自己的前途。放眼人生的长河，人生的远航就是我们一生的耕耘和劳动，无论是在今天狱中的劳动，还是在今后的人生路上，我们一定要尽快拨正人生的航向，正确地驶完我们的人生航程。

勇于直面自己的错误和不足

错误谁都会犯，关键是看对待错误的态度。只有正确面对自己的错误，才能下决心用实际行动改正错误。一个人总是犯错误，甚至在同一个地方犯同样的错误是愚蠢的，也是可悲的。有错不认，有罪不改，对人对己都是不负责任的，就像在大海上的航行一样，航向错了，设备坏了，再不改正，再不修理，不是前途渺茫，就是船毁人亡，最终葬身大海。

错一时莫错一世

在美国新泽西州的一所小学里，有一个由 26 个孩子组成的特殊班级，被安排在教学楼里一间很不起眼的教室里。他们都是一些曾经失足的孩子，有的吸过毒，有的进过少管所，家长、老师及学校对他们非常失望，甚至想放弃他们。学校里有一位叫菲拉的女老师主动接手了这个班。她的第一节课，并不像以前的老师那样整顿纪律，而是在黑板上给大家出了一道选择题，让学生们根据自己的判断选出一位将来能够造福于人类的人。

题目是这样的：有三个候选人，他们的经历分别是：A. 笃信巫医，有两个情妇，还有多年的吸烟史而且嗜酒如命；B. 曾经两次失业，每天到中午才起床，每晚都要喝一公升的白兰地，而且有过吸毒的记录；C. 曾是国家的战斗英雄，一直保持素食的习惯，不吸烟，偶尔喝一点儿啤酒，年轻时从未做过违法的事。

全班学生都选择了 C。菲拉老师公布了答案：A 是富兰克林·罗斯福，担任过四届美国总统；B 是温斯顿·丘吉尔，英国历史上最著名的首相；C 是阿道夫·希特勒，法西斯恶魔。大家都惊呆了。此时，菲拉老师说："孩子们，你们的人生才刚刚开始，过去的荣誉和耻辱只能代表过去，真正能代表一个人一生的，是他现在和将来的作为。从现在开始，反思自己的过去，努力做自己一生中最想做的事情，你们都将成为了不起的人。"这一番话改变了这 26 个孩子一生的命运，他们当中就有后来华尔街年轻有为的基金经理人——罗伯特·哈里森。

忏悔罪责不仅能战胜自己内在的敌人，也能打扫自己灵魂深处的污垢尘埃，而且能减轻精神痛苦并净化自己的精神境界。

我必须面对自己的耻辱

美国总统罗斯福患格林–巴利综合征，后来突然发病，身体不能动弹，这时他已做了参议员。遭此打击，他也曾心灰意冷。开始他必须坐在轮椅上，但他很有志气，讨厌整天依赖别人把他抬上抬下，于是晚上就一个人偷偷练习"走路"。有一天，他告诉家人，他发明了一种上楼梯的方法，想表演给大家看。他先用手臂的力量把身体撑起来，然后再把腿抬上去，就这样一阶一阶艰难缓慢地爬上楼梯。母亲阻止他说："你这样在地上拖来拖去的，给别人看见了多难看。"

我必须面对自己的耻辱
——[美]罗斯福

罗斯福断然道："我必须面对自己的耻辱。"

能平静地面对自己耻辱的人，还有什么不能战胜呢？我们中间的一些人，认识到了自己的罪责，也感到了羞耻，但是因为这样或那样的原因而自卑，不敢面对错误，不肯奋起而行，这是一种懦弱的表现。勇于面对自己的错误和不足，勇于改正自己的错误，以加倍地努力克服不足，是拨正自己人生航向的第一步。

在劳动中寻找人生的转机

劳动的好处和重要性在于能使我们在劳动中学会一技之长，了解社会的需求和自己的能力，找到回归社会后的人生出路和机会。很多罪犯就是在劳动中学到了回归社会的本领，发现了自己在社会中的价值。很多人犯罪前不学无术，不务正业，通过在狱中的劳动和改造，不仅人改造了，生存的本领和奔向成功的能力也有了，这就是人生旅程的重大转机啊！要在劳动中寻找人生的转机，需要把握以下要点：要勤劳；要勤于学习和思考；要了解社会需求；要掌握一技之长；要细心。最后，也是最重要的，就是要有寻求人生转机的强烈愿望。

拿破仑并非败于滑铁卢战役，而是败在一枚棋子上

拿破仑是法国军事家、政治家，法兰西第一共和国第一执政者，法兰西第一帝国的皇帝，曾经征服和占领西欧和中欧的广大领土。人们普

遍认为拿破仑的最后失败是因为 1815 年的滑铁卢战役，其实他在惨败滑铁卢战役之后不是没有东山再起的机会，但让他彻底绝望的是一枚棋子。拿破仑在滑铁卢战役失败后，被终身流放到圣赫勒拿岛，他在岛上过着非常无聊的生活。后来，拿破仑的一位密友通过极为秘密的方式送给他一件珍贵的礼物——一副国际象棋。拿破仑对这副精致而珍贵的国际象棋爱不释手，就一个人默默地下起国际象棋来，解除了被流放的孤独和寂寞。当他死去以后，那副国际象棋多次以高价转手拍卖，最后这副国际象棋的所有者偶然发现，其中一枚国际象棋的底部可以打开，里面密密麻麻地写着如何从这个岛上逃出去的详细计划。

然而，拿破仑并没有发现这个秘密，就这样草草了却一生，令人扼腕叹息。

拿破仑被称为"奇迹创造者"，去世时才 52 岁。他本来可以再创造人生的奇迹，而转机就在那枚棋子上，但他早已没有了寻找人生转机的愿望，把带着他人生转机的那枚棋子当成了打发时光的玩物，不再做任何寻找转机的努力。一个人不怕失败，就怕在人生的低潮中失去求胜的愿望和追求。没有了愿望就等于放弃了一切努力，再多的机会也没有用。

监狱里是"伙食专家"，回归后成"餐饮老板"

罪犯李某、张某被安排在罪犯食堂的劳动岗位。李某在食堂从事送餐任务，在日常劳动中他认真细致，尤其比较注意各个监区打饭时的反馈，如"昨天的菜口味偏重了""副食的制作应该变花样了""主食的口味、种类要增加了"等，一回到食堂就记录下来并及时向主管警官汇报，警官通过反馈意见不断作出完善调整，使伙食尽可能地满足罪犯的饮食需求。这样的劳动习惯使李某从一个对餐饮一窍不通的人，变成了一个经验丰富的"伙食专家"。

张某在食堂担任大灶班长，主要负责副食烹饪。在劳动中他积极主动，利用自己的经验和能力提升劳动效率。他把大灶日常的一些弊端一一记录下来，在学习了副食加工的一些常识后，他又对部分蔬菜的加工方法和步骤进行了一些新的尝试，反复实验后确定出合适的工艺，使加工时间不断缩短，加工用料不断节省，取得了较好的效果。

2021 年 7 月，李某和张某被先后释放回归社会，一个是"伙食专家"，一个是"烹饪好手"，再加上二人在狱内关系不错，出狱后不久，二人便经常商议进行餐饮方面的合作，试图走自主创业之路。2021 年 11 月，二人共同出资，携手承包了一家单位的食堂，由于在监狱积累的丰富伙食加工技能和经验，使他们在食堂经营中游刃有余，充分满足了公司员工的饮食需求，获得了公司的肯定。目前，二人正准备用经营食堂赚下的第一桶金，投资餐饮业，开一家规模较大的川菜馆，为自己的未来创造更多的财富。

怎么才能知道自己什么能做，什么不能做呢？其实，仔细想想，在服刑期间，有实实在在的劳动让你做，做的产品又是社会所需要的，有一技之长可以学。所以，在劳动中寻找人生的转机，真的不是很难，关键看你有没有用心，有没有信心。正如刘欢老师在那首《从头再来》中唱到的："心若在，梦就在，只不过是从头再来。"

找回迷失的人生，浪子回头金不换

人们常用"浪子回头金不换"来形容改邪归正的人极其可贵。拨正人生的航向，找回迷失的人生，就是浪子回头金不换。在现实中，在我们身边就有这样的人，是我们学习的榜样。

浪子回头：父母的好儿子，工厂的好员工，社会的优秀公民

卢某初中一年级就辍学了，整天在社会上混，让父母操碎了心。2006 年 11 月，17 岁的卢某因抢劫罪判处有期徒刑两年。在未成年犯管教所服刑期间，他系统地学习了《弟子规》《论语》《孝经》，慢慢地被优秀传统文化博大精深的内涵触动，渐渐地懂得了"百善孝为先"的人生哲理。卢某在未成年犯管教所服刑 1 年 7 个月后，获得假释。

2007 年 11 月，未成年犯管教所与某金属加工厂签订了《共建安置

帮教基地协议》。该工厂负责人承诺只要改造表现好，愿意到企业工作的，他都给予接收安置。

卢某回家后，他恨不得马上到该工厂上班，由于在未成年犯管教所接受的传统文化教育，他想先在家好好陪陪父母，尽尽孝心。他在家里待了整整一个月。帮爸妈干各种家务，下地、洗衣、做饭、刷碗，什么都帮着干，俨然和犯罪前判若两人。父母看到儿子有如此大的转变，心里别提有多高兴了，完全放心他出去找工作。

卢某上班发了第一个月工资后，将600元送到父母手里："妈，这是我第一个月工资的一半，您喜欢吃什么就买点什么。"孩子的孝敬着实使老两口感到意外。妈妈想也许是孩子的一时冲动，将信将疑地说："那我先替你保管着。"第二个月，卢某又将工资留下500元，其余全部交给了妈妈。妈妈高兴得逢人就夸儿子是个大孝子。

卢某在社区矫治民警陪同下来到金属加工厂，负责人听说卢某在家里帮助父母干活，懂得了感恩、孝顺。非常高兴地说："我就喜欢'孝子'，明天就来上班吧。"一个月下来，卢某勤劳肯干，得到了车间主任的夸奖，负责人鉴于他的工作表现，同意他想学习开叉车的请求，卢某学会了开叉车、铲车技术，获得了《特种作业操作证》。工厂的叉车每台都在8000元左右。卢某爱护叉车，就像爱惜自己的眼睛一样，每天上班第一件事，就是对叉车进行一次全面检查，听听发动机的声音，检查一遍叉板是否安全、链条是否坚固、操作手柄、刹车是否有效，发现哪个螺丝松动了，马上用扳手拧紧，哪个电线虚了，立即把它接好。

卢某边开叉车边学习维护、保养和维修技术。第一次叉车坏了，工厂找专门的维修公司人员修理，他就在一旁仔细观察、学习，不时地询问修理技术。第二次出现同样问题时，卢某就能自行修理了。久而之，凡是叉车出现小毛病，他总是自行修理，被称为叉车修理专家。用他的话说："这样既不影响工作，又尽量不给企业增加费用。"卢某的认真学习和负责的工作态度，在帮他走好新生路的同时，也赢得了负责人的信任。企业新购进了一台27万元的装载机，工厂负责人亲自将这台企业最贵重的装载用车交给了卢某。

浪子回头
金不换

以孝道回报父母的养育之恩，以感恩之心回报社会和警官们的再造之恩。浪子回头金不换，卢某已经成了父母的好儿子、工厂的好员工、社会的优秀公民。卢某说："从逆反、叛逆、离家出走，到懂得孝顺父母、常怀感恩心，感激所有关心我的人，是未成年犯管教所的教育环境和企业的人文氛围熏陶了我，帮我重新站在人生的起跑线上。"我们欣喜地看到，卢某用自己勤劳的双手，彻底拨正了自己的人生航向。

思考题

1. 回想你入狱前的生活，是否有过偏离正确人生航向的行为？你打算如何在狱中通过劳动重新找到正确的方向？

2. 思考一下，你如何通过劳动和学习来克服自己的不足，为将来重返社会做好准备？

3. 请描述一个你通过劳动或学习经历，找到了人生新目标或意义的瞬间，并分享它对你的影响。

三、在劳动中创造美好人生

> 我们世界上最美好的东西，都是由劳动、由人的聪明的双手创造出来的。
>
> ——高尔基

美好的反面是丑恶，但丑恶的人生仅仅代表过去，不堪回首也罢，懊悔万分也罢，统统向自己的过去说再见吧！美好的人生就在不远的未来，未来需要我们自己去创造。在这本书里，我们学习了劳动的作用、劳动的知识、科学的管理，知道了勤劳是成功的基石，也知道了什么是正确的人生价值，什么是正确的人生观、价值观。我们还等什么？改变不了过去，但我们可以改变现在。过去的就让它过去，给自己许一个未来，让自己从今天开始改变，明天依旧可以很灿烂。在劳动中，创造自己的美好人生，美好的未来就在自己的手中。

用理想和目标加足人生的马力

理想和信念是人生的航标灯，人生目标是我们成功的彼岸和不断加油的动力，有了理想和信念，无论人生之旅何等漫长，航标灯永远为我们点亮希望之光；有了人生目标，无论前进路上何等艰辛，我们的人生之舟会永远都有充足的动力。

福特的动力源

汽车大王亨利·福特一次在传记中写道，自己能有如此成功，都缘于在一家餐厅发生的一件小事。

在他还是一个修车工人时，有一次刚领了薪水，到一家高级餐厅吃饭。不料，他在餐厅里呆坐了差不多 15 分钟，居然没有一个服务生过来招呼他。最后，一个服务生看他一个人坐了那么久，才勉强走到桌边，问他是不是要点菜。

他连忙点头说是，只见服务生不耐烦地将菜单粗鲁地丢到他的桌子上。亨利·福特刚打开菜单，就听见服务生用轻蔑的语气说道："你只适合看右边的部分，其他的，你就不必费神去看了！"

他抬起头来，正好看到服务生满脸不屑的表情。恼怒之余，他不由自主地便想点最贵的大餐，但转念又想到口袋中只有那一点儿可怜的薪水。

最后，服务生傲慢地收回了亨利·福特手中的菜单，嘴上虽然没有再说什么，但表情很清楚地告诉亨利·福特："我就知道，你这穷小子也只不过吃得起汉堡罢了！"

在服务生离去之后，亨利·福特并没有因为花钱受气而继续恼恨不休。他反倒冷静下来，仔细思考，为什么自己总是只能点吃得起的食物，而不能点真正想吃的大餐？

亨利·福特当时痛下决心，要成为社会中的顶尖人物。从此以后，他开始朝梦想前进，由一个平凡的修车工人逐步成为叱咤风云的汽车大王。

意大利作曲家普契尼曾说："希望是支撑着世界的柱子，希望是一个醒着的人的美梦。"理想、信念、人生的目标，会让你在黑暗中看到光明，会在你快要倒下时让你挺住身躯，会让你理智地面对一切蔑视和耻辱，会让你在人生道路上精疲力竭时候产生新的动力。理想、信念、人生目标，不是学生时代的作文练习，而是任何一个缺乏理想的人必须马上找回来的东西。

靠自己不靠上帝

自己的路自己走，自己的命运自己掌握。世上没有上帝，自己的幸福全靠自己。

有三件事，你必须自己去做

宋朝著名的禅师大慧，他的弟子中有一个叫道谦的。虽然道谦参禅多年，但仍无法开悟。一天晚上，道谦诚恳地向师兄宗元诉说自己不能悟道的苦恼，想让宗元帮忙。

宗元说："我能帮你的忙当然乐意之至，不过有三件事我无能为力，你必须自己去做。"

道谦忙问："是哪三件？"

宗元说："当你肚饿口渴时，我的饮食不能填你肚子，你必须自己饮食；当你想大小便时，你必须亲自解决；最后，除你自己之外，谁也不能驮着你的身子在这人世的路上走。"

道谦听罢，心扉豁然洞开，顿时悟出了真道。

有些人自己犯了罪，却不认罪。有些人生活不如意，却怨天怨地，从不想想自己该怎么办。自己的罪过要自己承担，自己的事情要自己办，自己的路要自己走，这是天经地义的道理。

用汗水铺就新生路

汗水代表了勤劳，代表脚踏实地地工作。美好的人生从新生路上起步，不应嫌弃狱中的劳动辛苦，也不应嫌弃劳动的枯燥无味，辛勤的劳动是新生的开始；别怕回归之路的迷惘与艰难，辛勤的汗水是你坚定地走好新生路的有力证明，机会和希望就在你辛勤的汗水中。

田某的新生路上洒满了汗水

田某，北京某大学毕业，因贩卖毒品罪被判处有期徒刑9年。

田某能提前3年回归社会，是他用辛勤的汗水、用积极地改造加快了新生的脚步。田某在服刑期间，勤劳苦干，取得了优异的改造成绩，连续3年荣获监狱"改造标兵"及"奥运之星"等光荣称号，并连续两年获分局"改造标兵"光荣称号。犯罪入狱对田某打击很大，也给他的家人带来了无穷的痛苦。在监狱干警的耐心教育挽救下，他逐渐走出了入狱之初的

阴霾，重新树立了人生观、价值观，很快在劳动中有了与众不同的表现。认真学习并熟练地掌握缝纫技能，他比别人都认真刻苦、比别人进步都快，使他从劳动骨干到技术能手再到监区服装加工生产线的大组长，一步一个脚印地快速进步。就像他在 QC 成果汇报会上说的："学习一门技术到熟练地掌握它，取决于你对它的认真程度。"

田某踏出监狱大门时向警官立下誓言，"一定会好好做人，做对社会有用的人"。田某的回归之路非常坎坷，他拿出了劳动改造的那股认真劲儿，找人咨询，了解所关心的行业状况，没日没夜地上网查找所需的相关专业知识，他渐渐有了头绪，一步步坚定了创业信念，一个小型服装加工厂在他的脑海里规划成型。规划难，实施更难，顽强的信念和苦干使他战胜了技术、人员、设备、厂房、资金等一个又一个困难。社区了解了他在改造中的优异表现和顽强创业的决心，积极地伸出了援助之手，把废旧的自行车棚腾出来租给他做了厂房。由于田某在服刑期间参加了创业培训并获得了国家承认的技术证书，他很快就拿到了 5 万元银行贷款，加上家中帮助筹备的十几万元，设备问题也得到了很好的解决。田某的"新生"服装加工有限公司正式成立了。他承接的第一批服装加工任务是社区秧歌队的演出服装，这是社区领导为他公司开业特意安排的，来到社区居委会田某紧紧握住领导的手激动得说不出话来。渐渐地公司从网上接了一些订单。由于田某对工作的热忱和对加工服装质量的严格要求，得到了不少老板、经销商的好评，他的服装公司越来越红火。

一年后，田某寄来了报喜信。他在信中这样告诫其他的罪犯："新生的路不会是平坦的，但只要你有坚定的信心，只要你肯付出辛勤劳动和汗水，就一定能成功，就一定会开辟出属于自己的一片广阔天地。"

其实不仅是田某，而是有更多人的新生经验不断地告诉我们一个真理："一分耕耘、一定会有一分收获。"新生的路是勤劳的人走出来的。

罪犯齐某，1991 年因犯流氓罪被判入狱，2010 年 8 月释放回家，时年 40 岁。回归后，齐某在区政府及街道的关心和帮助下，与几个朋友以股份制的形式，租赁商铺门面，开了一个小餐厅。他认真研究区域餐饮市场情况，将餐厅定位于为社区居民和相邻几个单位的员工提供就餐服务，饭菜以大众化的京味儿家常菜为主，价格略低于市场价，薄利多销。他本人和几个朋友既是管理者，也是厨师或服务员。

由于齐某在服刑期间担任监区车间生产调度，踏实好学，学习了人员调配、车间管理等知识，积累了生产管理、人事安排、市场分析、服务用户的经验，使他在餐厅运作管理上非常科学合理。准确的市场定位、物美价廉的饭菜、诚信的服务，使小餐厅仅用了3个月就有了一定的知名度，许多社区居民、单位职工都成了餐厅的常客。开业一年时间，取得了非常好的经济效益，投资成本也很快收回。

他在给监狱的来信中说道："这一年来取得的成绩，得益于我在监狱的学习和劳动，得益于监狱对我的教育培养，感谢监狱为我提供了学习专业知识的平台，熟练地掌握不止一门专业技能，为我出监后创业打下了扎实的基础。"他用自己的切身体会告诉罪犯："我们应该把刑期变学期，增加知识和技能，为将来回归社会做好充分的准备。"

用勤劳和智慧创造美好人生

高尔基说："我们世界上最美好的东西，都是由劳动、由人的聪明的双手创造出来的。"要创造我们的美好人生，勤劳是最基本的，智慧是最重要的。造物主给我们人类最大的恩赐，就是让我们拥有了智慧。插上了智慧的翅膀，就可以带着我们的理想飞翔。勤劳加智慧，一定会使我们创造美好的人生。

谢某的与众不同在于他的勤劳和智慧

罪犯谢某入狱前是一名优秀的车工，在北京一家大型的国有企业担任专业的车工技师，因其手艺好，对工作认真负责备受领导与同事的好评。但他没能继续扬长避短，终因经济犯罪入狱。来到监狱后，谢某情绪低落，对任何事情都提不起兴趣。经监区警官细致地与其沟通后，谢某才有了改变，从消极服刑转变为积极改造，劳动越来越扎实。为更好地发挥谢某的特长，监区决定让谢某从事缝纫机修理工作。工作中，谢某逐渐了解了新一代电动缝纫机的特性，研究编写了一套缝纫机使用维护手册，使在操作中因人为操作不当引起的故障明显减少，取得了很好的效果。谢某在一次例行维修时，发现海菱牌双针缝纫机的 R9 与 R11 的垫圈位置不合适，导致缝纫机在高速运转时磨损相当厉害，并引起卡线现象。经过一系列攻关，谢某果断移动了 R9 与 R11 的垫圈位置并换用新型垫圈，使双针缝纫机卡线现象发生的概率大幅降低，获得了广大罪犯与警官的好评与认可。

去年，谢某假释回家，回家不久开办了一家社区家电维修服务部，把在狱内所学的电器知识和自己的车工专业技能结合起来。在维修过程中，细致、认真地做好每一项工作。经过一年多的经营，谢某的家电维修服务部在当地已小有名气，附近居民都愿意把坏电器拿到他的店里维修，谢某的生意也越来越红火。

在劳动改造中，谢某的与众不同在于他善于钻研，用技术革新减少机器故障，提高效率。在创业过程中，他虽然做了家电维修的工作，但他靠自己的勤劳和智慧赢得了生意的红火。

以下案例是"脑瘫青年的人生故事"。2011 年 9 月 8 日，中央电视台七套《致富经》栏目介绍了重庆农村青年王明东的创业故事。

脑瘫男孩的聪明财富

王明东，今年 24 岁，出生在重庆市黔江区一个普通的农民家庭，是一位先天性脑瘫患者。因为患病，大家都说他走路像鸭子，说话也听不懂。可就是这样一个特殊的男孩，从 2008 年起，3 年建起了当地第一个规模最大的生态养鸡场，创下了上百万元的资产，还带动 300 多户农民一起致富。更可喜的是，王明东最终还收获了自己的爱情。

王明东出生时，母亲难产，导致婴儿大脑缺氧造成脑瘫。王明东到 5 岁还不会走路。当时，王明东家里很穷，没有足够的钱给他治疗。残疾使王明东走路、说话都成问题，写字只能用左手写。同学说他像鸭子，村民说他又傻又残；父亲说他将来娶不到媳妇，连瞎子都娶不到；但是王明东不服气。不服气，就暗自努力。为了练好协调能力，他经常学着帮父母干活儿，劈柴、挑水、切猪草，只要能干的，他都要试着干。因为手发抖，切猪草的时候，他经常切伤自己。为了能快速练好走路，王明东爱上了踢足球。每到下课时，他都会到足球场踢球，这也是他最快乐的时候。

2005年，王明东初中毕业，因为没钱继续上学而辍学。他想跟着父亲出去打工赚钱，可是父亲打工的公司无论如何都不愿意接收他。父亲带他又找了几家公司，没有一家愿意聘用他。求学无门，打工又被拒绝，王明东沮丧到了极点。那段时间，王明东的母亲又患上了肾炎综合征，身体很虚弱，父亲常年在外打工，每天王明东就拼命地帮家里干活，照顾母亲，仿佛只有这样，他才能找到一些生存的信心。

后来，王明东决定要自己创业。这个连打工都没人要，甚至话也说不清楚的脑瘫男孩又能干什么呢？有一次，王明东跟母亲到集市上买菜，他发现集市上的土鸡非常好卖，他决定养殖土鸡。2008年春天，父亲拿出打工赚的1万元钱给了王明东，王明东在老家的山上承包了一块林地，又买了3000只土鸡饲养在林地里。那段时间，他就住在林子中临时搭的小棚子里。遇到有养殖经验的人，就请教土鸡的养殖方法。可是，灾难却悄然而至。2008年5月的一天，下了一场多年不遇的大暴雨。王明东想把鸡赶到房檐下避雨，因为腿脚不好，山上泥土湿滑，王明东跟跟跄跄地赶鸡，还摔了好几个跟头。忙了一个多小时，才把鸡赶到了一起。可大雨过后不到一个星期，王明东养殖的3000多土鸡，全部死光了。原来，暴雨过后，小鸡产生了应激反应，王明东没有经验，给鸡治疗不及时，所以才发生了惨剧。

2009年4月的一天，王明东家突然来了一位陌生的客人，这个人一进门就说是要给王明东投资。他叫杨忠，是重庆市彭水县一家建筑公司的负责人。2008年，他在王明东的村子里修公路时，经常看见王明东自己挑水，喂鸡。后来，杨忠听说了王明东的故事，非常感动，决定帮助他。

杨忠为王明东投资5万元，建了一座400多平方米的养鸡场，又给王明东购进了3000只鸡苗，重新养殖土鸡。一个月后，王明东又听说乡里有到西南大学学习养鸡技术的机会，就主动报名，成了当时300多名学员中唯一的一名残疾人。通过这次学习和当地技术员的指导，王明东很快掌握了养鸡技术。

2009年国庆期间，王明东养殖了4个月的3000只土鸡可以出栏了，他把土鸡拉到黔江市场上去卖，定价6.5元一斤。因为王明东养的土鸡个头适中，价格合理，很受消费者青睐。3000只土鸡，一共赚了3万元钱。这是王明东自创业以来第一次赚钱。

2010年1月，王明东做出了一个让周边的人都很惊讶的决定——成立合作社。无论王明东怎么说，村民总是找各种理由不愿意和他一起干。尽管遭受冷遇，但王明东很有信心。他考察过市场，土鸡的市场空间还很大，只要养出

来，肯定不愁卖。王明东又一遍遍地劝说村民，并给大家许下了这样的承诺：如果合作社破产，是他经营不好与村民无关。功夫不负有心人，终于有6户村民被说得动了心，愿意跟王明东一起养土鸡。2010年4月，王明东和这6户村民成立了土鸡养殖专业合作社，王明东任理事长。他把自己的养鸡技术毫无保留地传授给养殖户，他自己也扩大了规模，又购进了7000多只土鸡苗。

2011年3月，王明东经人介绍，跟重庆市黔江区供销社下属的一家农贸公司达成了供销协议，只要合作社养出的土鸡，他们全部收购，并将合作社吸收为农贸公司的联合社员。王明东运用小合作社依托大公司的方法，兑现了和村民的承诺。

2011年上半年，王明东已经带动全村300多户村民一起养鸡致富，他成了当地有名的致富带头人。王明东承包了100亩土地，全部种上玉米和高粱，用来喂鸡，这样就能保证养殖场的饲料供应。

记者问他，你的理想是什么？他说："就是让我们全村家家户户都富起来。"记者怀疑道："你有这个信心吗？"王明东说："有，绝对有，我不放弃。你看见太阳了吗？因为那个方向有光，我要朝那个方向去。真的，我要朝光明的路一直走下去。"现在，王明东有了一个漂亮的女

朋友，他正一步一个脚印朝着幸福迈进。

在此讲王明东的故事，是因为这个事例比较有全面的教育和启发意义。王明东的健康心态值得我们学习，他是一个非常阳光的人，从来没把自己当成一个残疾人。残疾只能使他比健康人更加勤劳，更加努力地去奋斗、去争取。王明东的智慧是值得我们学习的，他虽然只有初中学历，但是他从不放弃学习，千方百计地学到了养鸡的技术。他考察土鸡市场，成立养鸡合作社，扩大养鸡规模，靠的不是鲁莽，而是自己的智慧。王明东的奉献精神值得我们学习，他毫无保留地把自己的养鸡技术传授给养殖户，把大家组织起来，立志要让全村的人都富起来。王明东坚定的理想和信念更是值得我们学习的，"我不服气""我不放弃""我要让我们全村家家户户都富起来""我要朝着光明的路一直走下去"。王明东的美好人生我们能学吗？答案是肯定的，一个脑瘫患者能做到的，我们为什么做不到呢？只要我们像王明东那样有理想、有信念、有毅力，勤劳、智慧地努力，我们一定能创造自己的美好人生。

思考题

1. 思考一下，你如何利用劳动来改变自己的生活？劳动为你带来了哪些积极的变化？

2. 请反思你的长期目标和理想，你将如何通过不断地劳动和学习来实现它们？

3. 想象一下，当你回归社会后，你将如何运用在狱中获得的技能和经验来创造自己的美好人生？你有哪些具体的计划或愿景？

推荐书目

1.《青春之歌》，杨沫，中国青年出版社 2020 年版。

2.《活法》，稻盛和夫，东方出版社 2019 年版。

3.《人类群星闪耀时》，斯蒂芬·茨威格，天津人民出版社 2011 年版。

推荐电影

《岁月神偷》（2010 年），罗启锐执导。

第十篇

就业形势与就业准备

劳动市场的变化，如同时代的脉搏，跳动着机遇与挑战。从国家发展规划到首都职能定位，从新质生产力的崛起到新业态的涌现，劳动市场正以前所未有的速度和规模演变。这不仅为罪犯提供了新的就业机会，还为大家打开了一扇通往未来的大门。

在这个时代，每个人都有机会重塑自我，找到适合自己的职业道路。无论是科技领域的创新者，还是新兴业态的探索者，抑或传统服务行业的从业者，都能在劳动市场中找到属于自己的一席之地。对罪犯而言，劳动市场的变化意味着回归社会的桥梁，是重建生活的重要途径，随着社会对公平正义认知的深化，越来越多的机会正向大家敞开大门。

【阅读提示】

1. 帮助罪犯了解当前就业市场的变化趋势和就业机会；

2. 引导罪犯根据个人特长和社会需求，做好就业准备，提升就业竞争力。

一、时代脉搏下的就业市场变迁

> 唯有变化才是永恒的。
> ——赫拉克利特

在时代的长河中，就业市场的每一次波动都是社会发展的缩影。随着经济结构的优化升级和数字化转型的加速，我们正站在一个充满无限可能的新时代风口上。在这里，新技术、新产业、新业态层出不穷，为不同层次的劳动者提供了广阔舞台。然而，机遇总是伴随着挑战，只有在变革中找准定位，把握机遇，紧跟时代步伐，勇敢地迎接变化，才能顺利开启就业和个人发展的新篇章。

经济结构调整激发新动能

近年来，我国经济发展呈现结构性调整，为就业市场注入了新的活力。服务业的快速发展，尤其是数字化、网络化的现代服务业，不仅成为经济增长的新引擎，也吸纳了大量劳动力，为就业提供了广阔的空间。

在 2023 年一季度，服务业增加值同比增长 5.4%，占国内生产总值（GDP）的比重为 58.1%，对国民经济增长的贡献率高达 69.5%，拉动 GDP 增长 3.2 个百分点，并且在持续增长中。这一比重的提升，不仅标志着我国经济结构的优化升级，也反映了服务业在吸纳就业方面的显著作用。

数字化和网络化技术的广泛应用，推动了服务业的创新和转型。例如，电子商务、在线教育、远程医疗、云计算和大数据服务等新兴服务业迅速崛起，为劳动力市场带来了大量的就业机会。2023 年第一季度，信息传输、软件和信息技术服务业的增加值同比增长 11.2%，成为推动经济增长的主力军。此外，2023 年，电子商务交易额达到 468 273 亿元，比上年增长 9.4%，网上零售额更是达到 154 264 亿元，比上年增长11.0%。这些数据充分展示了数字化服务业务的强劲增长势头和对就业市场的积极影响。

服务业的快速发展不仅促进了经济增长，也成为吸纳就业的主渠道。2013年服务业就业人员比重为38.5%，到2022年，占比达到47.1%，并且这一趋势在近年得到了持续，服务业的就业吸纳能力不断增强，为稳定和优化就业结构做出了重要贡献。

在新产业、新业态、新商业模式的推动下，多样化的就业机会不断涌现，为不同背景的劳动者带来了新的希望和可能。

新时代背景下的多样化就业选择

电子商务平台：淘宝、京东等大型电商平台为个人和小微企业提供了在线销售产品和服务的机会。李某刑满释放后，通过开设网店销售自己手工制作的皮具，凭借精湛的工艺和独特的设计，逐渐在网上积累了一批忠实顾客。

短视频平台：抖音、快手等短视频平台的兴起，为内容创作者提供了展示才华的舞台。刑满释放人员张某，利用自己在烹饪方面的专长，制作了一系列教学短视频，教授观众如何制作简单美味的家常菜，吸引了大量粉丝，并通过广告分成和品牌合作获得了收入。

直播平台：斗鱼、虎牙等直播平台让游戏玩家、才艺表演者等通过直播与观众互动，获得打赏和赞助。田某是一位热爱音乐的刑满释放人员，他在直播平台上进行吉他弹唱，不仅分享了自己的音乐才华，还通过直播带货销售乐器和音乐相关产品。

知识付费平台：得到、喜马拉雅等知识付费平台为专业人士提供了传授知识和经验的机会。王某在狱内服刑期间，对教育改造项目很感兴趣，通过参加、自学心理学相关的项目，他在出狱后，第一时间报考并通过了心理咨询从业考试，并拿到了证书，通过开设在线课程和一对一咨询服务，帮助迷途之人解决心理问题，同时也实现了自己的职业发展。

共享经济平台：滴滴出行、美团外卖等共享经济平台为劳动者提供了灵活的就业机会。

这些新兴产业和商业模式不会成为我们的职业壁垒。相反，它为需要重返社会、重启人生的群体，提供了实现自我价值和社会融入的机会。

劳动力供给与就业需求变化带来新机遇

在劳动力供给方面，我国正经历着从数量型向质量型的转变。高素质人才的比例不断提升，有数据表明，在未来 30 年内，具有大学本科及以上学历或具有专业技能职称的劳动力将占据相当大的比重。这一变化不仅提升了劳动力市场的总体素质，也为经济的高质量发展奠定了坚实的人才基础。

然而，劳动力供给的增加也带来了挑战，尤其是在就业市场的竞争压力和就业结构性矛盾方面。2024 年 8 月国务院印发《"十四五"就业促进规划》指出，"人口结构与经济结构深度调整，劳动力供求两侧均出现较大变化，产业转型升级、技术进步对劳动者技能素质提出了更高要求，人才培养培训不适应市场需求的现象进一步加剧，'就业难'与'招工难'并存，结构性就业矛盾更加突出，将成为就业领域主要矛盾"。

"招工难"带来特殊的就业机会

目前"招工难"的现象正呈现出两极分化趋势。一方面，高学历人才的短缺问题依然存在，许多行业，尤其是高科技和研发领域，急需具有高学历和专业技能的人才；另一方面，接触性服务业[1]也面临着人才缺口，随着经济的发展和人们生活水平的提高，服务业的需求不断增加，特别是那些需要面对面服务的行业，如餐饮、旅游、零售等，这些行业对劳动力的需求量大，但往往难以吸引足够的求职者，尤其是年

---

〔1〕 接触性服务业：是指那些需要直接与人进行面对面交流和提供服务的行业，这类服务通常难以被自动化或数字化所替代。它们包括但不限于餐饮业中的服务员、厨师，旅游业中的导游，零售业中的销售人员，以及医疗保健、美容美发、教育和家政服务等。这些行业强调人际互动和个性化服务，对劳动力的需求量大，且随着社会经济的发展和人们生活水平的提高，对接触性服务业的需求也在不断增长。

轻人。

面对这样的就业市场现状，无论是对于拥有高学历和专业技能的人才，还是愿意投身于接触性服务业的工作者，都存在巨大的发展空间和机遇。这些行业的需求增长提供了多样化的就业选择和职业发展路径。只要我们把握机会，就能探索属于自己的职业道路，实现个人价值和社会贡献。

经济结构调整和技术进步，也深刻影响着就业需求的结构。随着生产率的提高，尤其是服务业劳动生产率的提升，对劳动力的需求趋于下降。根据中国国家统计局的数据，2010 年至 2020 年，服务业的劳动生产率年均增长率达到 7.5%，远高于农业和工业的增长率。这一增长不仅体现在传统服务业，如零售和餐饮，而且在金融、教育、医疗等现代服务业中表现得尤为明显。

随着互联网技术的发展，线上服务逐渐取代了部分线下服务。例如，在金融领域，移动支付和在线银行业务的普及，使银行网点的员工数量减少，而服务效率和质量却得到了提升。在教育领域，在线教育平台的兴起，使教师可以通过网络同时为成千上万的学生授课，大幅提升了教学效率。

这一趋势预示着未来就业市场的结构将发生显著变化，对职业技能要求也将随之提高，促使劳动力市场向知识型和更高层次的技能工作转变。这就要求我们要适应技术变革，不断学习有用知识和专业技能。

二、首都多维产业发展，引领就业创业新潮流

　　首都规划务必坚持以人民为中心，聚焦"都"的功能，谋划"城"的发展。

　　　　　　　　　　——《北京城市总体规划（2016 年—2035 年）》

　　首都北京，这座古老而现代的城市，不仅承载着深厚的历史文化底蕴，还在新时代的浪潮中书写着属于自己的辉煌篇章。它作为中国的首都，每个区域都如同一颗璀璨的明珠，镶嵌在城市发展的宏伟蓝图之中，从东、西城区的历史文化名城保护，到海淀区的科技创新高地，再到朝阳区的国际商务中心，北京的每一寸土地都在讲述着不同的故事，孕育着不同的机遇，为每一位追求梦想的人提供了广阔的舞台。

首都北京：多维发展下的就业新版图

　　北京，这座古老而又充满活力的城市，在新时代的浪潮中不断焕发新的生机。2014 年 2 月，习近平总书记在北京考察工作时，明确了首都北京"四个中心"的城市战略定位，要求"坚持和强化首都全国政治中心、文化中心、国际交往中心、科技创新中心的核心功能"。随着"十四五"规划的深入实施，北京的城市发展与职能定位进一步明晰，"人文北京""科技北京""绿色北京"成为新的代名词，首都正朝着建设国际一流和谐宜居之都的目标迈进。

　　随着首都职能定位的不断强化，北京的城市服务功能得到了极大的提升，为就业提供了广阔的空间。

首都多维发展　开辟多元就业渠道

　　作为政治中心、国家中枢，北京集中了大量的政府机构，2016 年，北京正式提出"城市副中心"的规划，2019 年 1 月 11 日，北京市级行

政中心正式迁入北京城市副中心。随着城市副中心的建设，建筑业和装修行业提供了如建筑工人、装修工等岗位；随着人口的增加，社区服务等行业也提供了诸如物业管理、社区工作人员等岗位。

作为文化中心，北京不仅拥有众多的博物馆、剧院和艺术展览馆，还举办各种文化节和活动，这些文化场所和活动不仅吸引了游客，也带动了周边的餐饮、零售和旅游服务业的发展，可以提供诸如服务员、导游、零售店员等就业机会。

作为国际交往中心，北京吸引了大量的国际组织、跨国公司和外国使领馆，随着国际交流的增多，就业机会也随之增多，如保安、清洁工、司机等，这些岗位虽然不需要高学历，但非常重要，为城市的运转提供了基础服务。

作为科技创新中心，北京的高新技术产业发展迅速，不断吸纳科研人才和技术工人的同时，伴随着电子商务和在线服务的兴起，物流配送、快递服务等行业迅速发展，如配送员、仓库管理员等职位的需求量也在持续增大。此外，随着城市绿化和环保意识的提高，园林养护、环境清洁等岗位也为低学历人群提供了就业机会。

与此同时，"人文北京"提供了丰富的文化相关就业机会，例如，景泰蓝、剪纸、京剧脸谱制作等手工艺行业需要传统手工艺人；庙会和民间艺术表演等文化活动的组织和执行，也需要舞台搭建和现场管理等工作人员。"科技北京"虽然以高新技术为主，但是也提供了许多基础服务岗位，如科技园区的设施维护、清洁服务、物流配送等；随着科技产品的普及，电子产品的简单维修和安装服务也提供了大量就业机会。"绿色北京"也带来了与城市绿化和环境保护相关的就业机会，园林养护、植物种植和修剪等工作需要大量劳动力；垃圾分类和资源回收的推广也创造了分类指导员和回收站工作人员的岗位；同时，环保教育和宣传活动也需要相关工作人员。

服务业供需两旺　开启就业新机遇

依托独特的首都职能定位，北京不仅在金融服务、文化创意、高新技术等领域展现出强劲的发展潜力，在居民服务、批发零售、交通运输、仓储邮政等关乎居民生活质量的行业发展上也取得了显著成效。

北京市服务业就业市场分析

根据 2024 年第一季度《北京市公共就业服务机构市场供求状况分析》，北京市劳动就业呈现以下特点。

一是用工需求结构，第三产业用工需求支撑作用稳固，占比 92.15%，稳居三产之首。从行业分布来看，用工需求集中在"居民服务、修理和其他服务业""租赁和商务服务业""批发和零售业""交通运输、仓储和邮政业""科学研究与技术服务业"五个行业，合计占总需求量的 68.23%。

二是求职人员结构，求职人员主要集中在本市城镇登记失业人员、在业人员、本市农村人员，三者合计占比 87.59%。从职业类别看，"社会生产服务和生活服务人员"占比保持高位，本季度占比 63.54%。从年龄看，35 岁以上求职人员仍是主体，占比 73.66%。从文化程度看，高中学历（含职高、技校、中专）求职人员占主体，比重为 41.66%。

三是职业供求对比，本季度"社会生产服务和生活服务人员"在供需两端均占比最高，需求占比 77.64%，求职占比 63.54%。从职业看，需求大于供给缺口人数排名前三的职业为环境卫生服务人员、道路运输服务人员、邮政和快递服务人员。从薪酬待遇看，服务机构市场招聘职业薪酬中位数是 4500 元，用工需求量较大的生活照料服务人员、邮政和快递服务人员、销售人员、道路运输服务人员、餐饮服务人员薪酬最高价位在 8000 元及以上。

北京作为现代化大都市，居民人口众多，对社会生产服务和生活服务人员需求巨大，这一职业类别在需求和求职两端都占比较高，说明市场对这类岗位有较大的需求。对我们而言，这是一个重要机遇，可以考虑从事相关的服务工作，如家政服务、社区服务、物流配送等，能为我们顺利回归提供支持。

三、全方位政策支持，助力回归就业新生路

教育者，非为已往，非为现在，而专为未来。
——蔡元培

想象一下，教育如同一座宏伟的灯塔，照亮我们前行的道路，而职业培训，则是那坚实的阶梯，一步步引领我们向梦想靠近。在人生的旅途中，每个人都在寻找属于自己的那片天空，对于曾经迷失方向的灵魂而言，就业政策和支持体系，就如同一双温暖的手，不仅拉了我们一把，更是帮我们在心中种下了希望的种子。首都司法行政系统，也在为每一个渴望改变命运的人创造机会，无论是技能的培训，还是就业的桥梁，每一项实实在在的举措都是一份承诺，为了让曾经跌倒的人重新站起来，自信地迈向属于自己的光明未来。

国家就业政策优化　开拓就业创业新平台

我国政府高度重视就业质量的提升。《"十四五"就业促进规划》中提出，就业摆在经济社会发展和宏观政策优先位置，作为保障和改善民生头等大事。同时，"十四五"规划提出了"提高劳动报酬、完善社会保障体系、加强劳动权益保障"等一系列目标，体现了以人民为中心的发展思想，确保了劳动者的获得感和满意度。

为突出重点难点，我国政府采用"分类帮扶、精准施策"的方式保障重点群体就业，特别关注失业再就业等困难人员等重点群体的就业问题，实施一系列有针对性的就业促进计划和帮扶措施。"十四五"规划提出要不断健全困难人员就业援助制度，建立日常援助和集中援助相结合的工作格局，形成及时发现、及时认定、及时帮扶的工作机制，完善公益性岗位规范管理办法，持续开展"就业援助月""暖心活动"等专项行动，全力兜住困难人员底线。

构建全方位就业服务体系　赋能劳动者技能提升

为了帮助劳动者迎接新机遇和新挑战，政府通过优化职业技能培训、构建技术技能人才培养体系、推进人力资源市场体系建设等措施，帮助劳动者提升职业技能，满足市场需求，增强就业竞争力。

第一，政府通过实施大规模、多层次的职业技能培训，致力于提升劳动者的技能素质。这包括开展常态化的职业技能培训，实施重点群体专项培训计划，支持企业开展职工在岗培训，突出技能人才培训、急需紧缺人才培训、转岗转业培训、储备技能培训和通用职业素质培训。特别地，政府重视对就业困难人员（含残疾人）的职业技能培训。通过这些培训项目，劳动者能够获得与市场需求相匹配的技能，增强其就业竞争力。

第二，政府着力构建系统完备的技术技能人才培养体系。通过推进职业资格制度改革，完善职业技能等级制度，推行社会化职业技能等级认定，发布新版国家职业分类大典，增加新职业，畅通技能人才职业发展通道。这些措施有助于培养出更多高素质的技术技能人才，满足各行各业对高技能人才的需求。

第三，政府积极推进人力资源市场体系建设，提升劳动力市场的供需匹配效率。通过加快人力资源服务业的高质量发展，推动人力资源服务与实体经济的深度融合，提供精准专业的服务。同时，加强公共就业服务机构的建设，提升服务质量，推进"互联网+"公共就业服务，创新服务模式，如云招聘、远程面试、直播带岗等，以提高服务的便捷性和覆盖面。

第四，政府还通过实施提升就业服务质量工程，启动公共就业服务示范项目，扩大就业失业管理服务覆盖范围，加强重大任务专项保障能力。通过这些措施，劳动者能够获得更加全面和高质量的就业服务，更好地应对就业市场的挑战。

通过这些综合性措施，我国政府正努力推动实现更加充分和更高质量的就业，为促进经济社会发展和民生改善提供坚实支撑。

总体来看，我国就业形势的变迁是一个动态平衡的过程，既有经济发展带来的机遇，也有结构调整带来的挑战。通过政府的积极作为和市场的自我调节，我国就业市场正朝着更加稳定、更加包容、更高质量的方向发展。未来，随着政策的深入实施和经济结构的进一步优化，我国就业市场的前景将更加广阔，为包括罪犯在内的每一位劳动者，提供实现自身价值的舞台。

首都职业技能支持　点亮就业创业新篇章

在新时代的浪潮中，首都北京始终走在前列，以开放的姿态和创新的精神，引领着职业技能培训的新风尚。面对快速变化的就业市场，北京积极响应国家号召，制定并实施了《北京市职业技能提升行动实施方案（2019—2021年）》，旨在打造一个立体化、全方位的职业技能培训体系。通过重点领域的技能提升、重点群体的就业创业培训、特殊群体的培训补助以及家政服务的专项培训计划赋能劳动者，为他们点亮职业生涯的新篇章。

首都多管齐下打造立体化职业技能培训体系
助力重点群体就业升级

为贯彻落实《国务院办公厅关于印发职业技能提升行动实施方案（2019—2021年）的通知》精神，北京市立足首都经济社会发展实际，研究制定了《北京市职业技能提升行动实施方案》（以下简称《实施方案（2019—2021年）》），自2019年起开始实施。我们可重点关注以下方面，从中获得有力的再就业帮扶。

一是重点领域职业技能提升培训。"实施生活服务和城市运行保障等重点领域从业人员培训计划。在养老护理、安保、医疗陪护、托幼、快递等领域，组织开展从业人员技能提升培训，取得相应证书的，根据工作实际，按照每人不超过3000元的标准，给予企业或培训机构补贴。对于城市供水、排水、供热、燃气、园林绿化、公共交通、环境卫生等城市运行保障领域和其他重点领域的企业，组织职工开展技能提升培训的，按照每人不超过 4000 元的标准给予企业补贴。"我们可重点关注生活服务和城市运行保障等重点领域的职业技能培训机会，掌握必要的职业技能。

二是加强重点群体就业创业培训。"实施重点群体就业创业免费培训计划。面向失业人员、农村转移就业劳动力（含低收入农户）、城乡未继续升学初高中毕业生、转岗职工、本市高校毕业生、退役军人、残疾人持续实施劳动预备培训、就业技能培训、职业技能提升培训等免费培训。围绕冬奥会冬残奥会筹办、北京城市副中心建设等重点工作或重大项目，持续开展农村劳动力转移就业培训。加强创业培训公共服务，创新创业培训模式，强化创业培训项目开发，以本市高校毕业生为重点，对符合条件且有创业愿望的重点群体开展免费创业培训。"再就业培训和创业指导，能够帮助我们在回归社会后顺利融入劳动市场，提升就业竞争力。

三是为特殊群体提供培训补助。"实施就业困难人员培训补助计划。加大就业困难人员帮扶力度，对吸纳就业困难人员就业并开展以工代训的，按照每人每月 500 元标准，给予企业不超过 6 个月的职业培训补贴。对就业困难人员和农村劳动力给予培训期间生活费补贴。"出狱后的过渡性培训补助，可帮助我们在重返社会时获得必要得到生活支持，助力我们顺利完成培训。

四是家政服务提质扩容专项培训计划。"实施家政服务提质扩容专项培训计划。对家政服务人员开展岗前培训，每人每年培训时间不低于 80 课时的，按每人 2000 元的标准给予企业补贴；开展'回炉'培训，且每人每年培训时间不低于 40 课时的，按每人 500 元的标准给予企业补贴，其中，对于开展'回炉'培训的员工制家政企业，按每人 1000 元的标准给予企业补贴。"家政服务领域的专业培训机会，能够帮助我们通过并获得专业技能认证，增加就业机会。

首都司法行政助力　铺就就业创业回归路

在首都司法行政系统，一场关于希望与重生的故事正在悄然上演。他们以包容和创新为每一名罪犯铺设了一条从矫正到就业的桥梁，从社区矫正到狱内招聘会，从学历教育到职业技能培训，每一步都承载着对未来的期许。他们正通过一系列前瞻性的政策与实践，帮助每一名罪犯重建信心，赋予大家回归社会的能力与勇气，让一个又一个生命在关怀与努力中绽放光彩。

首都监狱全面赋能　从教育到就业的无缝衔接

（1）社区矫正与就业机会。2010年2月，北京市司法局与市人力资源与劳动保障局（后更名为"人力资源和社会保障局"）开展首次合作，将社区矫正的罪犯纳入城乡就业管理服务范围，自此双方合作不断紧密。旨在为罪犯提供更多的就业机会，帮助他们自食其力，解决生活困难，并重拾对生活的信心。通过教育矫正、监督管理和生活帮扶，罪犯能够接受法律教育和心理辅导，同时对于贫困的，还提供最低生活保障金和廉租房补贴的申请帮助。

（2）狱内招聘会与就业用工意向书。2017年，北京市未成年犯管教所举办的第五届狱内招聘会为罪犯提供了与企业面对面交流的机会。罪犯可以根据自己的特长和意向选择岗位，并在社会志愿者的帮助下准备求职简历。招聘会后，罪犯可与企业签订《就业用工意向书》，为刑满释放后顺利就业提供保障。

（3）未成年罪犯的"学历+技能"培训。2018年7月，北京市未成年犯管教所与北京唯有文化发展有限公司合作，开展未成年罪犯的市场营销中专学历和初级营养师双证培训服务。这一项目不仅帮助未成年罪犯获得正规的文化学历，还为他们提供了职业技能认证，为将来的深造和就业打下基础。罪犯通过一年的面授和函授学习，考试合格后将获得国家承认的中专学历和职业资格证书。

（4）职业技能"云课堂"。2020年7月，北京市延庆监狱顺利完成信息化设备升级改造，罪犯职业技能培训"云课堂"如期开班，引进许多时下流行的社会培训项目，如衍纸画、折纸艺术、中式面点制作等。通过远程授课平台，罪犯能够学习多个课程，提高改造质量的同时，不断增强回归就业能力。

（5）推进职业教育社会化。2020年，北京市监狱管理局统筹协调各监狱同属地劳动部门合作，与多家职业技术培训学校签订培训协议，在狱内开办了机械加工、烹饪、园艺、缝纫、经络按摩、创业培训等多种培训项目，刑释人员职业技能证书获证率达到90%以上，掌握谋生技能，增强了社会适应能力。

（6）技能培训助力回归社会。2024年，良乡监狱组织罪犯开展三种职业技能培训（家政服务员、居家养老护理员、中式面点师），帮助他们取得职业资格结业证书。监狱通过调查问卷、召开罪犯座谈会等方式，了解罪犯的学习需求，进一步总结罪犯职业技能培训的经验做法，紧跟时代和社会的发展需求，及时调整培训重点，拓宽培训途径，更好地满足罪犯的学习需求，确保每名回归社会的罪犯都能掌握一技之长。有效提高罪犯的社会适应能力，促进他们刑释后顺利回归社会。

（7）创业培训提供多样化选择。2022年，北京市未成年犯管教所为临释罪犯提供创业培训，课程内容包括"创业与企业家精神""识别商机""市场管理"和"企业责任"。通过理论授课、技能讲座、互动和设计规划，罪犯能够掌握创业相关知识和技能，并在培训结束时制定《创业计划书》，获得《创业培训合格证书》。

授人以鱼，不如授人以渔。出监教育培训不仅帮助临释罪犯点燃了新生的勇气和信心，还为他们回归后立足社会、就业谋生提供了支持与帮助，为他们成为一名遵纪守法的合格公民奠定了基础。

思考题

1. 反思你在狱中的职业技能培训经历，考虑哪些技能是你已经掌握的，哪些技能是当前就业市场特别需要的？思考如何将你的技能与市场上的热门行业或岗位需求相结合，如电子商务、在线教育、家政服务或其他服务行业。你可以设想一下，如果现在有机会选择一项技能进行深入学习，你会选择哪一项？为什么？

2. 服刑期间，你可能发现自己对某些领域产生了浓厚的兴趣，比如手工艺、烹饪、信息技术或者园艺等。思考一下，如果你有机会重新开始，你是否愿意将这份兴趣转化为职业？如果是，你打算如何规划自己的职业生涯路径？有哪些步骤可以帮助你将兴趣转变为专业技能，并最终找到相关工作？

3. 思考你对未来就业的态度和期望，你是否准备好面对可能遇到的偏见和挑战？你将如何克服这些障碍，自信地走向职场？此外，考虑社会融入的重要性，你计划如何建立社交网络，寻找支持系统，如参加社区活动、加入行业相关的社团或寻求职业导师的帮助？

推荐书目

1. 《未来简史》，尤瓦尔·赫拉利，中信出版社 2017 年版。
2. 《智能时代》，吴军，中信出版社 2016 年版。
3. 《创新者》，沃尔特·艾萨克森，中信出版社 2017 年版。
4. 《原则》，瑞·达里欧，中信出版社 2018 年版。

推荐电影

1. 《社交网络》（2010 年），大卫·芬奇执导。
2. 《穿普拉达的女王》（2006 年），大卫·弗兰科尔执导。
3. 《奇迹男孩》（2017 年），斯蒂芬·卓博斯基执导。

结束语

　　《劳动与改造》编写组按照编写方案，在原版本基础上进行了认真修订，除了大部分章节只进行了小节内容的增加修改外，还新增加了一篇"就业形势与就业准备"，另外，每一章后增加了思考题、推荐书目、推荐电影。这些增加修改使读本内容更加系统，特别是增加"就业形势与就业准备"这一篇，使劳动改造教育业务知识体系更加完整，符合我国监狱最终要使服刑人员回归社会成为自食其力的守法公民的基本目标，事实上，就业创业指导本身就是劳动改造工作的有机组成部分。

　　按照编写组安排，我荣幸地担任此次新修订版本的顾问和后期修改完善工作，有幸成为新版本的第一个读者。读完这本书稿，恰逢我即将退休，回味着书稿，让我屡屡想起自己的劳动经历和职业生涯。我想起是父母将我养大成人，我最初参加的劳动是从很小开始帮助母亲干农活、做家务，由于父亲在外地工作，母亲积劳成疾，心疼母亲、分担母亲的沉重负担成为我干活的最大动力，这些劳动从小锻炼了我的身体，也让我成了一个懂事的孩子。从小学到大学的教育使我学会了很多知识，特别是思想道德的教育与专业知识的教育，这些知识和教育使我走上了工作岗位，从工厂到学校，从车间到讲台，我做过很多工作，有顺利，有挫折，有过成长的困难，有过面临失业的恐惧，印象最深的是自己到学校当老师最初的那些年，为了站稳讲台，为了对得起台下的那些学生和自己的职责，我日夜苦读，认真备课，认真讲课。当了一名老师后，我的工作再也没有区分过 8 小时之内和 8 小时之外。退休之际，回首往事，若要总结一下的话，我觉得本分、踏实、认真、肯干、充实可以概括我的基本情况。我还想到我 92 岁高龄的老父亲，如今还在力所能及地照顾着我那卧床的老母亲，当我照顾母亲时，他都要和我抢着干活，还认为我不如他做得好，前两天看着年迈的父亲照顾母亲的身影，我突然认识到，原来"做得好""不停下"正是父亲"停不下"的根本原因，原来"做得好""不停下"地劳作背后有强大的精神力量，而"停不下"地劳作在父亲身上已经转化为惊人的身体效果和物质力量。回到刚刚读完这本书的思路上来，我想我和我的父亲与天下所有普通的劳动者一样，就这样天天劳动着。讲实话，临退休之际，我一点停下来的意思也没有，我只是在想，退休之后，怎么干。

　　读完这本书稿，我把此时的所思所想，分享给你。

2024 年 9 月 20 日